# 하루 20분으로
# 추리 능력 키우기

[제 3 판]

LearningExpress, LLC 지음
신 원 재 옮김

유원북스

## 하루 20분으로 추리 능력 키우기

발행일 2014년 11월 3일 1쇄

지은이 LearningExpress, LLC.
옮긴이 신원재

펴낸곳 유원북스
펴낸이 이구만
등록 2011. 9. 6. 제25100-2012-3호
주소 서울시 마포구 토정로 198번지 204호
전화 (02)593-1800
팩스 (02)593-1801
홈페이지 www.uwonbooks.com
e-mail uwbooks@daum.net



값 18,000원
ISBN 978-89-97926-27-5

이 도서의 국립중앙도서관 출판예정도서목록(CIP)은 서지정보유통지원시스템 홈페이지(http://seoji.nl.go.kr)와 국가자료공동목록시스템(http://www.nl.go.kr/kolisnet)에서 이용하실 수 있습니다.(CIP제어번호: CIP2014028526)

## Reasoning Skills Success in 20 Minutes a Day


Published in the United States by LearningExpress, LLC, New York.

Reasoning skills success in 20 minutes a day.
3rd editions.
ISBN 978-1-57685-720-5

This Korean edition is published by Uwon Books in 2014 by arrangement with the LearningExpress, LLC.

# 차례

차 례

# 역자의 말

우리 나라는 지난 50여 년간의 빠른 경제 성장을 통해 세계적인 선진국으로 발돋움했습니다. 빠른 성장을 위해 생각보다는 행동을 중시하는 빨리빨리는 우리 문화의 키워드가 되었습니다. 이제는 많은 사람들의 이야기에 귀를 기울이고 그들을 만족시킬 수 있는 합리적이고 이상적인 의사 결정이 요구되는 시기입니다. 그러나 빨리빨리 문화에 익숙한 사람과 사회가 합리적이고 이상적인 의사 결정 구조로 단번에 변화되기란 쉽지가 않습니다. 그래서 효율적인 의사 결정과 효과적인 문제 해결에 필요한 비판적인 사고력과 논리적 추리력에 대한 학습이 어느 때보다 필요합니다.

이 책은 누구나 쉽게 비판적인 사고와 논리적 추리력을 키울 수 있도록 구성되어 있습니다. 쉽게 말하자면 누구나 보다 '깐깐한' 사고를 할 수 있도록 돕는 것이 이 책의 목표입니다. 독자 여러분께서는 이 책을 통해 비판적으로 정보 습득하기, 매끄럽게 글쓰기, 그리고 보다 효과적인 문제 해결을 하실 수 있을 것입니다. 학생 여러분께서는 선생님이나 교수님 말씀의 요점을 보다 쉽게 파악하고 논리적으로 생각할 수 있게 되며, 각종 숙제와 과제, 글쓰기에서 더 논리적이고 효율적인 접근이 가능해질 것입니다. 직장인 여러분께서는 직장 내외에서의 각종 문제 해결과 토론, 회의에 도움이 되실 것입니다. 또한 대중으로서 각종 매체에서 정치, 경제, 사회에 대한 뉴스를 접할 때나 소비자로서 물건과 서비스를 구입할 때도 보다 현명한 선택을 내리는 데 도움이 될 것입니다. 특히 최근 대부분의 기업에서는 논리력, 사고력, 추리력, 문제 해결 능력 등을 보유한 창의적인 인재를 원하고 입사 시험에서도 그와 같은 능력에 기반한 에세이 쓰기, 스토리텔링을 요구하는 경향이 있는데, 이 책은 이러한 요구에도 잘 부응할 수 있다고 생각됩니다.

심리학, 특히 사람이 어떻게 생각하는지에 대해 연구하는 인지 심리학을 공부하는 사람으로서, 이 책을 통해 독자 여러분께서 인간의 마음이 어떻게 논리적 추리를 하는지에 관심을 가졌으면 하는 바람입니다. 이 책을 공부하면서 느끼시겠지만, 인간은 생각보다 논리적이지 못합니다. 논리력을 함양하기 위해서는 꾸준한 노력과 공부가 필수이지요. 왜 인간은 태어날 때부터 완벽하게 논리적이지 못하지만 이를 추구하며 살아갈까요? 독자 여러분께서 이 책을 공부하신 뒤에도 논리에 대한 공부를 계속 하셔서 이 질문에 대한 대답을 완성해 나가셨으면 하는 바람입니다.

이 책을 번역하면서 원문에 충실하면서도 우리 나라 상황에 적합하게 적용하고자 노력하였으나 원래의 뜻과 달리 전달에 부족함이 있었으리라 생각합니다. 좋은 지적과 충고를 기다리겠습니다. 끝으로 이 책이 성공적으로 출판될 수 있도록 힘써주신 유원북스의 이구만 사장님과 직원 여러분께 심심한 감사의 말을 전합니다.

2014년 9월 역자 씀

# 머리말: 이 책을 사용하는 방법

이 책은 약 20분이 걸리는 스무 개의 레슨을 통해 여러분이 비판적 사고(critical thinking)와 추리 능력(reasoning skills)을 함양할 수 있도록 구성되어 있습니다. 월요일부터 금요일까지 매일 하루에 한 레슨씩 공부하시면, 한 달 안에 여러분의 비판적 사고력과 논리적 문제 해결 능력이 눈에 띄게 향상된 것을 느끼실 수 있을 것입니다.

각 레슨은 독립적인 구조로 공부할 수 있게 구성되어 있습니다만, 레슨 1부터 레슨 20까지 차례로 공부하는 것을 강력히 추천합니다. 다른 기술과 마찬가지로 사고하고 추리하는 '기술'도 기본적인 것에서부터 복잡한 것으로 차례로 발전되기 때문입니다. 이 책에서는 각 레슨은 이전 레슨에서 배웠던 내용을 기반으로 새로운 내용을 공부할 것입니다. 처음 몇 레슨은 일부 독자 여러분에게는 다소 쉽게 느껴질 수도 있지만, 그렇다고 레슨을 넘어가지 마시고 복습하신다는 생각으로 차근차근 공부해 나가시면 더욱 큰 도움이 될 것입니다.

각 레슨에는 책을 통해 배우신 내용을 실습할 수 있도록 도와주는 연습 문제가 있으며 이에 대한 해답과 설명도 포함되어 있습니다. 또한 각 레슨에서 배운 내용을 실제 생활에 적용할 수 있는 방법과 좀 더 생각해 볼 것에 대해 알아보기도 합니다. 그리고 두 개의 복습 레슨(레슨 10과 20)에서 책의 전반과 후반에서 배운 주요 개념을 복습하며, 실제 생활에서 이를 적용할 수 있는 연습을 할 것입니다.

이 책에는 여러분의 실력 향상을 측정해 볼 수 있는 사전 검사와 사후 검사가 있습니다. 레슨 1을 시작하기 전에 사전 검사를 먼저 해 보시고 레슨 20을 마친 후에 사후 검사를 해 보십시오. 사전 검사와 사후 검사는 각각 35 문항으로 이루어져 있으며 같은 지식을 시험하기 때문에 이 책을 공부하신 후에 여러분의 비판적 사고와 추리 능력이 얼마만큼 향상되었는지 확인할 수 있습니다.

## 능동적으로 듣고 관찰하세요!

이 책을 통해 최고의 효과를 보기 위해서는 비판적 사고와 논리적 추리 능력이 우리 생활의 개인적, 직업적인 것을 포함한 모든 면에 필요하다는 것을 인식해야 합니다. 그래서 항상 능동적으로 듣고 관찰하는 것이 중요합니다.

사람들은 자주 눈앞의 증거 대신 자신들이 생각하거나 느끼는 것을 바탕으로 결론을 내립니다. 사람들은 실제로 누가 말한 것보다 자신들이 듣고 싶어하는 것을 바탕으로 결정을 내리며, 실제로 일어난 일보다 자신들이 머릿속에서 실제라고 상상한 일을 바탕으로 행동합니다. 하지만 정말 제대로 사람들이 말하는 것을 듣고, 또 그들이 어떻게 얘기하는지를(표정이나 말투가 말보다 더 중요할 때도 많죠) 잘 관찰한다면, 여러분은 듣고 싶은 얘기가 아닌 실제로 다른 사람들이 말한 내용에 제대로 반응할 수 있게 될 것입니다.

이와 마찬가지로 여러분이 모든 상황에 주의를 기울이고 비판적으로 생각한다면, 스스로 내린 결정과 결론이 합당한 것임을 확신할 수 있을 것입니다. 예를 들어, 어떤 장소가 불쾌하다고 느껴진다면 그 장소의 구체적으로 어떤 점이 여러분을 불쾌하게 하는지 분석해 보십시오. 감정이라는 것은 보통 주변 환경에서 우리가 감지할 수 있는 것에서 오는데, 실제로 느끼기는 하지만 자각하지 못하는, 즉, 잠재의식적으로 느낄 수도 있습니다. 여러분이 스스로의 생각과 감정, 그리고 행동이 타당한 이유를 하나하나 꼬집어낼수록 여러분의 결정과 행동은 더욱 논리적이 될 것입니다.

이 책의 많은 부분은 바로 여러분의 이런 '관찰' 능력을 함양하는 데 할애됩니다. 본격적으로 공부를 시작하기 전에, 이 책을 공부하는 것뿐만 아니라 여러분의 일상 생활에 도움이 될 만한 간단한 조언 몇 가지를 드릴까 합니다.

### 항상 마음을 열어두세요

문제에 해답이 하나밖에 없거나 '옳게' 행동하거나 생각하는 방법이 하나밖에 없는 경우는 사실 굉장히 드뭅니다. 옳은 답, 틀린 답이 흑백으로 나뉘는 수학에서도 문제를 해결하는 방법은 하나 이상인 경우가 많습니다. 결정을 내릴 때, 특히 다른 사람과 관련된 경우에는 흑과 백 사이에 무한한 종류의 회색이 있다는 것을 잊지 마십시오.

### 모든 쪽의 얘기를 들어보세요

논쟁의 모든 주장을 듣기도 전에 결론이나 결정을 내리는 실수를 저지르는 것은 흔한 일입니다. 하지만 상황을 더 포괄적으로 볼수록 여러분의 결정이나 해법이 더 효과적일 수밖에 없습니다. 그렇기 때문에 항상 모든 쪽의 얘기를 들어보시고 상황을 여러 관점에서 보십시오. 그렇게 하신다면 여러분은 훨씬 더 나은 결정을 내리고 훨씬 더 효과적으로 문제 해결을 할 수 있을 것입니다.

### 사실과 감정을 분리하세요

이 책의 뒷부분에서 사실과 의견의 차이점에 대해 더 자세히 알아볼 것이지만, 이 둘을 구분하는 것은 너무나 중요하기 때문에 여기서 한번 더 짚고 넘어갑시다. 논리적인 추리를 방해하는 가장 큰 요소는 바로 감정입니다. 감정이 논리적인 사고에 영향을 끼치는 것은 인간의 타고난 기질이지만, 감정이 논리적 사고를 앞선다면 잘못된 결정을 내릴 수밖에 없습니다. 이 말은 감정을 무시하라는 것은 아닙니다. 감정을 고려하되, 다만 감정이 사실보다 우선시되어서는 안 된다는 것입니다.

### 행동하기 전에 생각하세요

사람들은 자주 빠른 결정을 내리도록 압박을 받습니다. 하지만 긴급 상황을 제외하면 시간을 들여 논리적으로 추리해 보는 것이 나은 경우가 많습니다. 급하게 내린 결정은 가장 논리적이지 못하고 최대한 많은 정보를 고려하지 못하기 때문에 멀리 봤을 때 분명히 덜 생산적입니다. 여러분이 조금 더 시간을 들여 모든 면을 고려하고 사실과 감정을 분리한다면, 현명한 결정을 내리거나 효과적인 해답을 찾을 확률이 현저히 올라갈 것입니다.

물론 빠른 결정을 내릴 수밖에 없는 경우도 있습니다. 시험을 본다거나 긴급 상황 같은 경우죠. 그렇기 때문에 지금 여기서 여러분의 추리 능력을 함양하고, 또 이것이 여러분의 일상 생활의 일부가 되도록 미리 연습하는 것이 중요합니다. 그렇게 되면 급박한 상황에서도 빠르고 효과적인 논리적 상황 판단이 가능해질 것입니다.

만약 지금 이 내용이 조금 낯설거나 혼란스럽게 느껴져도 크게 걱정하실 필요는 없습니다. 이 모든 내용은 앞으로 공부해 볼 레슨에서 더욱 자세히 알아볼 것입니다. 레슨 1 "비판적 사고와 추리 능력"을 시작으로, 추리 능력에 대한 공부를 시작해 봅시다.

# 사전 검사

공부를 시작하기 전에 먼저 여러분이 추리 기술에 대해 얼마나 알고 있고, 또 얼마만큼 더 배워야 하는지를 알아봅시다.

이 사전 검사에는 모든 레슨의 내용을 아우르는 사지선다형 문제 35개가 있습니다. 물론 책에서 나오는 모든 내용을 35개의 문제에 모두 담을 수는 없기 때문에 이 검사에는 책 내용 중 일부만 담겨 있습니다. 그렇기 때문에 만약 여러분이 모든 문제를 맞추더라도 책을 통해서 추가로 배우는 내용이 많이 있을 것입니다. 하지만 여러분이 여러 문제를 틀리더라도 너무 걱정하실 필요는 없습니다. 이 책은 비판적 사고와 추리 능력을 누구나 이해하기 쉽게끔 차근차근 알려드리니까요. 조금 여유롭게 시간을 가지고 배움을 즐기시면 됩니다.

사전 검사에서 높은 점수를 받으신다면 원래 생각하셨던 것보다 조금 더 빨리 공부를 끝마치실 수 있을 것입니다. 하지만 만약 여기서 조금 낮은 점수를 받으셨다면 논리적 추리를 더 잘 공부하기 위해선 각 레슨마다 20분 이상을 할애하셔야 할 수도 있습니다.

다음 면에는 사전 검사를 위한 답안지가 준비되어 있습니다. 물론 문제지에 직접 답을 표시하셔도 됩니다. 만약 이 책이 공용으로 쓰인다면 작은 메모지나 노트에 1부터 35까지 숫자를 적으시고 거기에 답을 표기하시면 됩니다. 이 시험에는 시간 제한이 없기 때문에 충분히 시간을 들여 문제를 푸십시오. 문제를 다 푸신 다음에 사전 검사 마지막에 있는 해답지와 비교해 보십시오. 각 해답에는 각 문제에 사용된 추리 능력을 소개하는 레슨이 표시되어 있습니다.

## 사전 검사 답안지

| | | | | |
|---|---|---|---|---|
| 1. | ⓐ | ⓑ | ⓒ | ⓓ |
| 2. | ⓐ | ⓑ | ⓒ | ⓓ |
| 3. | ⓐ | ⓑ | ⓒ | ⓓ |
| 4. | ⓐ | ⓑ | ⓒ | ⓓ |
| 5. | ⓐ | ⓑ | ⓒ | ⓓ |
| 6. | ⓐ | ⓑ | ⓒ | ⓓ |
| 7. | ⓐ | ⓑ | ⓒ | ⓓ |
| 8. | ⓐ | ⓑ | ⓒ | ⓓ |
| 9. | ⓐ | ⓑ | ⓒ | ⓓ |
| 10. | ⓐ | ⓑ | ⓒ | ⓓ |
| 11. | ⓐ | ⓑ | ⓒ | ⓓ |
| 12. | ⓐ | ⓑ | ⓒ | ⓓ |

| | | | | |
|---|---|---|---|---|
| 13. | ⓐ | ⓑ | ⓒ | ⓓ |
| 14. | ⓐ | ⓑ | ⓒ | ⓓ |
| 15. | ⓐ | ⓑ | ⓒ | ⓓ |
| 16. | ⓐ | ⓑ | ⓒ | ⓓ |
| 17. | ⓐ | ⓑ | ⓒ | ⓓ |
| 18. | ⓐ | ⓑ | ⓒ | ⓓ |
| 19. | ⓐ | ⓑ | ⓒ | ⓓ |
| 20. | ⓐ | ⓑ | ⓒ | ⓓ |
| 21. | ⓐ | ⓑ | ⓒ | ⓓ |
| 22. | ⓐ | ⓑ | ⓒ | ⓓ |
| 23. | ⓐ | ⓑ | ⓒ | ⓓ |
| 24. | ⓐ | ⓑ | ⓒ | ⓓ |

| | | | | |
|---|---|---|---|---|
| 25. | ⓐ | ⓑ | ⓒ | ⓓ |
| 26. | ⓐ | ⓑ | ⓒ | ⓓ |
| 27. | ⓐ | ⓑ | ⓒ | ⓓ |
| 28. | ⓐ | ⓑ | ⓒ | ⓓ |
| 29. | ⓐ | ⓑ | ⓒ | ⓓ |
| 30. | ⓐ | ⓑ | ⓒ | ⓓ |
| 31. | ⓐ | ⓑ | ⓒ | ⓓ |
| 32. | ⓐ | ⓑ | ⓒ | ⓓ |
| 33. | ⓐ | ⓑ | ⓒ | ⓓ |
| 34. | ⓐ | ⓑ | ⓒ | ⓓ |
| 35. | ⓐ | ⓑ | ⓒ | ⓓ |

## 사전 검사

(문제 1~2) 다음 예문을 읽고 문제에 답하세요.

고등학교 3학년인 수지는 대학 진학 준비를 하고 있습니다. 수지는 심리학에 관심이 많은 학생이어서 심리학부가 우수한 학교로 진학하고 싶어합니다. 하지만 수지는 얼마 전 큰 사고를 당해 오랫동안 집에서 요양해야 하는 여동생을 돌봐야 하기 때문에 집에서 너무 멀리 떨어진 학교에는 가고 싶어하지 않습니다. 수지는 전액 장학금을 받을 확률이 높지만, 만약 장학금이 충분하지 않다면 부모님이 나머지 금액을 지원해 주지 못할까 걱정을 하고 있습니다.

**1.** 다음 중 수지가 고려해야 할 사안을 중요한 것부터 나열한 것을 고르세요.
(a) 학교의 명성, 학비 지원, 캠퍼스 생활
(b) 학교 위치, 학비 지원, 학교의 명성
(c) 학비 지원, 학생 편의 서비스, 학교 위치
(d) 학교의 명성, 캠퍼스 환경, 학교 위치

**2.** 다음 중 수지에게 최선의 선택은 무엇일까요?
(a) 수지에게 전액 장학금을 지원하는 집 근처 신생 사립대로 진학. 심리학부에 대한 정보는 전무함.
(b) 세계적인 심리학부가 있는 미국의 비싼 사립대로 진학. 수지에게 반액 장학금을 지원하기로 함. 수지의 집에서 비행기로 15시간 거리에 있음.
(c) 국내에서 손꼽히는 심리학부가 있는 국립대로 진학. 수지가 B+ 이상의 성적을 유지하는 한 전액 장학금을 지원하기로 함. 수지의 집에서 자동차로 2시간 거리에 있음.
(d) 대학 진학을 몇 년간 미루고 일을 하며 학비를 모으고 여동생이 회복할 때를 기다림. 이렇게 하면 선택할 수 있는 대학의 범위가 넓어짐.

(문제 3~5) 보기 중 가장 알맞은 답을 고르세요.

**3.** "한 시간은 60분으로 이루어져 있다"는
(a) 사실이다.
(b) 의견이다.
(c) 사실이겠지만 먼저 확인해 보아야 한다.
(d) 답 없음

**4.** "미국의 그랜드 캐니언 국립 공원의 면적은 제주도의 2.5배가 넘는다"는
(a) 사실이다.
(b) 의견이다.
(c) 사실이겠지만 먼저 확인해 보아야 한다.
(d) 답 없음

**5.** "유재석은 국내 최고의 MC이다"는
(a) 사실이다.
(b) 의견이다.
(c) 사실이겠지만 먼저 확인해 보아야 한다.
(d) 답 없음

6번부터 20번까지의 문제는 논리적 추리나 비판적 사고 과정에 대한 예문입니다. 몇몇 예문에서는 말하는 이의 추리에 결함이 있습니다. 각 예문을 읽고 이를 가장 정확하게 설명한 답을 선택하십시오. 말하는 이의 추리에 문제가 없거나 말하는 이가 중립적이라면 (d)를 고르십시오.

**6.** "설마 새로 온 역사 선생님이 좋은 사람이라고 생각하는 건 아니겠지?"
(a) 질문이 부정확하고 헷갈림.
(b) 질문에 역사 선생님에 대한 편견이 내재되어 있음.
(c) 질문은 듣는 이가 선생님임을 암시한다.
(d) 말하는 이는 중립적이다.

**7.** "새로 나온 세탁 세제는 더욱 저렴합니다!"
(a) 광고 문구는 이 세제가 얼마인지 말해주지 않음.
(b) 광고 문구는 다른 세제가 얼마인지 말해주지 않음.
(c) 광고 문구는 이 세제가 무엇보다 더 저렴한지 말해주지 않음.
(d) 이 광고 문구에는 아무런 문제가 없음.

**8.** "경민 선배, 선배님께서는 제가 아는 사람 중에서 엑셀을 제일 잘 다루세요! 선배님께서 이 데이터 정리를 해 주시면 일이 정말 금방 끝날 것 같아요. 선배님은 엑셀 도사잖아요!"
(a) 말하는 이는 경민에게 아부하고 있다.
(b) 말하는 이는 경민을 압박하고 있다.
(c) 말하는 이는 경민에게 겁을 주려 하고 있다.
(d) 말하는 이는 중립적이다.

**9.** "한 반에 학생을 콩나물 시루처럼 50명씩 집어 넣든가 아니면 새 교실을 열 개쯤 증축해야 합니다. 다른 방법이 없습니다."
(a) 말하는 이는 똑같이 나쁜 두 개의 해법을 제안하고 있다.
(b) 말하는 이는 대화 주제를 바꾸려 하고 있다.
(c) 말하는 이는 2부제 수업과 같은 다른 가능성을 배제하고 있다.
(d) 말하는 이의 추리에는 아무런 문제가 없다.

**10.** "나는 진호가 하는 얘기는 아무 것도 안 들을 거야. 특히 정치에 대해서는. 걔는 뭐 하루 종일 온라인 게임만 하던데, 뭘 알겠어?"
(a) 말하는 이는 진호가 온라인 게임을 많이 하기 때문에 올바른 정치적 견해가 없다고 생각하고 있다.
(b) 말하는 이는 듣는 이가 진호의 말을 들을 것이라고 추정하고 있다.
(c) 말하는 이는 온라인 게임을 좋아하지 않는다.
(d) 말하는 이의 추리에는 아무런 문제가 없다.

**11.** "신부장님, 늦게 와서 정말 죄송합니다. 방금 저희 언니가 이혼한다는 얘기를 듣고 너무나 속상했었어요."
(a) 말하는 이는 말을 떠벌리고 있다.
(b) 말하는 이는 상사의 동정심에 호소하고 있다.
(c) 말하는 이의 변명은 너무 모호하다.
(d) 말하는 이는 중립적이다.

**12.** "성미씨도 내 생각에 동의하지? 뭐 그렇지 않더라도 상관없어. 저번에 나한테 반대했던 사람은 잘렸거든."

(a) 말하는 이는 유머를 부적절하게 사용하고 있다.

(b) 말하는 이는 성미가 해고되게끔 하고 있다.

(c) 말하는 이는 성미가 자신의 생각에 동의하도록 겁주고 있다.

(d) 말하는 이는 중립적이다.

**13.** "저는 날씨가 너무 좋아서 입학 시험에 통과하지 못했어요."

(a) 말하는 이는 신뢰성이 부족하다.

(b) 말하는 이는 성급히 결론에 도달하고 있다.

(c) 말하는 이의 설명은 주장과 아무런 상관이 없다.

(d) 말하는 이의 추리에는 아무런 문제가 없다.

**14.** "오늘 아침에 비가 참 많이 내렸는걸 보니, 올 봄에는 비가 많이 올 것 같구먼."

(a) 말하는 이는 날씨 패턴에 대해 아는 것이 별로 없다.

(b) 말하는 이는 하나의 사건을 토대로 날씨에 대해 부당한 결론을 내리고 있다.

(c) 말하는 이는 다른 사람들에게 많은 강우량에 대비를 해야 한다고 설득하고 있다.

(d) 말하는 이의 추리에는 아무런 문제가 없다.

**15.** "저는 음악 시간을 참 좋아했기 때문에 언젠가 뛰어난 음악가가 될 거에요."

(a) 말하는 이는 성급히 결론에 도달하고 있다.

(b) 말하는 이의 추리는 검증될 수 없다.

(c) 말하는 이의 설명은 순환적이다.

(d) 말하는 이의 추리에는 아무런 문제가 없다.

**16.** "현진아, 이번 주말에 캠핑 가자. 다른 데 가는것에 비해 돈도 별로 안 들고, 집에서 가까워. 그리고 거기 웬만한 건 다 준비되어 있데. 바람도 좀 쐬며 고기 구워 먹으면 참 좋을 거야."

(a) 말하는 이는 현진에게 그가 얼마나 캠핑에 대해 잘 아는지 증명하려 하고 있다.

(b) 말하는 이는 현진에게 어떻게 하면 돈을 절약할 수 있는지 보여주려 하고 있다.

(c) 말하는 이는 여행이라는 주제에 있어서 확실히 편향되어 있다.

(d) 말하는 이의 추리에는 아무런 문제가 없다.

**17.** "여보, 우리가 지은이를 자정까지 나가 놀게 내버려두면 나중엔 새벽 한 시에 들어오고, 그 다음엔 세 시에 들어 오다가, 언젠간 아예 외박할지도 몰라요."

(a) 말하는 이는 지은이가 외박하고 싶어한다고 추정하고 있다.

(b) 말하는 이는 X가 Y로 자동으로 이어진다고 추정하고 있다.

(c) 말하는 이는 X와 Y가 받아들일 수 없는 대안이라고 추정하고 있다.

(d) 말하는 이의 추리에는 아무런 문제가 없다.

**18.** "전 세금 정산하면서 속인 적이 없어요. 단지 창의적인 회계 기법을 사용했을 뿐이라고요."

(a) 말하는 이는 법을 어기고 있다.

(b) 말하는 이는 남에게 나쁜 선례를 남기고 있다.

(c) 말하는 이는 "속이다"의 왜곡된 표현을 쓰고 있다.

(d) 말하는 이의 추리에는 아무런 문제가 없다.

**19.** "내가 약속했던 것처럼 시험 채점을 오늘까지 못 끝낸 건 맞지만, 아마 다른 선생님들도 엄청 바쁘셨을 거야!"
(a) 말하는 이는 상관 없는 주제를 끌어오고 있다.
(b) 말하는 이는 자신이 일을 하지 못한 데 대해 다른 선생님들 탓을 하고 있다.
(c) 말하는 이는 순환 논증을 하고 있다.
(d) 말하는 이의 추리에는 아무런 문제가 없다.

**20.** "현호야, 이것 좀 봐봐! 나 얼마 전부터 새로 나온 비타민제를 먹기 시작했는데, 피로감도 덜 느끼고 기억력도 좋아졌고 성적까지 오르기 시작했어. 진짜 이게 세상에서 제일 좋은 영양제일 거야!"
(a) 말하는 이는 비타민제를 믿지 않는다.
(b) 말하는 이는 자신에게 일어난 좋은 일들이 모두 비타민제 때문이라고 추정하고 있다.
(c) 말하는 이는 자신에게 일어난 변화가 무엇 때문인지 모른다.
(d) 말하는 이의 추리에는 아무런 문제가 없다.

(문제 21~22) 다음 상황에서 가장 믿을 수 있는 사람은 누구일까요?

**21.** 갓난 아기에게 기저귀를 잘 채우는 방법에 대해
(a) 소아과 의사
(b) 유아용품점 주인
(c) 육아 지원 센터 상담사
(d) 네 자녀를 둔 어머니

**22.** 억울하게 가게에서 물건을 훔친 혐의를 받고 있는 학생의 변호에 대해
(a) 학생의 부모
(b) 학생의 친한 친구
(c) 가게 주인
(d) 경찰관

(문제 23~25) 다음 논증을 읽고 문제에 답하세요.

(1) 많은 고등학생들이 여기에 반대할 수도 있지만, 고등학교 졸업 조건에 사회봉사활동 90시간 이상이 반드시 포함되어야 합니다. (2) 90시간은 꽤 많아 보이는 것 같아도 고등학교 3년 동안 봉사활동 90시간은 충분히 할 만합니다. (3) 봉사활동을 하는 것은 학생들에게 성취감과 자신감을 불어넣어줄 뿐더러 실생활과 사회에서의 문제 해결 능력도 길러줍니다. (4) 예를 들어, 학생들이 새터민의 정착을 돕는 기관에서 봉사활동을 한다면 이러한 효과를 볼 수 있을 것입니다. (5) 학교 내 교과과정 중에서 봉사활동만큼 학생들에게 듣는 방법과 인내, 그리고 어려운 상황에서의 문제 해결을 효과적으로 가르치는 것은 없습니다. (6) 또한 이는 학생들이 나중에 대학에 진학하고 양심 있고 깨어난 성인이 되는 데 꼭 필요한 사회적 기술입니다. (7) 사실 모든 교육 프로그램의 목표는 교내외 교과과정을 통해 독립적으로 사고하는 양심 있는 사회 구성원을 만들어 내는 것이어야 합니다.

**23.** 이 지문에 소개된 주장의 요점(결론)은 무엇인가요?
(a) 문장 (1)
(b) 문장 (2)
(c) 문장 (3)
(d) 문장 (4)

**24.** 다음 중 결론을 가장 잘 뒷받침하는 내용은 무엇인가요?
(a) 문장 (2)
(b) 문장 (4)
(c) 문장 (5)
(d) 문장 (7)

**25.** 문장 (5)는 다음 중 무엇에 해당하나요?
(a) 통계에 근거한 타당한 증거
(b) 상식에 근거한 타당한 증거
(c) 개인적 경험
(d) 타당한 증거가 아님

(문제 26~31) 각 예문을 읽고 문제에 답하세요.

지영이는 7월에 봉급이 올랐다. 같은 달에 지영이는 더 큰 원룸으로 이사했다. 그녀는 애완견도 한 마리 입양하여 매일 저녁 강아지와 함께 산책하는 것을 즐겼다. 지영이는 지난 몇 달간 부서에서 야심차게 추진했던 대형 프로젝트를 완수하기 위해 매일 늦게까지 야근했기 때문에, 최근의 여유로운 시간을 만끽하고 있다.

**26.** 다음 중 지영의 봉급 인상의 주된 이유는 무엇인가요?
(a) 더 큰 원룸으로 이사해서
(b) 강아지와 산책함으로써 더 많이 운동하게 되어서
(c) 직장을 오랫동안 다녀서
(d) 프로젝트를 완수하기 위해 야근을 많이 해서

**27.** 예문을 토대로 내릴 수 있는 가장 논리적인 결론은 무엇인가요?
(a) 지영은 일을 열심히 했기 때문에 봉급 인상을 받을 만했다.
(b) 지영은 강아지와 같이 놀아 줄 여가 시간이 필요했다.
(c) 지영은 새 집으로 이사 가기 위해 여름까지 기다렸다.
(d) 지영은 야근을 너무 많이 해서 속상해 했다.

한 젊은 여성이 동네 골목에서 자전거를 타다가 바로 앞에서 교통 사고가 일어난 것을 목격했다. 그녀는 여러 사람이 조금 다친 것을 보았고, 주변에 다른 차들은 없었다.

**28.** 그녀가 가장 먼저 해야 하는 것은 무엇인가요?
(a) 가장 가까운 가게로 들어가 119에 신고하도록 요청한다.
(b) 부상당한 사람들을 차 밖으로 옮긴다.
(c) 경찰에 신고하기 위해 자동차 번호를 적는다.
(d) 차량으로부터 자신에게 위험이 없는지 확인한다.

상희는 회사 연말 파티 준비를 하고 있다. 상희는 모든 사람이 마음에 드는 파티 장소를 고르기 위해 설문 조사를 하기로 했다. 이 회사에는 80명의 직원이 있는데, 20명은 경영부에, 40명은 영업부에, 20명은 지원부에서 일하고 있다.

**29.** 상희가 10명의 직원을 설문 조사한다면, 그 설문 조사 결과는
(a) 모든 직원의 의견을 정확하게 반영할 확률이 매우 높다.
(b) 모든 직원의 의견을 정확하게 반영할 확률이 높다.
(c) 모든 직원의 의견을 정확하게 반영할 확률이 매우 낮다.

**30.** 상희가 경영부에 있는 20명의 직원을 모두 설문 조사한다면, 그 설문 조사 결과는

(a) 모든 직원의 의견을 정확하게 반영할 확률이 매우 높다.

(b) 모든 직원의 의견을 정확하게 반영할 확률이 높다.

(c) 모든 직원의 의견을 정확하게 반영할 확률이 매우 낮다.

**31.** 어떻게 설문을 해야 상희가 가장 정확한 결과를 얻을 수 있을까요?

(a) 경영부에서 10명, 영업부에서 20명, 지원부에서 5명을 설문

(b) 경영부에서 10명, 영업부에서 20명, 지원부에서 10명을 설문

(c) 경영부에서 20명, 영업부에서 20명, 지원부에서 20명을 설문

(d) 경영부에서 10명, 영업부에서 10명, 지원부에서 10명을 설문

**32.** 당신이 매번 입은 옷을 화장실 바닥에 내버려 둘 때마다 어머니는 그 옷을 주워서 당신의 침실 바닥에 놓아둡니다. 당신이 옷을 세탁 바구니에 넣어 놓으면 어머니는 그 옷을 세탁해서 건조시킨 뒤 접어서 당신의 침대 위에 놓아둡니다. 그래서 당신의 결론은

(a) 어머니는 시간이 남을 때 내 빨래도 하신다.

(b) 어머니는 화장실을 잘 들여다 보지 않으신다.

(c) 어머니는 내가 곧 스스로 빨래 하기를 바란다.

(d) 어머니는 내가 옷을 화장실 바닥 대신 세탁 바구니에 넣기를 바란다.

**33.** 지민은 새로 온 아르바이트생의 스케줄을 짜고 있습니다. 직원들은 각각 일주일에 이틀씩 일해야 합니다. 안희(A)는 월요일, 수요일, 금요일에 일할 수 있습니다. 병철(B)은 월요일, 화요일, 수요일에 일할 수 있습니다. 철수(C)는 화요일과 금요일에만 시간이 됩니다. 동엽(D)은 수요일을 제외하고 언제든지 일할 수 있습니다. 은지(E)는 목요일과 금요일에만 시간이 있습니다. 다음 중 최적의 스케줄은 무엇인가요?

| | 월요일 | 화요일 | 수요일 | 목요일 | 금요일 |
|---|---|---|---|---|---|
| (a) | B & D | A & D | A & B | C & E | C & E |
| (b) | A & D | B & C | A & B | D & E | C & E |
| (c) | B & C | C & D | A & D | B & E | A & E |
| (d) | A & D | B & C | C & E | B & E | A & D |

(문제 34~35) 예문을 읽고 문제에 답하세요.

병진, 병수, 중현, 중민은 모두 같은 회사를 다니고 있습니다. 병진은 병수보다 2년 선배고 중현보다 1년 후배입니다. 중민은 병수보다 1년 선배이고, 중현은 이 회사를 10년째 다니고 있습니다.

**34.** 다음 중 누가 회사를 가장 오래 다녔나요?

(a) 병진

(b) 병수

(c) 중현

(d) 중민

**35.** 다음 중 가장 최근에 입사한 사람은 누구인가요?

(a) 병진

(b) 병수

(c) 중현

(d) 중민

## 모범 답안

각 해답에 표시된 레슨에서 문제와 연관된 정보를 찾으실 수 있습니다.

**1.** (b) 레슨 2
**2.** (c) 레슨 2
**3.** (a) 레슨 3
**4.** (c) 레슨 3
**5.** (b) 레슨 3
**6.** (b) 레슨 6
**7.** (c) 레슨 5
**8.** (a) 레슨 11
**9.** (c) 레슨 12
**10.** (a) 레슨 13
**11.** (b) 레슨 11
**12.** (c) 레슨 11
**13.** (c) 레슨 14
**14.** (b) 레슨 16
**15.** (a) 레슨 16
**16.** (d) 레슨 7–9
**17.** (b) 레슨 11
**18.** (c) 레슨 6
**19.** (a) 레슨 13
**20.** (b) 레슨 17
**21.** (d) 레슨 4
**22.** (c) 레슨 4
**23.** (a) 레슨 7
**24.** (c) 레슨 8, 9
**25.** (b) 레슨 9
**26.** (d) 레슨 17
**27.** (a) 레슨 17
**28.** (c) 레슨 2, 19
**29.** (c) 레슨 18
**30.** (c) 레슨 18
**31.** (b) 레슨 18
**32.** (d) 레슨 15
**33.** (b) 레슨 19
**34.** (c) 레슨 15, 19
**35.** (b) 레슨 15, 19

# 추리 능력 키우기
# Lessons 1–20

LESSON 1

# 비판적 사고와 추리 능력

"일상 대화를 들으면 들을수록 두뇌의 추리 능력이 발성 기관의 조종에 별로 관여치 않는다는 것이 분명해진다."
("The more one listens to ordinary conversations, the more apparent it becomes that the reasoning faculties of the brain take little part in the direction of the vocal organs.")

에드거 라이스 버로스(Edgar Rice Burroughs), 1875~1950
타잔 시리즈를 쓴 미국의 소설가

## 레슨 요약

여러분은 아마 "비판적 사고"와 "추리 능력"이라는 표현을 여러 번 들어 보셨을 것입니다. 하지만 "비판적으로 사고하는 것"이 과연 무엇을 뜻하고, 또 "추리 능력"이라는 것은 과연 무엇일까요? 이번 레슨은 이러한 질문에 대한 답을 알아보고 왜 비판적 사고와 추리 능력이 중요한지 알아볼 것입니다.

우리가 누구이든, 어떤 일을 하든 간에 우리는 항상 결정을 내리며 살아갑니다. '아침에 무엇을 입을까'를 결정하는 것 같이 우리에게 너무나 익숙해져 별다른 생각 없이 하는 일도 사실은 어느 정도 비판적 사고와 추리 능력이 필요합니다. 예를 들어, 우리가 '어떤 옷을 입을까' 결정을 내릴 때, 기상 예보와 온도, 그 날의 계획(어디를 갈지, 누구를 만날지 등) 등 많은 것을 고려합니다. 그렇기 때문에 우리 모두는 이미 어느 정도 비판적 사고와 논리적 추리를 하고 있습니다. 하지만 삶은 꽤 복잡하기 때문에 우리는 어떤 옷을 입느냐와 같은 결정보다 훨씬 더 복잡하고 어려운 결정을 내려야 할 때가 자주 있습니다. 사람들 사이의 갈등은 어떻게 해결해야 할까요? 문제는 어떻게 풀어야 하며, 또 위기는 어떻게 잘 넘겨야 할까요? 그리고 도덕적, 윤리적 결정은 어떻게 내려야 할까요?

물론 우리가 항상 옳은 결정을 내리거나 가장 효율적으로 문제 해결을 할 수는 없습니다. 하지만 이런 확률을 크게 올릴 수 있는 것이 바로 우리의 비판적 사고와 논리적 추리 능력을 향상시키는 일입니다.

> "행동하기 전에 생각하는 사람은 자신의 행동에 대해 사과할 일이 거의 없다." ("The person who thinks before he acts seldom has to apologize for his acts.")
>
> 나폴레온 힐(Napoleon Hill)
> *Think and Grow Rich*의 저자

## 1.1. 비판적 사고와 추리 능력에 대한 정의

비판적 사고와 추리 능력을 향상시키기 위해서 먼저 이들이 정확하게 무엇인지 알아봅시다.

### 비판적 사고

먼저 **비판적 사고**(critical thinking)라는 표현이 무엇을 뜻하는지 한번 생각해 보세요. 근본적으로 비판적 사고는 의사 결정 과정의 일부입니다. 최선의 결정을 내리기 위해 문제나 주장, 질문, 상황 등을 심사숙고하는 것이 바로 비판적 사고입니다. 다시 말하면, 우리가 비판적 사고를 한다는 것은, 우리가 시간을 투자해 어떤 쟁점의 모든 면을 고려하고 증거와 실마리를 주의 깊게 평가하며 여러 시나리오를 생각해 보고 이에 따른 결과를 예측해 보는 것입니다. 그리고 비판적 사고 방식은 한번 익숙해지면 모든 상황에 똑같이 사용할 수 있습니다.

비판적 사고는 다음과 같은 결정을 내릴 때 큰 도움을 줍니다.

- 문제를 어떻게 가장 잘 해결할 수 있는가?
- 주장을 받아들여야 하는가, 받아들이지 말아야 하는가?
- 질문에 어떻게 가장 잘 대답할 수 있는가?
- 상황에 어떻게 가장 잘 대처할 수 있는가?

> **생각해 보기**
>
> 모든 문제에는 여러 개의 해법이 있다는 것을 항상 잊지 마세요. 자꾸만 손이 가서 하나만 먹고 멈출 수 없는 새우 과자처럼, 하나의 해법에만 만족하지 말고 계속 다른 해법을 찾아 보세요. 생각보다 훨씬 많은 해법을 찾을지도 모릅니다.

### 추리 능력

비판적 사고가 문제 해결을 위해 문제와 해법을 꼼꼼히 따져 보는 것이라면 **추리 능력**(reasoning skills)은 문제에서 해법으로 나아가는 과정에 대한 것입니다. '이성적인 이유'를 가지고 해법까지 다다를 때 필요한 것이 바로 추리력입니다.

여기서 이유라는 것은 생각, 행동, 혹은 의견의 근거를 말합니다. 즉, 우리가 '왜' 무언가를 생각하고 행동하느냐인 것이지요. 하지만 잘 아시다시피 우리의 생각과 행동이 항상 이성적이지는 않습니다. 우리 모두 순간적인 '감정' 때문에 이성적이지 않은 말이나 행동을 하는 경우가 종종 있죠. 추리 능력은 생각과 행동의 이유가 감정적이지 않고 사실과 증거, 그리고 논리와 이성에 의거하도록 돕는 능력입니다. 그리고 이 책의 목표는 여러분이 어떤 상황에 대처하거나 문제를 해결할 때 감정적인 반응에서 벗어나 이성적으로 최선책을 찾을 수 있도록 연습하는 것입니다.

> **이성적**: 타당하고 사리에 맞는; 상식이나 증거를 통해 밝혀진 결론에 따른
> **감정적**: 느낌, 감정에 따른

## 1.2. 이성과 감정의 차이

물론 감정적인 것이 항상 이성적이지 않은 것은 아닙니다. 또한 우리가 어떻게 느끼느냐는 우리의 삶에서 매우 중요한 부분이기 때문에, 결정을 내릴 때 감정을 고려하는 것은 당연한 것입니다. 하지만 그렇다고

해서 결정을 내릴 때 논리나 이성이 배제되어서는 절대 안 됩니다.

예를 들어, 당신이 컴퓨터가 한 대 필요해 구매하려 한다고 생각해 봅시다. 컴퓨터를 산다는 것은 꽤 큰 결정이기 때문에 현명한 결정을 내려야 하죠. 컴퓨터를 구매할 때 당신은 아마 다음과 같은 절차를 밟을 것입니다.

- 선택 가능한 옵션이 무엇인지 고려해봄
- 여러 가지 시나리오와 그 결과를 가늠해봄
- 최종 결정을 뒷받침할 이성적인 이유를 생각해봄

먼저, 당신의 필요와 예산에 맞는 컴퓨터를 고르는 것은 너무나 당연합니다. 예를 들어, 최고 사양의 하드웨어와 큰 모니터, 값비싼 스피커가 달린 멋진 게임용 컴퓨터가 가지고 싶더라도, 컴퓨터로 간단한 인터넷 사용과 문서 작정만 할 예정이라면 이런 게임용 컴퓨터를 사면 안 될 것입니다. 하지만 여러 가지 감정적인 이유 때문에 사람들은 이런 현명하지 못한 비이성적인 결정을 자주 내립니다. 사람들은 비판적인 사고를 하고도 감정이 이성을 지배하는 것을 막지 못해 이런 잘못된 결정을 내리게 되는 것입니다.

### 연습 문제

**1.** 새로 컴퓨터를 구매한다고 가정해 보고, 이 결정을 내리는 데 비판적 사고와 추리 능력을 사용해봅시다. 먼저 비판적인 사고를 해보세요. 어떤 컴퓨터를 살지 결정할 때 무엇을 고려해야 할까요? 고려 사항을 다섯 개 이상 적어보세요. 먼저 한 개는 미리 알려드리겠습니다.

고려 사항:

1. 가격
2.
3.
4.
5.

### 해답

아래는 일반적으로 생각해볼 수 있는 고려 사항입니다.

- 종류: 데스크탑 혹은 노트북
- 크기와 무게
- 모양과 디자인
- 컴퓨터 속도(CPU, 메모리 등의 처리 속도)
- 저장 용량(하드 드라이브 등의 크기)
- 그래픽 카드 성능
- CD, DVD, 블루레이 재생 여부
- 상태: 신품 혹은 중고
- 완품 혹은 조립
- 제조사
- 모니터 크기
- 주변기기(키보드, 마우스, 스피커, 웹 캠, 프린터 등)
- 운영체제(윈도우, 맥 OS, 리눅스, 크롬 OS 등)
- 소프트웨어 포함 및 구동 여부(워드 프로세서, 그래픽 편집 프로그램 등)
- 기술 지원 및 A/S 여부
- 상품평
- 구매 장소(매장 혹은 인터넷 판매 제품)

## 1.3. 결정을 점검하기

우리가 항상 비판적 사고와 논리적 추리 능력을 사용할 수 있도록 돕는 방법 중 하나는 바로 언제나 우리의 결정과 행동을 점검하는 것입니다. 내가 왜 그렇게 했을까? 왜 그런 결정을 내렸을까? 왜 그 해법이 최선이라고 보였을까? 일상생활의 작은 결정과 행동 하나하나에도 이런 질문을 던져보세요. 그러면 여러분 스스로의 의사 결정 과정에 대해 좀 더 잘 알게 될 것이고, 또 어느 부분을 개선해 보다 효과적으로 만들 수 있는지 알게 될 것입니다.

### 연습 문제

**2.** 진짜로 컴퓨터를 구매한다고 생각하고 비판적 사고와 추리 능력을 사용해 어떤 컴퓨터를(가격, 성능, 제조사 등) 살지 결정하고, 또 왜 그런 결정을 내렸는지도 적어보세요. 구체적인 부분까지도 생각해 보세요. 당신이 스스로의 결정에 대해 꼼꼼하고 비판적으로 생각했다는 것을 보여줄 수 있는 합당한 이유를 다수 포함하는 것이 중요합니다.

컴퓨터 종류:

- 

가격:

- 

이 제품을 선택한 이유:

- 
- 
- 
- 
- 
- 
- 

### 해답

한 예로 다음과 같이 답변해 볼 수 있겠습니다. 당신이 쓴 내용도 이 정도로 당신의 결정을 잘 뒷받침하는지 한번 비교해 보세요.

컴퓨터 종류: ○○○에서 산 ××× 노트북

가격: 98만원

이 제품을 선택한 이유:

- ×××은 노트북을 잘 만든다고 알려져 있는 유명 브랜드이고 기술 지원 및 A/S가 잘 된다.
- 한 곳에 놓고 쓸 컴퓨터가 아니라 출장용이기 때문에 가벼운 노트북이어야 한다.
- 나에게는 필요하지 않은 CD/DVD 플레이어나 고성능 그래픽 카드가 빠져 있어 다른 제품보다 더 가볍고 저렴하다.
- ○○○에서 판매하는 제품은 다른 전자제품 전문 매장이나 인터넷에서 파는 비슷한 제품보다 10만원 이상 저렴하며 이번 주에 특가로 10만원 할인을 하여 정가보다 20만원 정도 싸게 살 수 있다.
- 동급 사양, 동급 가격대의 노트북보다 저장 용량이 더 크다.
- 배터리 성능이 뛰어나다.
- 깔끔한 외관 때문에 출장 시 고객이나 다른 회사 사람들 앞에서 꺼내 쓰는 데 지장이 없다.
- 나에게 필요한 유료 소프트웨어가 포함되어 있다.
- 인터넷으로 찾아 본 상품평이 매우 좋다.
- 웹 캠과 마이크가 내장되어 있어 장기 출장 시 가족과 쉽게 화상 통화를 할 수 있다.

## 1.4. 왜 비판적 사고와 추리 능력이 중요한가?

우리는 모두 가정과 학교, 그리고 직장에서 비판적 사고와 추리 능력이 요구되는 상황을 자주 겪습니다. 그렇기 때문에 이 두 능력을 향상시킨다면 우리가 하는 많은 일에 대해 성공 확률을 높일 수 있을 것입니다. 구체적으로, 뛰어난 비판적 사고와 추리 능력은 여러분에게 다음과 같은 도움을 줍니다.

- 효과적이고 논리적인 주장을 펼치고 이를 뒷받침할 수 있음
- 타인 주장의 타당성을 평가할 수 있음
- 보다 효과적이고 논리적인 결정을 내릴 수 있음

■ 보다 효율적으로 문제 해결을 할 수 있음

이 넷은 **문제 해결 능력**(problem-solving skills)의 근본적인 구성 요소라 할 수 있습니다. 여기서 '문제'란 시험지의 문제, 혹은 예상치 못했던 머리 아픈 일만을 뜻하지 않습니다. 다음 레슨에서 보다 자세하게 알아보겠지만, 문제란 쉽게 결정을 내리지 못하거나 해결책이 뻔히 보이지 않는 모든 상황을 뜻합니다. 예를 들어, 누군가가 당신의 마음을 바꾸고 설득시키려 한다면, 당신에게는 '문제'가 생긴 것입니다. 이 문제에 대한 해결은 당신이 스스로의 믿음을 바꿀지, 아니면 그 사람의 주장을 받아들일지를 결정할 때 이루어집니다. 마찬가지로, 당신이 어떠한 선택을 내려야 할 때, 혹은 어떤 주제의 특정 입장을 지지하고자 할 때 역시 다른 종류의 해결해야 할 '문제'가 생겼다고 볼 수 있습니다. 어떤 선택을 내릴지, 그리고 어떻게 그 입장을 지지할지에 대해 결정을 내려야 이 문제들을 해결할 수 있지요. 그렇기 때문에 이 책에서는 이런 모든 상황에 문제 해결이라는 표현을 사용합니다. 문제 해결이란 시험지의 문제풀이만이 아님을 명심하세요. 다음 레슨의 주제가 바로 문제 해결이기 때문에 곧 좀 더 자세히 알아볼 테니 잠시만 기다려주세요.

## 연습 문제

비판적 사고와 추리 능력을 사용해서 다음 문제를 풀어보세요.

재기는 전에 다니던 회사를 그만둔 후 두 달째 재취업을 준비하고 있습니다. 그는 요행스럽게도 최근 서부공업과 동부정밀에서 치른 면접에 모두 합격해 취업 제안을 받았습니다. 두 회사 모두 월급은 같지만 서부공업은 더 나은 직원 복지 제도와 연금 제도가 있고, 동부정밀은 재기의 집에서 훨씬 가깝습니다. 재기는 어느 회사에 취업해야 할까요?

**3.** 이러한 쉽지 않은 결정을 내리는 데 있어서 재기가 고려해야 할 사안들이 무엇인지 한번 생각해 보세요.

■

■

■

■

■

■

**4.** 재기를 위해 결정을 내려 보시고 그 결정이 왜 좋은 결정인지 한번 설명해 보세요. 예문에 제시된 것 이외에 재기의 삶에 대해서는 한번 상상력을 발휘해 보세요. 예를 들어, 재기는 결혼을 했을까요? 자식이 있을까요? 어느 회사에 취업하는 것이 재기에게 더 나은 결정이 될지 가능한 한 많은 이유를 제시해 보세요.

## 해답

**3.** 예를 들어, 재기가 고려해야 할 사안은 다음과 같습니다.

■ 고용 보장
■ 직원 복지
■ 근무 시간
■ 근무 환경
■ 구체적인 직무 내용
■ 회사의 위치와 출퇴근 방법/시간
■ 승진 가능성
■ 회사의 안정성/발전 가능성
■ 동료들과의 조화

**4.** 재기가 가정 주부인 아내와 어린 자녀가 세 명 있다고 가정해 보고 다음과 같이 재기의 선택을 정당화할 수 있을 것입니다.

재기는 서부공업에 취업해야 합니다. 서부공업은 직원 가족까지 복지를 잘 해줄 뿐더러 자체 연금 제도도 잘 마련되어 있기 때문입니다. 재기는 사랑하는 아내와 어린 자녀가 세 명이나 있기 때문에 이런 점이 매우 중요합니다. 물론 집에서 가까운 동부정밀에 취업하면 출퇴근 비용과 시간이 많이 절약되고, 가족과 더 많은 시간을 보낼 수도 있을 것입니다. 하지만 가정 주부인 아내가 평일에는 아이들을 돌볼 수 있고, 또 서부공업이 제공하는 직원 복지 프로그램을 통해 주말에 가족과 유익한 시간을 보낼 수 있을 것입니다. 또한 자식이 많아 미리 노후를 준비하기 어려울지도 모르는 재기에게 서부공업의 연금 제도는 큰 힘이 되며 재기가 일에만 집중할 수 있게 도울 것입니다. 덕분에 더 열심히 일한 만큼 임금도 오르고 승진도 빨라질 수도 있습니다.

## 1.5. 요 약

**비판적 사고**는 최선의 해법을 찾기 위해 문제, 주장, 질문, 혹은 상황을 꼼꼼하게 점검하는 것을 말합니다. **추리 능력**이란 이러한 비판적 사고와 더불어 사실과 증거에 의거해 이성적이고 논리적인 결정을 내리는 능력을 말합니다. 이 두 가지는 우리가 현명한 결정을 내리고 효율적으로 문제를 푸는 데 빼 놓을 수도, 떼어 놓을 수도 없습니다. 또한 이 둘은 우리가 보다 효과적인 주장을 펼칠 수 있게 하고 다른 사람 주장의 타당성 여부를 더 잘 판단할 수 있게 돕습니다.

### 다음 레슨까지 연습해 볼 것

하루 동안 당신이 얼마나 많은 결정을 내리고 얼마나 다양한 종류의 문제에 마주치는지 곰곰이 생각해 보세요. 가정이나 학교, 혹은 직장에서 어떤 종류의 결정이나 문제에 가장 자주 직면하나요?

- 오늘 하루 동안 기억에 남을 결정을 내리거나 문제를 해결하기 위해 어떤 과정을 거쳤는지 구체적으로 적어보세요. 문제에서 해답에 이르기까지 무엇을 어떻게 했나요?
- 최근에 당신이 내렸던 큰 결정이나 어려웠던 문제 해결을 한번 되새겨 보세요. 현명한 결정이었나요? 문제 해결은 효과적이었나요? 왜 그렇다고 (혹은 그렇지 않았다고) 생각하나요? 폭 넓게 모든 사안을 고려했나요, 아니면 깜빡 잊었거나 등한시한 부분이 있었나요? 이 결정을 이성적으로 내렸나요, 아니면 감정적으로 내렸나요? 그 중간이라면 얼마나 이성적이고 감성적이었나요?

LESSON 2

# 문제 해결 전략

"이성의 진정한 승리는 바로 우리가 이성을 가지지 못한 자들과 어울릴 수 있게 하는 것이다."
("The true triumph of reason is that it enables us to get along with those who do not possess it.")

볼테르(Voltaire), 1694~1778
프랑스의 문학자이자 철학자

### 레슨 요약

우리는 때때로 문제가 너무 많거나 어려워 압도당하기도 합니다. 이번 레슨에서는 어떻게 문제의 요점을 집어내며 그 문제를 감당할 수 있도록 여러 부분으로 나누는 방법에 대해 알아 볼 것입니다.

의심의 여지가 없을 만큼 합리적으로 피고가 무죄라는 것을 보여드리겠습니다." 보스턴 리걸(Boston Legal) 같은 미국 법정 드라마나 영화를 보신 적이 있으시다면 아마 이와 비슷한 표현을 들어보신 적이 있으실 것입니다. 이런 드라마나 영화에서 배심원단은 가끔 심각한 딜레마에 빠지기도 합니다. 피고의 운명이 배심원단의 결정에 따라 정해지기 때문이죠.

물론 모든 상황이나 문제가 다른 사람의 운명을 결정하는 것만큼 무거운 것은 아닙니다. 하지만 모든 사람은 자기 나름대로의 문제에 마주치게 되며, 이런 문제를 신속하고 효과적으로 다루는 것은 성공적으로 살아가기 위해 필수적인 것입니다. 그리고 비판적 사고와 논리적 추리 능력은 이런 상황에서 큰 도움이 됩니다.

## 2.1. 문제에 대한 정의

먼저 문제가 무엇인지에 대한 정의부터 내려봅시다. 비판적 사고, 추리 능력과 같은 선상에서 생각했을 때, 문제라는 것은 해결하기 어려워 힘든 결정을 내려야 하는 어떤 상황이나 일 등을 뜻합니다. 당황스러운 질문에 어떻게 대답해야 하는지 결정하는 것, 복잡한 상황을 어떻게 풀어가야 하는지 결정하는 것, 다른 사람에게 당신의 관점을 이해시킬 수 있는 방법을 선택하는 것, 그리고 퍼즐이나 미스터리를 풀 때 내리는 결정 등 매우 다양한 결정이 이런 결정에 포함됩니다. 예를 들어, 여러분은 다음과 같은 문제에 봉착할 수 있습니다.

**질문:** 대한민국의 대통령은 단임제를 유지해야 하는가, 연임제로 바뀌어야 하는가? 동료가 회사 물건을 훔치는 것을 보았다면 그것을 보고해야 하는가?

**상황:** 지방에서 모처럼 올라 온 친구들이 밤 늦게까지 같이 놀자고 조르는데, 어린 동생의 방학 숙제를 도와주기로 약속을 해 놓았다. 어떻게 해야 할까?

**설득:** 어떻게 하면 성호가 여자 친구의 의견을 조금 더 존중해 주도록 설득할 수 있을까?

**해결:** 어떻게 하면 스스로 학비를 댈 수 있을 만큼 돈을 벌 수 있을까? 누가 금고에 있던 돈을 훔쳐갔을까?

## 2.2. 무엇이 문제인지 알아내기

문제 해결에 있어서 가장 먼저 해야 할 일은 바로 진짜 문제가 무엇인지, 즉 '문제의 핵심'이 무엇인지 정확히 알아내는 것입니다. 너무 뻔한 이야기 같지만, 이 단계가 중요한 이유는 바로 복잡한 실생활에서는 진짜 문제가 무엇인지 파악하기 어렵거나, 혹은 진짜 문제가 무엇인지 잊어버리기 쉬워서입니다. 문제의 핵심이 아닌 부분에 에너지를 쏟아 붓게 되면 문제가 필요 이상으로 복잡해져 감당하기 버거운 것이 되어 버립니다.

일단 문제의 핵심이 무엇인지 알아냈다면, 그 다음엔 문제를 여러 '부분'으로 나눠야 합니다. 이 단계를 통해 우리는 문제의 범위가 얼마나 되는지 알 수 있습니다. 이것은 얼마나 많은 사안이 엮여 있는 얼마나 큰 문제일까요? 문제가 너무 커 보이면 도저히 해결책이 보이지 않을 때도 있고, 만약 문제를 너무 작은 것이라고 간과한다면 중요한 사안을 고려하지 못하는 실수를 저지를 수도 있습니다. 하지만 문제를 여러 작은 부분으로 나눠 본다면 문제의 진정한 크기와 범위를 알 수 있게 됩니다. 또한 이렇게 함으로써 문제가 크든 작든 간에 감당할 수 있는 부분을 하나하나씩 해결해 나갈 수 있는 청사진이 만들어집니다.

### 연습 문제

어떻게 하면 문제를 부분으로 조각낼 수 있는지 알아보기 위해 다음 시나리오를 한번 읽어 보세요.

시골에 사는 용균씨의 고물 자동차가 어제 큰 고장이 나 읍내 정비소에서 2~3일간 수리를 받아야 합니다. 오늘은 월요일이고 용균씨는 집에서 북쪽으로 30킬로미터 떨어진 곳으로 일하러 가야 합니다. 집 근처에서 일터로 가는 유일한 버스는 집에서 동쪽으로 10킬로미터 정도 떨어진 정류장에 섭니다. 용균씨의 친한 친척은 집 근처에 살고 있지만 집에서 남쪽으로 30킬로미터 떨어진 곳으로 매일 일을 다닙니다. 가장 가까운 콜택시 회사는 집에서 30킬로미터 정도 서쪽에 있습니다.

**1.** 다음 중 진짜 문제가 무엇인지를 가장 잘 나타내는 것은 무엇인가요?
(a) 어떻게 하면 자동차 수리비를 낼 수 있을까?
(b) 어떻게 하면 친척에게 회사나 버스 정류장까지 태워다 달라고 할 수 있을까?
(c) 어떻게 하면 직장으로 출근할 수 있을까?

(d) 택시비는 얼마나 나올 것이며 그 금액을 감당할 수 있을까?

### 해답

정답은 어떻게 하면 직장으로 출근할 수 있을까인 (c)입니다. 이것이 바로 여러분이 풀어야 할 진짜 문제, 즉 문제의 핵심입니다.

하지만 잘 보시면 위의 다른 문장도 문제의 하위 사안, 즉 문제 해결을 위한 구체적인 방법입니다. 즉, (a), (b), (d)는 문제의 핵심이 아닌 문제의 한 부분에 불과하다는 것입니다. 그리고 이 셋 말고도 문제 해결로 이어지는 문제의 부분은 수 없이 많기 때문에, 이 중에서 한두 가지가 불가능하더라도 문제를 해결할 수 있는 방법은 무궁무진합니다.

**생각해 보기**

문제를 여러 부분으로 나눈 다음 이 부분들을 목록으로 만들어 보세요. 문제의 구성 요소들을 목록으로 만들어보면 각 요소들이 보다 현실적으로 느껴지며, 그 해결 방안도 보다 뚜렷해집니다. 또한 목록을 만들게 되면 머릿속으로 생각만 하는 것보다 더 세부적인 부분까지 떠오를 수도 있습니다.

### 연습 문제

아래의 시나리오를 읽고 문제를 풀어 보세요.

당신은 한 공장의 생산 라인 담당자입니다. 같은 팀(라인)에서 일하는 부하 직원 두 명이 크게 싸웠습니다. 그리고 이 팀의 다른 두 명의 직원이 그 장면을 목격하였습니다. 하지만 네 명의 증언이 모두 조금씩 다릅니다.

**2.** 다음 중 진짜 문제가 무엇인지를 가장 잘 나타내는 것은 무엇인가요?

(a) 누가 싸움을 시작하였는가?

(b) 진짜 일어난 일은 무엇인가?

(c) 누구의 말을 믿어야 하는가?

(d) 어떻게 하면 라인이 다시 잘 돌아가도록 할 수 있는가?

(e) 어떻게 하면 앞으로 이런 일을 방지할 수 있는가?

### 해답

이 상황은 위에서 보셨던 연습 문제 1의 상황보다 조금 더 복잡합니다. 최선의 해답을 얻기 위해선 당신은 진짜 문제가 무엇이고, 또 이 문제가 어떤 영향을 끼칠지를 알아내야 합니다. 공장의 생산 라인 담당자로서, 어떤 일이 일어났는지를 정확하게 알아내는 것이 더 중요할까요, 아니면 이 일을 잘 마무리짓는 것이 더 중요할까요?

싸움의 세부적인 부분에 사로잡혀 누가 잘못을 하고, 또 누구 탓을 해야 하는지에 목을 매기 쉽습니다. 물론 이 점도 중요하긴 하지만, 진짜 문제는 바로 (d), 어떻게 하면 팀이 다시 협력하여 생산 라인을 정상적으로 가동시키느냐입니다. (e)를 제외한 나머지 세 항목은 이 문제의 핵심을 해결하기 위한 절차의 한 부분입니다. 이 문제를 해결하기 위해선 (a)와 (b), 즉, 누가 싸움을 시작하였는지와 이 상황에 대한 진상 규명이 필요하겠죠. 그리고 이 두 가지를 하기 위해선 (c), 즉, 누구의 말을 믿어야 하는지도 고려해야 할 것입니다. 하지만 이 자체가 문제의 핵심이라고 오인해서는 안 됩니다. (e)처럼 앞으로 이런 일이 다시 일어나는 것을 방지하기 위해 어떻게 해야 하는지도 잊어서는 안 되겠지만, 이 역시 문제의 핵심은 아닙니다.

## 2.3. 문제를 부분으로 나누기

이제 진짜 문제가 무엇인지 알아냈으니 문제를 부분으로 나눠봅시다. 연습 문제 2에 나온 상황을 계속 생각해 보도록 하죠. 당신은 이미 이 문제와 관련된 여러 사안을 알고 있습니다.

문제의 핵심: 어떻게 하면 다시 팀이 잘 돌아가도록 할 수 있을까?

문제의 부분:

- 누가 싸움을 시작하였는가?
- 진짜 일어난 일은 무엇인가?
- 누구의 말을 믿어야 하는가?
- 어떻게 하면 앞으로 이런 일을 방지할 수 있는가?

**연습 문제**

**3.** 문제를 해결하기 위해선 위에 나열된 네 가지 모두를 고심해 봐야 합니다. 하지만 이 넷이 전부는 아닙니다. 이 문제의 다른 부분은 무엇이 있을까요? 아래에 한번 적어 보세요.

- 
- 
- 
- 

**생각해 보기**

문제의 여러 부분에 대해 생각해 보면서 당신이 기자가 되었다고 한번 상상해 보세요. 제대로 된 기자가 던지는 중요한 질문, 즉, 누가, 무엇을, 언제, 어디서, 어떻게, 왜 했는지를 따져보세요. 이렇게 하면 이전에 놓쳤던 정보를 꼼꼼히 수집하게 될 것입니다.

**해답**

일단 다음과 같은 문제의 부분을 추가적으로 생각해 볼 수 있습니다.

문제의 부분:

- 어떻게 하면 싸운 직원들을 화해시킬 수 있을까?
- 싸움을 상부에 보고할 것인가?
- 상급자로서의 권한을 어떻게 행사할 것인가?
- 사건 조사를 어떻게 진행할 것인가?

이 외에 추가적으로 생각난 부분이 있으면 여기에 한번 적어 보세요.

- 
- 

## 2.4. 사안에 우선 순위 매기기

문제를 핵심과 부분으로 나누어 보았으니, 이제 다음에 할 일은 각 부분을 풀어나가는 것입니다. 물론 어떤 부분은 다른 부분보다 더 중요하고, 또 어떤 부분은 다른 부분을 해결해야만 다뤄질 수 있습니다. 그래서 각 부분에 우선 순위를 매겨야 합니다. 어떤 부분을 첫 번째로 다뤄야 할까요? 다른 부분을 다루기 전에 해결해야 하는 부분은 무엇일까요?

**연습 문제**

**4.** 당신의 비판적 사고와 추리 능력을 사용해 지금까지 알아 본 문제의 부분에 우선 순위를 매겨보세요. 생산 라인 담당자로서 문제의 핵심을 잊지 말고 순위를 매겨보세요.

- 
- 
- 
- 
- 
- 
- 
- 

**해답**

당신이 따로 추가한 부분에 따라서 해답은 조금씩 다르겠지만, 일단 아래와 같이 우선 순위를 매겨볼 수 있습니다.

우선 순위에 따라 나열한 문제의 부분:

- 상급자로서의 권한을 어떻게 행사할 것인가?
- 사건 조사를 어떻게 진행할 것인가?
- 누가 싸움을 시작하였는가?
- 진짜 일어난 일은 무엇인가?
- 누구의 말을 믿어야 하는가?
- 어떻게 하면 싸운 직원들을 화해시킬 수 있을까?
- 싸움을 상부에 보고할 것인가?
- 어떻게 하면 앞으로 이런 일을 방지할 수 있는가?

## 2.5. 사안의 연관성

문제를 부분으로 나눌 때, 각 부분들이 문제와 확실한 연관성이 있는지 꼭 확인해야 합니다. 물론 어떤 부분들은 한눈에 봐도 연관성이 없습니다. 예를 들어, 직원들이 탕수육을 찍어 먹는 것을 좋아하는지 부어 먹는 것을 좋아하는지는 아마 위의 문제와 큰 연관성이 없을 것입니다(탕수육 먹는 방법이 갈등의 원인이 아니고서는 말이죠). 하지만 누가 직장에 더 오래 있었던 선배인지는 연관성이 있을지도 모릅니다. 어떤 이유 때문에 싸움이 났느냐에 따라 다르겠죠.

한 가지 유의할 점은 개인의 취향이 문제의 일부로 떠오르는 경우입니다. 이성적으로 생각해 보면 개인의 취향은 배제되어야 하는데 말이죠. 예를 들어, 당신은 네 명의 직원 중 특정 인물을 더 좋아할 수도 있지만, 그렇다고 해서 그 사람의 얘기가 더 신빙성이 있을 직접적인 이유는 없습니다. 물론 그 직원이 평소에 정직한 모습을 보였다면 모르겠지만, 이 역시 당신의 취향과 별개로 다루어져야 합니다. 즉, 당신이 누구와 더 친하거나, 혹은 누구와 덜 친하거나 한다는 것은 이 문제와 연관성이 없다는 것입니다. 이 책의 레슨 4와 레슨 8에서는 이와 같은 편향, 편파에 대해 조금 더 깊이 공부해 볼 것입니다.

### 연습 문제

다음 시나리오를 읽고 질문에 답하세요.

당신은 방금 라디오 청취자 퀴즈에서 우승을 해 비행기와 호텔 비용이 포함된 가족 동반 여행권을 받게 되었습니다. 이제 당신은 3박 4일 일정의 일본 도쿄 여행권과 5박 6일 일정의 제주도 리조트 여행권 중 하나를 택해야 합니다. 해외를 나가본 적이 없는 당신의 자녀 둘은 도쿄 여행권에 마음이 가 있습니다. 당신의 배우자는 제주도 리조트에서 푹 쉬고 싶어 합니다. 당신의 어머니는 여행권을 처분하고 그 돈으로 집안의 고물 냉장고와 세탁기를 바꾸라고 권합니다.

**5.** 다음 중 이 상황의 핵심 문제는 무엇일까요?

(a) 당신의 자녀가 도쿄에서 얼마나 즐거운 시간을 보낼까?

(b) 결정을 내리기 전에 누구의 말을 들어야 할까?

(c) 어느 여행권을 골라야 하는가?

(d) 집안의 냉장고와 세탁기가 얼마나 더 버틸 수 있을까?

**6.** 이 문제의 부분들은 무엇이 있을까요?

- 
- 
- 
- 
- 

**7.** 이 문제의 부분들을 어떠한 순서로 다루어야 할까요?

- 
- 
- 
- 
- 

**해답**

5. 이 상황에서 핵심 문제는 (c), 어느 여행권을 골라야 하는가입니다.

6. 이 문제는 다음과 같은 부분으로 나누어 볼 수 있습니다. 당신의 답과 어떻게 다른지 한번 비교해 보세요.
   - 여행지에서 추가로 들어갈 금액은 얼마나 될까?
   - 내가 가장 원하는 것은 무엇인가?
   - 내 배우자가 원하는 것은 무엇인가?
   - 내 자녀가 원하는 것은 무엇인가?
   - 내 배우자, 자녀, 혹은 어머니가 자신들의 생각대로 내가 행동하지 않았을 때 어떻게 반응할 것인가?
   - 직장에서 며칠이나 휴가를 낼 수 있는가?
   - 누구의 의견을 가장 믿을 수 있는가?
   - 각 여행권의 실제 가치는 얼마인가?

7. 이 부분들은 아마 다음과 같은 순서로 해결되어야 할 것입니다. 당신이 추가한 부분에도 적당한 우선 순위가 매겨져 있나요?
   - 여행지에서 추가로 들어갈 금액은 얼마나 될까?
   - 내가 가장 원하는 것은 무엇인가?
   - 내 배우자/자녀가 원하는 것은 무엇인가?
   - 직장에서 며칠이나 휴가를 낼 수 있는가?
   - 누구의 의견을 가장 믿을 수 있는가?
   - 각 여행권의 실제 가치는 얼마인가?
   - 내 배우자, 자녀, 혹은 어머니가 자신들의 생각대로 내가 행동하지 않았을 때 어떻게 반응할 것인가?

## 2.6. 요 약

앞에서 언급했듯이 **문제**라는 것은 해결하기 어려워 힘든 결정을 내려야 하는 상황이나 일 등을 말합니다. 문제 해결의 첫 단계는 무엇이 진짜로 문제인지, 즉 문제의 핵심을 알아내는 것입니다. 그리고 이 문제를 여러 부분으로 나누고, 그 부분에 우선 순위를 매겨야 합니다. 문제를 부분으로 나누게 되면 큰 문제도 충분히 감당할 수 있습니다. 그리고 문제의 각 부분이 문제와 분명한 연관성이 있는지도 확인해야 합니다.

### 다음 레슨까지 연습해 볼 것

- 오늘 있었던 문제를 하나 생각해 보세요. 그리고 이 문제의 핵심이 무엇인지 생각해 보고, 또 이 문제를 각 부분으로 나누어 보세요. 그리고 각 부분 중 먼저 해결해야 할 것이 무엇인지 생각해 보세요.
- 대부분의 드라마나 시트콤은 우리가 실생활에서 마주치는 문제를 간략화시켜 보여주지만, 추리 드라마나 의학 드라마 같은 경우는 등장 인물이 복잡한 문제에 맞닥뜨려 해결하는 것을 보여줍니다. 수사반장, 하얀 거탑, CSI, 그레이 아나토미(Grey's Anatomy), 하우스(House, M.D.) 같은 드라마나 혹은 이와 비슷한 영화를 한번 찾아 보고, 어떻게 등장 인물이 문제 해결을 하는지 잘 살펴보세요. 극 중 인물이 문제의 핵심이 무엇인지 제대로 파악을 했나요? 문제를 어떻게 부분으로 나누던가요? 등장 인물의 문제 해결 전략을 한번 평가해 보세요.

LESSON

# 3 ▶ 생각하는 것과 아는 것

"우리는 너무 자주 사고의 불편함 없이 의견의 편안함을 즐긴다."
("Too often we… enjoy the comfort of opinion without the discomfort of thought.")

존 F. 케네디(John F. Kennedy), 1917~1963
미국의 35대 대통령

### 레슨 요약

**효과적인 비판적 사고와 추리 능력에 필수적인 요소 중 하나는 사실과 의견을 구분할 수 있는 능력입니다. 이번 레슨에서는 이 둘의 차이점에 대해 공부해 보고, 또 왜 이 차이점이 중요한지 알아보겠습니다.**

범죄나 추리 드라마, 혹은 영화를 본 적이 있다면 수사관이나 탐정들이 용의자의 범죄 행위를 밝혀내기 위해 증거에 의존하는 것을 보셨을 것입니다. 이처럼 수사관이나 탐정들은 누군가를 범인으로 지목하기 전 자신의 주장을 뒷받침하기 위해 과학적 · 객관적 증거를 사용합니다.

우리는 드라마나 영화의 시청자로서 극중 인물 중에 누가 범인일지에 대한 의견이 있을 수 있습니다. 우리는 특정 인물이 범인이고 다른 인물은 결백하다고 믿는 것이지요. 하지만 범죄 현장에 있는 수사관들에겐 누가 무엇을 언제 어떻게 했느냐는 '사실'의 문제입니다. 즉, 충분한 증거가 있다면 수사관들은 특정 인물이 범인이라고 '믿는' 것이 아니라 특정 인물이 범인이라고 '알게' 되는 것이죠. 왜냐하면 그 사람이 범인이라고 증명할 수 있기 때문입니다.

## 3.1. 사실과 의견의 정의

일단 사실과 의견이 정확하게 무엇인지, 이에 대한 정의부터 내려봅시다.

사실이란:

- 확실히 일어났다고 알고 있는 것
- 확실히 진실이라고 알고 있는 것
- 확실히 존재한다고 알고 있는 것

의견이란:

- 일어났다고 믿고 있는 것
- 진실이라고 믿고 있는 것
- 존재한다고 믿고 있는 것

근본적으로 사실과 의견의 차이는 알고 있는 것과 믿고 있는 것의 차이입니다. 물론 의견도 사실에 기초할 수 있지만, 여전히 우리가 믿는 것이지 우리가 아는 것은 아닙니다. 의견은 논란의 여지가 있지만 사실은 그런 경우가 드물죠. 무언가가 사실이냐 의견이냐를 쉽게 알아볼 수 있는 방법 중 하나가 바로 '이게 논란의 여지가 있을까? 이건 확실히 진실이라고 알려져 있을까?'와 같은 질문을 스스로 던져 보는 것입니다. 첫 번째 질문에 '그렇다'라고 대답을 한다면 그것은 의견이고, 두 번째 질문에 '그렇다'라고 대답을 하면 그것은 사실입니다. 만약 확신이 들지 않는다면 그 말이 검증되기 전까지는 의견이라고 생각하는 것이 낫습니다.

사실: '아는' 것에 의거한 것
의견: '믿는' 것에 의거한 것

## 3.2. 사실과 의견의 차이가 중요한 이유

우리가 결정을 내릴 때에는 사실과 의견을 구별하는 일, 즉, 우리가 진실이라고 알고 있는 것과 진실이라고 믿고 있는 것을 구별하는 일이 매우 중요합니다. 결정을 내릴 때나 남의 주장을 평가할 때, 혹은 자신의 주장을 뒷받침할 때는 사실을 사용하는 것이 더 효과적입니다. 예를 들어, 당신이 아르바이트 자리에서 시급 인상을 요구할 때 "제 생각엔 저의 시급 인상이 필요한 것 같습니다"와 같이 의견을 말하는 것보다 사실을 얘기한다면 훨씬 더 효과적일 것입니다. 이 두 가지가 어떻게 다른지를 알아보기 위해 다음의 두 예문을 한번 읽고 비교해 보세요.

- "제 생각엔 저의 시급을 올려 받아야 할 것 같아요. 이제 시급이 오를 때도 되었고, 제가 시급을 올려 받을 만큼 일도 잘 하잖아요."
- "제 생각엔 저의 시급을 올려 받아야 할 것 같아요. 저는 일을 시작한 후에 한 번도 늦거나 결근한 적도 없고, 팀장님의 아르바이트생 평가에서도 항상 최고 등급을 받아 왔어요. 저번 달엔 고객이 선정하는 이 달의 우수 직원에 뽑히기도 했고요."

첫 번째 예문보다 두 번째 예문이 더 효과적임을 쉽게 눈치챌 수 있습니다. 두 번째 예문에서는 시급을 올려 받아야 할 것 같다는 의견을 사실이 뒷받침해 주고 있기 때문에 훨씬 효과적인 주장이 되는 것입니다.

사실과 의견을 구분하는 것이 중요한 또 다른 이유는 바로 사람들이 자주 의견을 사실 같이 말하기 때문입니다. 자신이 믿는 것을 자신이 알고 있다고 착각을 해서인지, 아니면 자신의 주장에 힘을 보태기 위해 의견을 사실처럼 꾸미는지는 쉽게 판단할 수 없지만, 여러분도 다른 사람들이 자신의 의견에 불과한 것을 사실이라고 말하는 경우를 심심치 않게 봐왔을 것입니다.

### 생각해 보기

사실과 의견에 대해 자각하고 있다면 다음과 같은 방법으로 자신이 알고 있는 것과 믿고 있는 것을 분명히 구분하는 연습을 해 보세요. 남들에게 여러분의 의견을 얘기할 때 "내 생각에는", "내가 듣기로는", "내가 보기에는" 같은 말을 꼭 붙여보세요. 이렇게 하면 여러분의 생각이 사실이 아닌 의견이라고 분명하게 전달될 것입니다.

## 연습 문제

다음 예문이 사실인지 의견인지 판단해 보세요.

____ **1.** 학교에서 휴학하고 몇 년 동안 사회에서 일을 하다가 다시 학교로 돌아온 사람이 공부를 더 잘 한다.

____ **2.** 대학 생활 중 한두 학기 휴학을 하고 이 기간 동안 취업 준비를 하거나 자기 계발을 위해 여행을 하는 휴학생의 수가 사상 최고이다.

____ **3.** 많은 회사가 자격증 취득을 위한 강의 수강에 보조금을 지불하고 있다.

____ **4.** 대부분의 대학이 학생들에게 충분한 학비 지원을 하지 않는다.

____ **5.** 방배대학교에서는 모든 과목에서 B학점 이상을 받아야 장학금을 준다.

## 해답

**1.** 의견
**2.** 사실
**3.** 사실
**4.** 의견
**5.** 사실

## 연습 문제

사실과 의견을 구분하는 능력을 키우기 위해서 사실을 의견으로 바꾸는 연습을 해 봅시다. 아래에 사실이 하나 있습니다.

미국인들은 연방세, 주세, 지방세를 낸다.

의견은 논의가 가능한 것이어야 합니다. 이 사실을 바탕으로 한 의견은 다음과 같습니다.

미국인들은 너무 많은 세금을 낸다.

4만 달러 이상 소득을 올리는 미국인만 세금을 내야 한다.

사실과 의견의 차이가 좀 더 분명해졌나요? 이제 여러분이 아래의 사실을 의견으로 바꿔봅시다.

**6.** **사실:** 운전중 핸드폰 사용은 교통사고율을 높인다.
의견:

**7.** **사실:** 미국에서는 18세가 되면 투표를 하거나 참전을 할 수 있지만, 21세가 되기 전까진 술을 마실 수 없다.
의견:

**8.** **사실:** 인터넷과 이메일 같은 기술 때문에 예전보다 많은 사람이 집에서 일을 한다.
의견:

**9.** **사실:** 대부분의 대학생들은 전공에 상관없이 인문학이나 인문사회 계열의 교양 수업을 몇 개 듣는다.
의견:

### 해답

여러분의 답과 아래의 답을 한번 비교해 보세요. 여러분은 아래의 의견에 대해 어떻게 생각하나요?

**6.** 의견: 운전 중 핸드폰 사용은 너무나 위험하기 때문에 벌금형 이상의 강력한 처벌을 내려야 한다.

**7.** 의견: 투표를 하거나 전쟁에 참여할 수 있는 나이에는 음주도 허락되어야 한다.

**8.** 의견: 많은 사람들을 집에서 일할 수 있게 하기 때문에 인터넷과 이메일은 우리에게 매우 유익하다.

**9.** 의견: 대학생들은 지금보다 더 많은 교양 수업을 들어야 한다.

## 3.3. 잠정적 진실

잠정적 진실에 대해 알아보기 전에 먼저 다음 예문을 읽고 각 예문이 사실인지 의견인지 한번 판단해 보세요.

____**10.** 내 생각에는 노약자나 음주자가 밀폐된 공간에서 선풍기를 틀고 자다가 호흡곤란이나 저체온증으로 사망할 수 있을 것 같다.

____**11.** 노약자나 음주자가 밀폐된 공간에서 선풍기를 틀고 자면 호흡곤란이나 저체온증으로 사망할 수도 있다.

혹시 첫 번째 예문을 의견, 두 번째 예문을 사실이라고 선택하였나요? 만약 그랬다면 왜 그렇게 했는지 알아 맞추는 것은 어렵지 않습니다. 첫 번째 예문은 "내 생각에는"으로 시작하기 때문에 의견으로 기술되어 있습니다. 그에 비해 두 번째 예문은 사실 같이 기술되어 있습니다. 하지만 이 말이 진실인가요? 이 내용이 확실하다고 알려져 있는 것인가요? 전문가들 사이에서도 어느 정도 의견이 나뉘긴 하지만, 전 세계에서 우리 나라를 제외하곤 전무한 '선풍기 사망설'의 진위는 과학적인 실험을 통해 밝혀지기 전까진 옳거나 그르다고 입증되지 않았다고 할 수 있습니다. 그래서 위의 두 번째 예문 같은 경우는 사실도, 의견도 아닌 **잠정적 진실**이라고 부를 수 있습니다. 잠정적 진실이라고 생각되는 사안은 입증되기 전까진 어느 정도 의심을 가지고 있는 것이 좋습니다.

물론 잠정적 진실은 도시 괴담이나 음모론, 혹은 사회적 · 정치적 중대 사안에 대한 것일 필요는 없습니다. 잠정적 진실은 다음과 같은 간단한 진술과도 관련될 수 있습니다.

T사의 하이브리드 자동차는 휘발유 1리터당 25km를 달릴 수 있다.

이런 진술(statement)은 의견을 피력하는 것이 목적이 아니라 사실에 대한 판단을 서술한 것이기 때문에 사실 같이 들릴 수밖에 없습니다. 하지만 여러분이 실제로 이 하이브리드 자동차를 몰아 보지 않는 한 이 진술의 진위를 직접 확인할 수는 없습니다. 사실 대부분의 잠정적 진실의 진위를 직접 판단하기란 쉽지 않습니다. 그래서 이런 잠정적 진실의 '출처'가 믿을 만하다면 이를 잠정적으로 사실로 받아들일 수 있습니다. **신뢰성**은 여러분이 직접 확인할 수 없는 사실을 받아들이는 데 있어서 중요한 역할을 합니다. 다음 레슨에서는 자료 출처의 신뢰성을 판단하는 방법에 대해 알아볼 것입니다.

### 생각해 보기

자료 출처의 신뢰성은 사실과 의견을 구분하는 데 필수적입니다. 인터넷에서 정보를 검색할 때는 항상 출처의 신뢰성을 따져 보세요. 인터넷에는 믿지 못할 출처가 만연합니다. 일반적으로 ".edu", ."gov", ".ac.kr", ".go.kr"과 같은 주소로 끝나는 교육 및 정부 기관 사이트가 ".com"으로 끝나는 사이트보다 더 믿을 만합니다.

### 연습 문제

다음 예문의 주장이 사실인지 의견인지, 혹은 잠정적 진실인지 판단해 보세요.

**12.** 점점 더 많은 텔레비전 방송을 인터넷에서 볼 수 있다.

**13.** 20~30대 중에서는 인터넷을 통해 방송을 보는 사람이 텔레비전을 통해 보는 사람만큼 많다.

**14.** 인터넷으로 볼 수 있는 방송 중에 재미 없는 것도 많지만, 볼 것은 점점 많아진다.

### 해답

**12.** 사실
**13.** 잠정적 진실(확인해 보아야 하겠지만 진실되어 보임)
**14.** 의견

## 3.4. 비판적 추리 시의 사실과 의견

지금부터 비판적 사고와 추리 능력을 사용해 결정을 내릴 때 사실과 의견의 구분이 중요한 상황에 대해 알아봅시다. 당신이 얼마 전 돌아가신 할아버지의 유산을 물려받게 되어 이 유산을 투자할 곳을 찾고 있으며, 주변의 조언을 구하고 있다고 한번 상상해 봅시다. 훌륭한 결정을 내리기 위해선 남의 주장에서 사실과 의견을 구분할 수 있어야 하겠지요. 그리고 의견이 사실에 기초한 것인지 아닌지도 알아 볼 수 있어야 합니다. 먼저 사실과 의견을 구분하는 것부터 다시 시작해 봅시다.

### 연습 문제

**15.** 다음 지문을 읽고 사실에 청색 표시를, 의견에 밑줄을 치세요.

예문 A.

돈을 투자할 방법은 여러 가지가 있다. 많은 사람들이 주식이나 채권에 투자를 하지만, 내 생각에는 열심히 일해 번 돈을 적금을 들어 놓는 것이 최선이다. 주식이나 채권은 위험한 경우가 많기 때문에 어렵게 번 돈을 이런 곳에 투자하여 도박을 하는 것은 옳지 않다. 물론 적금을 들어서는 하룻밤 사이에 부자가 될 수도 없고, 몇몇 주식처럼 이익이 크지도 않다. 하지만 당신이 전문가가 아닌 이상에야 어떤 주식의 수익률이 클지는 제대로 알기 어렵다. 게다가 적금은 예금 보증이 되어 있기 때문에 손해 볼 일도 없고 당신의 돈에 안전하고 꾸준한 이자를 붙여준다. 이게 훨씬 현명한 결정이다.

예문 B.

많은 사람들이 주식 시장에 대해서 지레 겁을 먹지만, 사실 전혀 그럴 필요가 없습니다. 물론 주식 시장의 위험성이 다른 투자 수단보다 훨씬 큰 것은 사실이지만, 그런 위험을 감수할 만한 가치가 있는 도박입니다. 게다가 적금 같이 안전한 투자처로 돈을 불리려면 엄청난 시간과 인내가 필요하죠. 시간이 없는 현대인에게는 주식 시장이 훨씬 나은 투자처인 것이 분명합니다.

### 해답

어떠셨나요? 사실과 의견을 구분하시는 것이 쉬웠나요? 해답은 다음과 같습니다.

예문 A.

돈을 투자할 방법은 여러 가지가 있다. 많은 사람들이 주식이나 채권에 투자를 하지만, 내 생각에는 열심히 일해 번 돈을 적금을 들어 놓는 것이 최선이다. 주식이나 채권은 위험한 경우가 많기 때문에 어렵게 번 돈을 이런 곳에 투자하여 도박을 하는 것은 옳지 않다. 물론 적금을 들어서는 하룻밤 사이에 부자가 될 수도 없고, 몇몇 주식처럼 이익이 크지도 않다. 하지만 당신이 전문가가 아닌 이상에야 어떤 주식의 수익률이 클지는 제대로 알기 어렵다. 게다가 적금은 예금 보증이 되어 있기 때문에 손해 볼 일도 없고 당신의 돈에 안전하고 꾸준한 이자를 붙여준다. 이게 훨씬 현명한 결정이다.

예문 B.

많은 사람들이 주식 시장에 대해서 지레 겁을 먹지만, 사실 전혀 그럴 필요가 없습니다. 물론 주식 시장의 위험성이 다른 투자 수단보다 훨씬 큰 것은 사실이지만, 그런 위험을 감수할 만한 가치가 있는 도박입니다. 게다가 적금 같이 안전한 투자처로 돈을 불리려면 엄청난 시간과 인내가 필요하죠. 시간이 없는 현대인에게는 주식 시장이 훨씬 나은 투자처인 것이 분명합니다.

### 연습 문제

**16.** 위의 두 예문에서 사실과 의견을 구분해 보았으니, 이제는 당신이 물려받을 유산을 투자할 때 누구의 주장을 보다 진지하게 고려해 보아야 할지에 대해 판단해 보세요.

### 해답

**16.** 당신은 예문 A를 더 진지하게 고려해야 합니다. 예문 A는 사실과 의견이 잘 섞여 있으며, 각 의견이 사실로 뒷받침되어 있습니다. 하지만 예문 B는 뒷받침되지 않은 의견이 대부분입니다.

## 3.5. 요 약

사실과 의견을 구분하는 능력은 비판적 사고와 추리 능력에 필수적입니다. 현명한 결정을 내리고 효과적으로 문제를 해결하려 할 때는 사람들이 생각하는 것(의견)과 사람들이 아는 것(사실)의 차이, 즉, 사람들이 사실이라고 믿는 것(의견)과 사실이라고 증명된 것(사실)의 차이를 인지해야 합니다. 또한 사실이라고 제시된 내용이 정말로 사실이라고 판단될 수 있는지, 아니면 잠정적 진실이라고 여기고 추가적으로 확인을 해 보아야 하는지도 따져보아야 합니다.

### 다음 레슨까지 연습해 볼 것

- 오늘 다른 사람들이 말하는 것을 잘 듣고 사람들이 사실을 말하는지 아니면 의견을 제시하는지 판단해 보세요. 만약 확실히 모르겠다면 그 말을 잠정적 진실로 받아들여도 괜찮은 것일까요? 왜 어떤 사람의 잠정적 진실은 다른 사람의 말보다 더 사실처럼 들릴까요? 예를 들어, 대학 교수의 말이 보통 사람의 말보다 더 그렇게 들릴 수 있습니다.
- 다른 사람들이 말하는 사실과 의견을 듣고, 연습 문제 6~9처럼 사실을 의견으로, 또 의견을 사실로 한번 바꾸어 보세요.

LESSON

# 4 누가 주장을 하는가?

"스스로의 믿음을 시험해 보라. 당신의 믿음은 당신이 세상을 보는 창이다. 그 창을 간간히 닦아주지 않는다면 빛이 들어오지 않게 될 것이다."
("Begin challenging your own assumptions. Your assumptions are your windows on the world. Scrub them off every once in awhile, or the light won't come in.")

알란 알다(Alan Alda), 1936~
미국의 배우

## 레슨 요약

누군가가 의견이나 잠정적 진실을 얘기할 때, 우리는 그 사람을 얼마나 신뢰할 수 있고 또 그 사람이 관련 사안에 대해 어느 정도 전문성이 있는지를 알아야 합니다. 이번 레슨에서는 정보 출처의 신뢰성을 판단하여 현명한 결정을 내리는 방법에 대해 알아보겠습니다.

당신은 오늘 여자 친구와 영화를 보러 가기로 했는데, 아직 무엇을 볼지 정하지 못했습니다. 어제 막 개봉한 사상 최대의 제작비가 들었다는 영화는 어떨까 해서 다른 사람들의 의견을 구하기로 했습니다. 일주일에 두 번쯤 영화를 보러 가는 당신의 직장 동료는 이 영화가 최근에 본 영화 중에서 최고라며 강력하게 추천을 합니다. 당신을 매우 잘 아는 여동생은 이 영화가 나쁘지는 않지만 당신이 싫어할 것 같다고 얘기합니다. 오늘자 주간지의 영화 평가에는 이 영화가 지루하고 특색이 없다며 실망감만 안겨 주었다고 합니다. 하지만 이 신문의 전면 광고에는 이 영화가 여러분 생애 최고의 시각적 경험과 감동을 안겨 줄 올해 최고의 영화라고 쓰여 있습니다. 자, 그럼 이 영화를 보러 가야 할까요 말아야 할까요?

지금 당신은 여러 개의 의견에 둘러싸여 있습니다. 여러 사람이 이 영화에 대해서 어떻게 생각하는지 자신의 의견을 각각 제시하고 있습니다. 그렇다면 누구의 의견에 가장 귀를 기울여야 될까요? 이 상황에선 어떻게 결정을 내려야 할까요?

## 4.1. 신뢰성이란 무엇인가?

여러분이 여러 가지 다른 의견에 직면했을 때, 가장 중요한 것은 의견 제시자의 **신뢰성**을 고려하는 일입니다. 이 말인즉, 각 상황에서 누구의 의견이 가장 믿을 만한지를 따져보아야 한다는 것입니다.

| **신뢰성**: 믿을 만함; 신용할 수 있음 |
|---|

또한 신뢰성은 이전 레슨에서 본 잠정적 진실에 대해 생각해 볼 때도 매우 중요합니다. 즉, 누군가가 여러분에게 의견을 제시하거나 여러분이 직접 확인할 수 없는 사실을 얘기했을 때, 이를 받아들이는 데 있어서 그 '출처'의 신뢰성이 결정적인 역할을 하게 됩니다.

## 4.2. 신뢰성을 판단하는 방법

여러 가지 요인이 출처의 신뢰성을 판단하는 데 사용되는데, 그 중 하나는 바로 해당 출처와의 경험입니다. 과거의 경험으로 미루어 봤을 때, 그 출처의 믿음성이나 정확성을 의심할 만한 이유가 있나요?

그 다음에 고려할 요인은 출처의 잠재적 편견과 전문성입니다. 여기에 대해서 더 알아보기 전에, 잠시 방금 본 영화 보러 가는 상황에 대해 다시 한번 생각해 봅시다. 이 상황에서는 네 개의 다른 의견이 제시되었죠.

- 동료가 생각하는 것
- 여동생이 생각하는 것
- 신문의 영화 평가가 말하는 것
- 신문의 전면 광고가 말하는 것

이 네 개의 의견 중 가장 신뢰성이 떨어지는 출처는 무엇이며, 그 이유는 무엇일까요?

정답은 바로 신문의 전면 광고입니다. 왜냐하면 광고가 자신들이 홍보하고자 하는 물건이나 서비스의 단점을 말해주진 않을 테니까요. 광고는 편파적이기 때문에 일반적으로 광고의 신뢰성은 제한적일 수밖에 없습니다.

## 4.3. 편파/편향을 알아보는 방법

편파 혹은 편향이란 한 쪽으로 심히 치우쳐 있는 것을 말합니다. 신문의 전면 광고는 누가 보아도 그 영화를 옹호하는 쪽으로 편향되어 있습니다. 실제로 이 영화가 명작이든 졸작이든, 광고는 좋은 말만 하여 당신이 영화를 보러 가고 싶게끔 하죠.

광고는 수익 창출이라는 분명한 의도가 있습니다. 하지만 광고에서뿐만이 아니라 편향은 일상 생활에서도 흔히 존재합니다. 예를 들어, 당신은 몇 주째 시끄럽게 인테리어 공사 중인 옆집 이웃이 지역의 국회의원 후보인 김 아무개에 대해 얘기하는 것을 믿지 않을 수도 있습니다. 이 경우에는 당신은 옆집 이웃의 의견의 타당성보다 그 사람의 배려 없는 행동에 더 영향을 받은 게 됩니다. 하지만 이웃에 대한 감정과 그 사람 말의 내용을 분리할 줄 알아야 현명한 결정을 내릴 수 있습니다.

혹은 당신의 친구 중 하나가 김 아무개 후보에 대해서 매우 좋은 얘기를 하는데, 만약 이 친구가 김 후보와 아는 사이이고 그가 국회의원으로 당선되었을 때 보좌관 자리를 약속 받았다는 것을 당신이 알고 있다면, 당신이 김 후보에 투표를 하였을 때 이 친구에게 이득이 될 거라는 것을 어렵지 않게 추측해 볼 수 있습니다. 그렇기 때문에 특정 출처의 의견을 얼마나 심각하게 고려할지를 결정하기 전에 그 출처에 대해서 가능한 한 많은 정보를 알아내는 것이 중요합니다.

### 연습 문제

다음 시나리오와 관련된 사람들이 편파적인지, 아니면 편파적이지 않고 중립적이고 합리적인 의견을 가지고 있을지 판단해 보세요.

시나리오: 국회에서 현재 세무 업무를 간단케 하는 법안을 논의하고 있습니다.

____ **1.** 이 법안의 발의자

____ **2.** 세법을 전공하는 대학 교수

____ **3.** 세무대리인

____ **4.** 일반 납세자

### 해답

**1.** 편파적, **2.** 중립적, **3.** 편파적, **4.** 중립적. 이 법안의 발의자(1)의 경우 이 법안에 직접적인 이해관계가 엮어져 있기 때문에 이 법안이 통과되기를 바랄 것입니다. 그 반대로 세무대리인(3)의 경우 자신의 일감이 줄 것을 우려해 이 법안이 통과되지 않기를 바랄 것입니다. 세법 교수(2)는 이 법안에 대한 자신만의 뚜렷한 학문적 의견이 있을 수는 있지만, 이 법안이 가결되거나 부결되는 것으로부터 직접적으로 얻는 것은 없습니다(납세자로서의 편의를 제외하면). 일반 납세자(4)의 경우 아마 이 법안이 세금 정산 등을 간편하게 만들어 주어 이 법안의 통과를 바랄 가능성이 높지만, 어떠한 편향 때문에 그렇다고 보기는 어렵습니다.

**생각해 보기**

사실이라고 제시된 정보를 검토할 때는 누가 그 정보를 후원했는지를 한번 확인해 보세요. 이 정보나 데이터를 정리해서 발표한 사람이나 단체가 누구인가요? 해당 주제와 직접적인 관련이 있는 사람이나 단체인가요? 그렇다면 '사실'이라고 제시된 이 정보가 은근히 편파적이지는 않은지 주의 깊게 살펴보세요.

## 4.4. 전문성

아까 보았던 영화를 보러 가는 상황을 다시 생각해 봅시다. 편파적인 신문 광고를 신뢰할 수 없다고 제외하고 나면, 이제 세 개의 의견이 남아 있습니다. 이 셋 중 누구의 의견이 가장 믿을 만한지를 어떻게 결정할 수 있을까요? 신뢰성을 판단하는 데 있어서 편향성 다음으로 고려해야 할 것은 바로 전문성입니다.

일반적으로 어떤 사람이 어떤 주제에 대해 더 많이 알고 있을수록, 즉, 그 사람이 전문 지식이 많고 전문성이 높을수록 그 사람의 의견을 받아들이기가 쉽습니다. 다시 말하자면 일반적으로 전문성이 높을수록 신뢰성도 높다는 말이지요.

영화를 보러 가는 상황에서는 두 가지의 전문성을 따져 볼 수 있는데, 하나는 영화에 대한 지식이고 다른 하나는 당신과 당신의 개인 취향에 대한 지식입니다. 그렇기 때문에 남아 있는 세 출처가 영화에 대해서 얼마나 잘 알고 있고, 또 당신의 영화 취향에 대해 얼마나 잘 알고 있는지를 따져보아야 합니다.

### 연습 문제

다음 세 개의 의견 출처의 해당 전문성에 대한 순위를 매겨보세요. 가장 전문성이 높은 출처에 1을, 가장 낮은 것에 3을 매기세요.

**5.** 영화에 대한 지식
_____ 직장 동료
_____ 여동생
_____ 신문 영화 평론

**6.** 당신과 당신의 영화 취향에 대한 지식
_____ 직장 동료
_____ 여동생
_____ 신문 영화 평론

### 해답

**5. 영화에 대한 지식:** (1) 신문 영화 평론, (2) 직장 동료, (3) 여동생. 당신의 직장 동료가 신문에 영화 평론을 기고하는 전문가는 아닐지라도 영화를 자주 보러 가기 때문에 영화에 대해 어느 정도의 전문성이 있다고 생각할 수 있습니다. 당신은 직장 동료가 생각하는 좋은 영화의 기준에 별로 동의하지 않을지도 모르지만, 그래도 그의 전문성과 신뢰성은 어느 정도 인정되어야 합니다.

**6. 당신과 당신의 영화 취향에 대한 지식:** (1) 여동생, (2) 직장 동료, (3) 신문 영화 평론. 하지만 신문 영화 평론에 대한 순위는 크게 바뀔 수도 있습니다. 신문 영화 평론이 1위가 될지, 2위가 될지, 혹은 3위가 될지는 당신의 이 신문의 영화 평론이나 혹은 특정 평론가와의 경험에 의해 좌지우지될 것입니다. 당신이 이 신문의 영화 평론, 특히 해당 평론가의 영화 평론을 읽어본 적이 거의 없거나, 혹은 과거에 당신의 경험과 평론이 별로 일치하지 않았다면(당신이 즐겼던 영화의 평가가 나빴던 경우나, 혹은 그 반대의 경우가 자주 있었다면) 이 평론은 3위가 되어야 합니다. 하지만 당신이 이 신문의 영화 평론을 자주 읽어 왔고(이 평론에 공감했기 때문에 자주 읽어왔을 가능성이 높죠), 특히 당신이 평론 평가에 주로 동의하셨다면 이 평론은 1위가 될 수도 있습니다.

## 4.5. 전문성을 판단하는 방법

법정에서 검사나 변호사들은 자신들의 주장을 뒷받침하기 위해 전문성이 있는 감정인을 소환하곤 합니다. 예를 들어, 피고가 제정신이 아닌 사람이기 때문에 처벌 대신 정신 병원에서 입원 치료를 받아야 된다고 변호하려 할 때, 변호사는 심리학이나 정신의학에 전문적인 지식을 가지고 있는 사람을 소환해 피고의 심리/정신 상태에 대한 전문적 견해를 듣고 이를 피고의 무죄를 주장하는 데 사용합니다. 이런 감정인들은 대부분 사건과 직접적인 연관이 없기 때문에 중립을 지키고 객관적인 진술을 할 수 있습니다.

하지만 이런 감정인의 진술이 법정에서 받아들여지려면 감정인의 전문성, 신뢰성이 인정되어야 하고, 변호사들은 이를 뒷받침하기 위해 보통 다음과 같은 사항을 표시하여 감정인의 자격을 확인시킵니다.

- 교육
- 실무 경험
- 직위
- 명성, 평판
- 업적

이 다섯 개가 바로 여러분이 누군가의 전문성과 신뢰성을 판단할 때 사용해야 할 기준입니다. 이 중에서 어느 것이 어느 것보다 더 중요할 필요는 없지만, 주로 교육과 실무 경험이 가장 큰 비중을 차지합니다.

한 예로 위와 같이 피고의 심리/정신 상태를 감정해야 하는 상황에서 전문가라고 인정 받을 수 있는 사람의 자격은 다음과 같습니다. 조정결 박사가 다섯 개의 분야에서 얼마나 두각을 나타냈는지 잘 살펴보세요.

조정결 박사

**교육:** 미국 미네소타 대학교 심리학 박사

**실무 경험:** 미국 마요 클리닉 정신의학 및 심리학과에서 10년 근무. 국내에서 임상 심리학자 자격증으로 개인 개업 10년

**직위:** 미국 심리학자 자격자(L.P.), 한국 임상 심리학자 자격자

**명성, 평판:** 한국 심리학회에서 국내 최고의 임상 심리학자 중 하나라고 평가함

**업적:** 국제 학술지에 30개가 넘는 논문 발표. 국내외 각종 학술상 수상. 보건복지부의 '정신건강 트라우마센터' 자문위원

## 연습 문제

전문성을 판단하는 기준을 사용해서 다음 상황에서 가장 전문성이 높은 사람이나 단체를 골라보고, 왜 그런 결정을 내렸는지 적어보세요.

**7.** 핸드폰을 사려고 할 때
(a) 핸드폰 제조사
(b) 당신의 어린 자녀
(c) 텔레비전 광고
(d) 공정거래위원회가 주관하는 스마트컨슈머 인터넷 사이트

이유:

**8.** 어떤 종류의 런닝화를 사야 하는지
(a) 당신의 아버지
(b) 신발가게 직원
(c) 당신의 운동 코치
(d) 운동 관련 잡지

이유:

**9.** 연말 시상식에 갈 때 무엇을 입어야 하는지
(a) 당신의 친한 친구
(b) 당신의 남자/여자 친구
(c) 패션 관련 잡지
(d) 의류가게 직원

이유:

## 해답

**7.** (d). 핸드폰 제조사는 당신의 필요에 더 잘 맞는 타사 핸드폰이 있더라도 그 제품을 권유하지는 않을 것입니다. 제조사는 자신들의 제품 홍보에만 관심이 있고, 제조사 대리점의 판매 사원들도 커미션(수당)을 받고 일할 수도 있기 때문에 편파적일 가능성이 높습니다. 같은 이유로 텔레비전 광고도 특정 제품을 홍보하려 하기 때문에 편파적입니다. 당신의 어린 자녀들이 핸드폰에 대해 잘 알 수도 있지만, 그래도 자신들이 가지고 놀기 좋은 핸드폰을 선호하거나, 혹은 여러분의 필요성이 무엇인지 제대로 알지 못할 가능성이 크기 때문에(인터넷을 거의 사용하지 않는다든지, 혹은 화면이 너무 작으면 글씨가 제대로 보이지 않는다든지 등) 전문성이 떨어질 가능성이 큽니다. 정부가 주관, 운영하는 스마트컨슈머 사이트의 경우 편향되었을 가능성이 낮고 당신의 결정과 직접적인 관계가 없는 전문가들이 운영하기 때문에 가장 전문성과 신뢰성이 높다고 할 수 있습니다. 스마트컨슈머(http://www.smartconsumer.go.kr)는 실제로 존재하는 사이트로 유용한 정보가 많이 있으니 한번 방문해 보세요.

**8.** (c). 당신의 아버지는 가격이나 특정 브랜드에 편파적일 가능성이 높고 전문성이 높다고 말

하기 어렵습니다(당신의 아버지가 전문적으로 운동을 하셨거나 운동기구, 신발 등의 전문가가 아닌 한에는 말이죠). 신발가게 직원은 커미션을 받고 일할 수도 있기 때문에 크게 믿을 만하지 못합니다. 운동 관련 잡지는 편파적일 가능성이 낮고 운동화 자체에 대한 전문성은 높겠지만, 당신의 발과 운동 습관에 대해서는 잘 알지 못합니다. 다른 사람들에게 잘 맞는 신발이 당신에게도 잘 맞는다는 보장은 없으니까요. 그에 비해 당신의 운동 코치는 신발에 대해서도 어느 정도 잘 알 뿐더러 당신의 발의 특징과(발의 폭이 넓다든지, 평발이라든지) 운동 습관 등에 대해 잘 알고 있기 때문에 런닝화를 살 때는 가장 믿을 만한 전문가라고 할 수 있습니다.

**9.** (a). 아마 당신의 친한 친구가 당신에게 잘 어울리는 옷이 무엇인지에 대해 솔직한 대답을 해 줄 수 있을 것입니다. 남자 친구나 여자 친구는 옷이 잘 어울리지 않았을 때(뚱뚱해 보인다든지, 머리가 커 보인다든지), 그 점을 솔직하게 말해주지 않을 수도 있습니다. 패션 관련 잡지는 당신이 누구인지, 어떤 체형에 어떤 스타일을 선호하는지 전혀 모르기 때문에 어떤 옷이 잘 어울리느냐에 대한 믿을 만한 조언을 한다고 보기 어렵습니다. 아마도 의류가게 직원은 솔직한 의견보다는 물건 판매에 더 관심이 있겠죠.

## 4.6. 특별 케이스: 목격자의 신뢰성

신뢰성을 따질 때, 가장 까다롭지만 또 그만큼 중요한 상황이 바로 범죄나 사고 현장 목격자가 있을 경우입니다. 왜냐하면 누군가가 그 현장에 있었다고 해서 그 사람의 증언이 항상 믿을 만한 것은 아니기 때문입니다. 목격자의 신뢰성에 영향을 끼칠 수 있는 요인 중 하나는 바로 그 사람의 편향성입니다. 예를 들어, 직장 동료인 지영과 지혜가 회식자리에서 싸웠다고 가정해 봅시다. 이 장면을 목격한 사람은 세 명인데, 동현은 지영과 친구이고 동우는 지혜와 친구이며 재식은 지영, 지혜 둘 다와 친구입니다. 아마도 동현이 목격한 장면은 지영에게 유리할 것이고 동우가 목격한 장면은 지혜에게 유리할 가능성이 높습니다. 의도적으로 거짓말을 하려고 하지 않아도 싸움이 시작된 경위 같은 것에 대해 미묘한 시각의 차이가 있을 수 있습니다. 하지만 재식은 편파적일 가능성이 가장 낮기 때문에 재식이 목격한 장면이 진실에 가까울 가능성이 가장 높습니다.

물론 다른 요인들도 목격자의 신뢰성에 영향을 끼칠 수 있습니다. 예를 들어, 술집에서 어떤 사건이 일어났다면 목격자의 신뢰성을 저하시킬 요인이 여럿 있을 수 있습니다. 술집은 아마도 조명이 어둡고 사람들 말 소리와 음악 소리가 시끄러웠을 것입니다. 목격자들도 술을 마시고 있었을 것이며 피곤해 하거나 졸려 했을 수도 있습니다. 그리고 주변에서 일어나는 일에 별로 주의를 기울이지 않고 있었을 수도 있습니다.

또한 목격자가 사건을 목격한 시점과 증언을 해야 하는 시점이 길면 길수록 증언의 신뢰성이 떨어질 가능성이 높아집니다. 한 예로, 어렸을 적을 회상하며 가족과 얘기를 하고 있었을 때, 부모님이나 형제자매가 우리가 잘못 기억하고 있다고 지적한 적이 우리 모두 한 번쯤은 있을 것입니다. 다른 사람들이 기억하는 과거가 우리의 기억 속의 과거와 조금 다른 것이죠. 왜 그럴까요? 그 이유는 바로 우리의 기억은 저장될 때부터 우리가 그때 느끼고 있었던 감정 등에 영향을 받으며, 시간이 지날수록 조금씩 희미해지기 때문입니다. 우리가 살아가며 계속적으로 추가되는 새로운 기억이 이전의 기억을 조금씩 변화시키거나 이전 기억 위에 조금씩 덧씁니다. 그리고 우리가 기억을 회상할 때, 이때 가지고 있는 믿음이 흐릿해진 기억의 구멍난 부분을 채워 넣기도 합니다.

요약해 보자면 목격자의 신뢰성에 영향을 끼칠

수 있는 요인은 적어도 다음 네 가지 정도 있다고 할 수 있습니다.

1. 목격자의 편향성
2. 목격 당시의 주변 환경
3. 목격자의 신체적 · 심리적 상태
4. 사건이 일어난 시점과 그 사건을 기억해 증언해야 되는 시점까지의 시간 경과

## 연습 문제

당신이 방금 두 학생이 싸우고 있던 현장에 막 도착한 경찰관이라고 상상해 보세요. 저녁 9시에 고등학생 두 명이 골목의 한 모퉁이에서 싸우고 있었고, 세 명이 그 장면을 목격했으며, 당신은 저녁 9시 20분에 현장에 도착해 목격자들의 증언을 기록하기 시작했습니다. 이 골목의 가로등은 계속 환하게 켜져 있었습니다.

**10.** 다음 중 가장 믿을 만한 목격자는 누구인지 골라보고 그 이유도 한번 적어보세요.

목격자 A는 나이가 지긋하신 할머니이고, 싸움이 일어났을 때 현장에서 10미터 정도 떨어진 자신의 빌라 입구에 막 들어가려던 참이었습니다. 할머니는 안경을 쓰고 계셨지만 안경을 맞춘 지가 오래 되어 아주 잘 보이지는 않는다고 합니다. 할머니의 청각에는 아무런 문제가 없습니다. 할머니는 두 학생을 알지는 못하시지만 동네에서 오가는 것을 본 적은 있다고 합니다.

목격자 B는 싸우고 있었던 두 학생 중 한 명과 친구이고 다른 학생과는 모르는 사이입니다. 목격자 B는 근처 고등학교를 다니고 있으며 성실한 모범생이라고 알려져 있습니다. 그는 근처 편의점에서 간식을 사고 있었을 때 학생들이 고함치는 소리를 듣고 달려나왔습니다. 그는 전 날 밤을 새고 시험 공부를 한 상태였습니다.

목격자 C는 이 근처를 지나가던 행인이었습니다. 그는 학생들이 싸움을 시작할 때 건너편 횡단보도에서 신호를 기다리고 있었습니다. 그는 45살에 십대 자녀 두 명이 있으며, 그의 시력은 2.0/2.0으로 매우 좋습니다. 그는 싸움이 시작될 때 학생들로부터 20미터 가량 떨어져 있었습니다.

이유:

## 해답

**10.** 목격자 C가 아마 가장 신뢰할 만한 목격자일 것입니다. 그의 시야가 지나가는 자동차로 인해 잠시 막혔을 수는 있지만 싸움이 시작될 때부터 그 방향을 보고 있었습니다. 그는 처음에 학생들이 무슨 이유로 다투고 있었는지를 제대로 듣지 못했을 수도 있지만 어떤 일이 일어났는지를 처음부터 끝까지 보았을 것입니다. 그의 시력에는 아무런 문제가 없고 특정 학생에 대해 편파적일 가능성도 없습니다.

목격자 A가 아마 두 번째로 믿을 만한 목격자일 것입니다. 목격자 A는 목격자 C만큼 현장을 제대로 보지 못했을 수 있지만 학생들이 다투는 소리는 제대로 들었을 것입니다. 그리고 목격자 A 역시 두 학생 모두에게 중립적일 가능성이 높습니다.

목격자 B가 가장 신뢰성이 떨어지는 목격자입니다. 그는 성실한 모범생이라고 잘 알려져 있지만 두 개의 결정적인 결점이 있습니다. 하나는 바로 그가 두 학생 중 한 명과 친구이기

때문에 편파적일 수 있다는 점이고, 다른 하나는 그가 전날에 충분히 휴식을 취하지 못했기 때문에 매우 피로하여 제대로 현장을 목격하지 못했을 수 있기 때문입니다.

**생각해 보기**

혹시 친구들과 놀다가 깜짝 놀랄 일을 경험한 적이 있나요? 예를 들어, 큰 사건 사고가 아니더라도 흥미 있는 사람을 목격한 경우 같은 것 말이죠. 만약에 누군가가 당신과 친구들 모두에게 목격한 장면을 꼼꼼히 증언해 달라고 한다면 어떻게 말을 할 것 같나요? 아마 모든 사람이 조금씩 다른 얘기를 하게 될 것입니다. 그 사람이 구체적으로 어떤 옷을 입고 있었고, 또 구체적으로 어떤 행동을 하고 있었느냐에 대한 증언이 조금씩 다를 확률이 매우 높습니다. 이것은 목격자들이 거짓말을 하려고 해서 그런 게 아닙니다. 모든 사람들이 사실을 말하려고 하지만, 그 사실은 목격자들의 관점에 의해 한번 걸러진 기억 속의 사실이기 때문이죠. 그렇기 때문에 목격자들은 최선의 의도를 가지고 증언을 하더라도 진실과는 꽤나 다른 진술을 할 수도 있습니다.

## 4.7. 요 약

여러분이 결정을 내리거나 문제를 풀 때, 그 과정에서 사용된 정보 출처의 **신뢰성**을 따져보는 것은 매우 중요합니다. 정보 출처가 믿을 만하냐를 가늠해 볼 때, 먼저 그 출처의 잠정적인 편파/편향성을 따져봐야 하고, 그 후엔 그 출처의 전문성을 따져봐야 합니다. **전문성**이란 그 사람의 교육, 경험, 직위, 명성/평판, 그리고 업적에 의해 결정됩니다. 그에 반해 목격자의 신뢰성은 목격자의 잠정적 편향성, 목격 당시의 주변 환경, 목격자의 상태, 그리고 목격과 증언 사이의 시간 경과 등을 고려해야 합니다.

**다음 레슨까지 연습해 볼 것**

- 오늘 다른 사람들의 의견이나 잠정적 진실을 들은 것을 기억해 보고, 그 사람들의 신뢰성에 대해 한번 생각해 보세요. 그 사람들이 어떻게 편파적일 수 있고, 또 그 사람들의 전문 지식은 어떤 수준인가요? 전문성이란 관련 있는 분야에 국한된다는 것을 잊지 말고 따져보세요.
- 추리나 법정 드라마, 혹은 영화를 한번 찾아 보시고 수사관이나 탐정, 혹은 변호사가 사건과 관련된 증인의 신뢰성을 어떻게 판단하는지 한번 잘 살펴보세요. 증인이 의도치 않게 진실을 왜곡하고 있다면, 그 이유가 무엇이던가요?

LESSON 5

# 불완전한 주장과 반쪽짜리 진실

"통계가 말하지 않는 것을 잘 살펴보기 전엔 통계가 말하는 것을 너무 믿지 말아야 한다."
("Do not put your faith in what statistics say until you have carefully considered what they do not say.")

윌리엄 와이트 와트(William Whyte Watt), 1912~1996
미국의 영문학 교수이자 *An American Rhetoric*의 저자

**레슨 요약**

수많은 불완전한 주장과 반쪽짜리 진실이 매일같이 우리가 특정 물건을 사게 만들거나 특정 입장을 지지하게끔 설득합니다. 이번 레슨에서는 불완전한 주장과 숨어있는 의도를 알아보는 방법에 대해 공부해 보겠습니다.

여러분이 거실 소파에 앉아 좋아하는 방송을 보고 있는 도중 결정적인 순간에 광고가 뜹니다. 잘 생긴 유명 연예인이 하나 나오더니 새로 나온 "세탁정복"이라는 세제가 국내 1위 브랜드 세제보다 더 성능이 좋으면서 더욱 저렴해졌다고 말합니다. 얼핏 들으면 끝내주는 제품인 것 같습니다. 하지만 그렇다고 당장 마트에 가서 이 제품을 사 와야 할까요? 물론 아닙니다. 적어도 이 제품에 대해 좀 더 알아보기 전까지는 말이죠.

## 5.1. 불완전한 주장의 문제점

근데 왜 당장 이 제품을 사러 가지 말아야 하는 것일까요? 이 제품은 국내 1위 제품보다 성능은 더 좋으면

서 가격은 더 저렴해졌는데 말이죠. 집에서 지금 쓰고 있는 제품보다 당연히 더 합리적인 제품이 아닐까요? 그런데 도대체 무엇이 문제일까요?

문제는 바로 광고에 나오는 유명 연예인의 주장이 사실 같이 들리고, 또 그렇게 들리게끔 말하고 있지만, 실제로 곰곰이 따져보면 소비자를 기만하려 하고 있기 때문입니다. "세탁정복"이 실제로 국내 1위 제품보다 더 나은 성능을 보였을지도 모르지만, 그럼 도대체 어느 분야에서 그렇다는 말인가요? 복합때 제거? 찌든때 제거? 기름때 제거? 색상변화와 이염 방지? 표백? 향기? 광고에선 어느 분야에서 더 나은 성능을 보였는지 구체적으로 말해주지 않습니다. 게다가 국내 1위 제품이라면 또 어떤 제품인가요? 1위는 무슨 기준에서 1위고요? 판매량? 소비자 만족도? 성능? 광고의 주장은 좋게 들리지만 불완전한 주장이기 때문에 우리는 이 광고가 정확하게 무엇을 주장하는지 알 수 없습니다. 그리고 우리가 이 광고가 도대체 무엇을 주장하는지를 정확하게 알아내기 전까지는 이 광고의 주장을 잠정적 진실로도 받아들이기 어렵습니다.

같은 이유로 이 광고의 더욱 저렴해졌다는 주장 역시 잠정적 진실로도 받아들이기 어렵습니다. 얼핏 들으면 국내 1위 브랜드 제품보다 더 싸다고 들리는 이 주장도 자세히 들어보면 무엇보다 더 저렴한지 말해주지 않습니다. "세탁정복"의 제조사는 여러분이 오해를 하길 바란 것이겠죠. 자신들이 예전에 만들어 팔던 제품보다 더 저렴해졌다는 말일지도 모릅니다.

## 생각해 보기

이전에 알아본 스마트컨슈머(http://www.smartconsumer.go.kr)사이트에서는 시중에서 판매하는 제품을 다양한 방법으로 검사해 판매 가격에 비례하는 전반적인 성능을 공개하기도 합니다. 세탁세제나 건전지 같은 물건의 성능을 어떻게 검사하는지 한번 찾아보세요.

신문이나 잡지, 혹은 인터넷 사이트의 광고를 조금만 자세히 보아도 이런 종류의 불완전한 주장을 쉽게 찾아볼 수 있습니다. 이런 광고들은 모호한 단어나 문장을 사용하거나, 중요한 정보를 빼 놓거나, 혹은 공정하게 비교될 수 없는 제품과 비교를 하곤 합니다. 예를 들어, 새로 나온 "날씬바삭 감자"라는 과자는 경쟁사의 "바삭바삭 감자"라는 과자보다 1,000원짜리 한 봉지의 열량이 절반밖에 되지 않는다고 광고합니다. 괜찮은 제품인 것 같죠? 하지만 중요한 정보가 누락되어 있지는 않나요? 공정한 비교를 하기 위해 꼭 필요한 정보는 무엇일까요?

그것은 바로 한 봉지의 용량입니다. 이 정보 없이는 가격만 가지고 공정한 비교를 할 수 없습니다. 두 제품의 포장지 크기는 비슷할 수 있어도 "날씬바삭 감자"가 1,000원짜리 한 봉지에 50그램밖에 들어있지 않고 질소만 잔뜩 들어있는 데 반해 "바삭바삭 감자"는 1,000원짜리 한 봉지에 과자 100그램이 들어 있다면, 사실 "날씬바삭!"의 단위 무게당 열량은 타 제품과 다를 바가 없는 데 반해 단위 무게당 가격만 비싼 셈이 됩니다. (이런 이유로 식품 포장지의 뒷면과 마트의 가격 정보를 자세히 보면 100그램 혹은 10그램 같은 단위 무게당 영양 성분과 가격이 쓰여 있는 것입니다.) 그렇기 때문에 불완전하거나 모호한 비교는 섣불리 받아들이지 말고 의심을 가지고 비판적으로 접근해야 합니다.

## 생각해 보기

무언가를 팔거나 홍보하려고 광고를 써본 적이 있나요? 중고 컴퓨터를 팔거나, 지인의 식당을 홍보하거나, 혹은 과외 자리를 구하려고 전단지를 만들거나, 혹은 SNS나 게시판에 글을 올리거나 하는 경우 말이죠. 이런 광고 글을 작성할 때 어떤 말을 사용해서 물건이나 서비스를 홍보했나요? 아마 거의 좋은 말만 썼을 테고 가끔은 완전히 솔직하지 않았을 수도 있을 것입니다. 이를 되새기며 앞으로 광고를 볼 때에 과장되었을지도 모르는 말에 주의를 기울여 보세요.

### 연습 문제

아래는 불완전한 주장이나 비교를 하는 예문입니다. 이 예문이 온전한 주장이 되도록 고쳐보세요.

예시:
불완전한 주장: 20% 더 강력한 맛!
수정된 주장: 자사 기존 제품에 비해 20% 더 강력해진 매운 맛!

1. 불완전한 주장: 더 오래가는 "듀라자이저" 건전지!
   수정된 주장:
2. 불완전한 주장: 새로 나온 "곰팡이 팍팍!"은 더 강력합니다.
   수정된 주장:
3. 불완전한 주장: 저희는 가죽 가방을 50% 더 저렴하게 판매합니다.
   수정된 주장:

### 해답

여러분의 답과 아래 해답을 한번 비교해 보세요. 어떻게 불완전한 주장의 빠진 부분을 채워 넣었나요?

1. 수정된 주장: "듀라자이저" 건전지는 일반 장난감에서 사용할 때 "미사일" 건전지보다 30% 더 오래갑니다.
2. 수정된 주장: 새로 나온 "곰팡이 팍팍!"은 자사 기존 제품보다 화장실 곰팡이 제거 속도가 20% 더 빠릅니다.
3. 수정된 주장: 저희는 옆 가게에서 파는 가죽 가방과 똑같은 가방을 50% 더 저렴하게 판매합니다.

## 5.2. 연구와 실험 결과

이제 세탁정복의 제조사는 여러분이 똑똑한 소비자가 되었다는 것을 알아챘기 때문에 다음과 같이 자신들의 광고 문구를 바꾸었습니다.

> 실험 결과에 의하면 세탁정복은 국내 1위 브랜드 제품보다 뛰어난 성능을 보였습니다. 게다가 세탁정복은 바트보다 무게당 가격이 더 저렴합니다.

이렇게 하면 "더 저렴합니다"라는 주장에는 별 문제가 없어 보입니다. 구체적으로 무엇보다 어느 항목에서 더 저렴한지를 명시하고 있으니까요. 하지만 실험 결과는 어떻게 보아야 할까요? 여러분은 이제 세탁정복이 국내 1위 브랜드보다 더 뛰어난 세탁 세제라고 믿어도 되는 것일까요?

물론 꼭 그런 것은 아닙니다. 물론 광고는 온전한 것처럼 들리지만, 우리는 이것이 광고이고, 또 광고는 항상 신뢰성에 의문이 갈 수밖에 없다는 것을 잊지 말아야 합니다. 이 광고는 실험에 대해 자세히 얘기하고 있지 않기 때문에 여러분은 이 주장을 더 깐깐히 살펴봐야 하는 것입니다. 예를 들어, 이 광고는 연구와 실험에 대해 다음과 같은 것을 말하지 않고 있습니다.

- 연구를 진행한 사람과 기관은 누구인가?
- 실험은 어떻게 이루어졌는가?
- 정확하게 무엇이 실험되었는가?
- 실험 결과는 정확하게 어떻게 나왔는가?
- 실험 결과는 어떻게 해석할 수 있는가?

우리는 뒤 레슨에서 연구와 실험에 대해 더 깊이 알아볼 것입니다. 하지만 지금은 연구와 실험도 특정 주장을 하기 위해, 혹은 특정 결과를 얻기 위해 조작될 수 있음을 명심하면 됩니다. 달리 말하자면 실험과 설문 따위를 포함한 연구 결과에 대해서도 어느 정도 올바른 비판적인 관점을 유지해야 한다는 것입니다. 여러분이 연구의 구체적인 세부 사안들, 즉, 위에서 나열된 질문에 대한 해답을 구하기 전까진 연구 결과와 이를 기초로 하는 주장을 매우 잠정적인 진실로만 받아들여야 합니다. 예를 들어, 한 치약 제조사가 "설문 조사에 의하면 다섯 명 중 네 명의 치과 의사가 환자에게 저희 브랜드 치약을 추천합니다."라고 주장할 수 있습니다. 이 주장이 진실이 되려면 다섯 명의 치과 의사에게만 설문 조사하면 그만입니다. 또 그 중 넷이 자사 브랜드를 추천할 것이라는 걸 미리 알고 있을 수도 있습니다. 그럼 이 설문 조사는 공정할까요? 물론 아닙니다. 하지만 이제 이 회사는 거짓말하지 않고 소비자 귀에 솔깃한 주장을 할 수 있게 됩니다.

이런 종류의 연구에 대해 자세히 알아 볼 때 가장 중요한 것은 아마도 누가 이 연구를 진행했느냐는 것입니다. 왜냐하면 누가 연구를 진행했는지를 알아내면, 그 연구가 정당한 것인지 아닌지를 판단하는데 큰 도움이 되기 때문입니다. 연구를 진행한 사람이나 기관이 이 연구 결과가 어떻게 나오는 것에 직접적인 이해 관계가 엮여 있나요? 예를 들어, 대학이나 정부의 독립적인 연구 기관에서 실험을 한다면 믿을 만할까요? 이런 기관들은 편파적일 가능성이 낮기 때문에 일반적으로 꽤 믿을 만합니다. 하지만 세탁정복의 제조사나 산하 기관, 혹은 기타 관련 업체에서 실험을 한다면 특정 결과를 향해 매우 편파적일 수밖에 없기 때문에 연구 결과에 더욱 의심을 가져야 합니다.

실생활에서 마주치는 연구와 실험 결과는 이런 예시보다 더 복잡한 경우가 많아 개인이 쉽게 판단할 수 없는 경우가 많습니다. 하지만 중요한 점은 연구와 실험도 곧이곧대로 항상 믿으면 안 된다는 것입니다.

### 연습 문제

다음 주장을 읽어보고 각 주장이 온전하고 믿을 만한지, 혹은 불완전하고 믿을 만하지 못한지 판단해 보세요.

____ **4.** 최근의 미각 실험에서 "큰집 김치"가 가장 맛있다고 나타났다.

____ **5.** 최근 미국 노터데임대 연구 결과에 따르면 설문에 참가한 십대 소년 오십 명 중 스무 명이 주말에 평균 8시간 이상 컴퓨터 게임을 하는 것으로 나타났다.

____ **6.** 최근 한 설문 조사에서 한국인은 보통 쌀보다 "이촌쌀"을 더 선호하는 것으로 나타났다.

### 해답

**4.** 불완전한 주장. 먼저 이 실험의 타당성에 의문이 듭니다. 둘째로, 가장 맛있다는 말은 주관적이고 모호한 표현입니다.

**5.** 온전한 주장. 이 주장은 완전하고 정확하기 때문에 믿을 만합니다. 이 연구는 한 대학이 십대 소년들과 컴퓨터 게임에 대해 조사한 것이기 때문에 편파적일 가능성이 매우 낮습니다. 게다가 이 주장은 설문에 참가한 오십 명 중 스무 명이라고 구체적으로 명시해 놓았습니다. 이렇게 함으로써 이 주장은 해당 연구가 모든 십대 소년을 조사한 것은 아니며, 모든 십대 소년 집단이 이와 같지 않을 수도 있다는 점을 시사합니다.

**6.** 불완전한 주장. 먼저 "최근 한 설문 조사에서"라는 표현은 모호한 표현입니다. 둘째로, "보통 쌀"은 도대체 무슨 쌀일까요?

## 5.3. 일반과 평균의 문제점

최근에 여러분은 한 시사 프로그램에서 "일반 직장인은 일주일에 스마트폰을 29시간 사용한다"라는 주장을 들었습니다. 이 주장의 문제점은 무엇일까요?

이 주장의 문제점은 바로 "일반"이라는 단어의 사용에 있습니다. "일반 직장인"은 과연 누구를 지칭하는 것일까요? 일반 직장인의 나이는 몇이고 연봉은 얼마이며 평균적인 출퇴근 시간은 얼마나 될까요? 일반 직장인이 하는 일이나 근무 환경은요? 일반 직장인을 어떻게 정의하느냐에 따라서 이 주장의 의미는 크게 달라질 수 있습니다.

"일반적"이란 표현은 수학적 평균을 구할 수 있는 양적인 것뿐만이 아니라 수학적 평균을 낼 수 없는 질적인 요소도 어우릅니다. 그렇기 때문에 일반적이라는 표현은 부정확하고 모호하며, 자주 오남용되고, 또 듣는 이를 기만하기 위해 의도적으로 사용되기도 합니다. 일반이라는 표현과 더불어서 평범, 보통과 같은 표현도 태생적으로 부정확하고 모호하기 때문에, 타인의 주장에서 이와 비슷한 표현을 보신다면 그 주장을 주의 깊게 검토해 보셔야 합니다.

평균이라는 단어도 실생활에서는 생각보다 문제가 있는 경우가 많습니다. 예를 들어, 다음과 같은 가맹점 모집 광고를 한번 보세요.

삐약삐약치킨 가맹점 하실 분을 모집합니다! 각종 방송 출현, 치킨의 달인, 가장 핫한 치킨 전문점! 7월 현재 10호점 개점! 점포당 평균 월 매출 2,000만원! 연말까지 20명의 사장님만 더 모십니다. 지금 바로 전화주세요!

얼핏 들으면 꽤 괜찮은 프랜차이즈 기회 같이 들릴지 모르지만, 평균이란 표현을 잘 생각해 보면 생각보다 문제가 있을 수도 있습니다. 평균이라는 것은 전체 점포 매출의 합을 점포 수로 나눈 것입니다. 즉, 평균 월 매출 2,000만 원은 10개 점포의 총 월 매출 2억 원을 10개 점포로 나눈 것입니다. 모든 점포가 균등하게 2천만 원의 매출을 올리는 것일 수도 있지만, 만약에 본점이 월 매출 1억 1천만 원을 기록하고 나머지 9개의 점포가 각각 1,000만 원을 기록한다면, 새로운 점포의 예상 월 매출액은 1,000만 원에 가까울 것입니다. 월 매출액의 평균은 2,000만 원이지만, 이 금액이 다수의 점포가 올리는 매출액과는 거리가 있으며, 새로운 가맹점주의 실제 매출액과도 차이가 클 수 있습니다.

대부분의 사람들은 평균이라는 말을 들으면 전형적이거나 혹은 가장 흔한 값을 떠올리지만, 실제로는 평균이 이런 값과 꽤 동떨어져 있는 경우가 생각보다 많습니다. (그래서 통계에서는 평균과 중앙값(중간에 위치한 수), 최빈값(가장 흔한 수)을 구분해서 사용합니다.) 그리고 광고는 이런 점을 십분 활용하죠.

## 연습 문제

다음의 주장에서 일반과 평균이라는 표현이 올바르게 쓰였는지 생각해 보세요. 만약 표현에 문제가 있다면 무엇이 문제인지도 생각해 보세요.

**7.** 일반적인 여성은 일반적인 남성보다 더 행복한 삶을 산다.

**8.** 대한민국 여성의 평균 기대 수명은 영국 여성의 평균 기대 수명보다 2년 더 길다.

**9.** 우리 부서 사람들은 볼링을 잘 친다. 우리 부서의 평균 볼링 점수는 220점이나 된다.

## 해답

**7.** 문제 있음. 일반적인 여성과 일반적인 남성이 누구인가요? 그리고 더 행복하다는 것은 어떻게 정의할 수 있나요?

**8.** 문제 없음. 평균 기대 수명에도 편차가 있지만 단순한 수치를 비교할 때는 큰 문제가 되지 않습니다.

**9.** 문제 있음. 해당 부서의 평균 볼링 점수가 220점으로 꽤 높은 것 같지만, 실제로 부서원 모두가 볼링을 그렇게 잘 치는 것은 아닐 수도 있습니다. 오히려 몇 명은 300점 가까이 기록

하는 선수 수준일 수도 있고, 나머지는 겨우 150점을 넘기는 평범한 실력일 수도 있지요. 부서에 볼링을 잘 치는 사람이 몇 있는 것을 부서 사람들 모두가 볼링을 잘 치는 것처럼 비추려고 하기 때문에 이 주장에는 문제가 있습니다.

## 5.4. 요 약

불완전한 주장과 반쪽짜리 진실은 별 문제 없게 들리고 설득력 있어 보이는 경우가 많지만 비판적인 사고를 하는 사람이라면 이런 주장을 경계해야 합니다. 우리가 하루에도 수십, 수백 번 마주치는 광고에서처럼 누군가가 우리를 설득해 무언가를 하게끔 할 때, 우리는 실제보다 부풀린 주장이 우리를 기만하고 있지는 않은지 잘 살펴보아야 합니다.

### 다음 레슨까지 연습해 볼 것

- 신문이나 잡지에서 나오는 여러 광고를 한번 비교해 보세요. 불완전한 주장을 하는 광고와 여러분에게 더 많은 정보를 제공하고 여러분의 이성에 호소하는 광고를 찾아 비교해 보세요.
- 신문이나 TV, 혹은 직장이나 학교에서 남들이 하는 주장을 주의 깊게 들어 보세요. 불완전한 주장이나 다소 오해의 소지가 있는 "일반"이나 "평균"이라는 표현이 있던가요?

LESSON

# 6 단어의 힘

"메시지가 우리를 사로잡고 '한번 해볼까' 하는 생각이 들게 만들 때, 우리는 광고라는 선택과 설득의 교차점에 와 있는 것이다."
("Every time a message seems to grab us, and we think, 'I just might try it,' we are at the nexus of choice and persuasion that is advertising.")

앤드류 해커(Andrew Hacker), 1929~
미국의 정치학자

**레슨 요약**

언어는 듣는 이에게 큰 영향을 미칩니다. 사람들은 특정한 단어를 사용하거나 특정한 대답을 이끌어 내도록 질문함으로써 여러분의 생각이나 행동에 영향을 미치려 하기도 합니다. 이 레슨에서는 이런 종류의 은연한 설득을 알아보는 방법에 대해 공부해 보겠습니다.

당신의 사촌 동생은 스카이다이빙과 암벽 등반을 하고, 산악 자전거 타는 것을 좋아한다고 가정해 봅시다. 당신은 이 사촌 동생을 어떻게 묘사할 수 있을까요?

- 무모하다
- 모험적이다
- 자유로운 영혼을 가졌다.

이 세 단어 모두 뜻이 다르지만, 각각의 단어 모두 위와 같은 활동을 하는 사람을 묘사하는 데 사용할 수 있습니다. 이 세 단어 중 "자유로운 영혼을 가졌다"가 가장 긍정적이고, "모험적이다"가 중립적이며, "무모하다"는 부정적인 의미를 담고 있습니다. 당신이 어떤 단어를 사용해 사촌 동생을 묘사했는지에 따라 듣는 이의 머릿속에는 사촌 동생에 대한 각기 다른 인상이 심어질 것입니다.

단어는 강력한 힘을 지녔고, 또 우리가 인지하지 못하는 경우에도 우리에게 영향을 끼칠 수 있습니다. 그 이유는 바로 단어는 표면적 의미와 내포된 의미를 가지고 있기 때문입니다. **표면적 의미**(denotation)란 단어 자체의 뜻, 즉, 사전적 의미를 뜻하며, **내포된 의미**(connotation)란 감정적인 반응을 불러일으킬 수도 있는, 단어가 암시하는 뜻을 말합니다. 예를 들어, "날씬하다", "가냘프다", "가늘다" 같은 단어는 근본적으로 그 의미가 같지만(표면적 의미가 같음), 이 단어들이 암시하는 바는 조금씩 다릅니다(내포된 의미가 다름). 세 단어 모두 두께가 얇음을 뜻하지만, "날씬하다"에는 "가냘프다"와 "가늘다"에는 있는 "연약하다"라는 의미가 없고, 대신에 "맵시가 있다"라는 의미가 있습니다. 그에 비해 "가냘프다"에는 "가늘다"에는 없는 "예쁘다"라는 의미가 있습니다.

> **표면적 의미**: 기본적이고 객관적인 사전적 의미
> **내포된 의미**: 감정적 반응을 불러일으킬 수도 있는 암시적인 의미

단어는 이렇게 여러 뜻과 효과를 지니고 있기 때문에 광고 회사나 정치인, 혹은 여러분이 무언가를 믿도록 설득하려는 사람들은 단어 사용에 많은 공을 들입니다. 이들은 눈치채기 어려운 '은연한 설득 기술'을 사용해 자신들의 광고를 보거나 말을 듣는 사람들이 모르게끔 감정을 조작하거나 특정 반응을 유도해 냅니다. 이런 영향력에서 벗어나는 가장 좋은 방법은 바로 이런 설득 기술에 대해 미리 알고 있는 것입니다. 여러분이 이런 기술을 미리 알고 있다면 누군가가 이 기술을 사용할 때 바로 알아차릴 수 있으며, 그 효과는 상당 부분 사라지게 됩니다. 이는 마술사의 공연을 볼 때, 이미 그 마술의 비밀을 다 알고 있다면 더 이상 신기하다고 생각하지 않게 되는 것과 같습니다.

우리는 이번 레슨에서 은연한 설득 기술 세 가지, 즉, 완곡어법, 위악어법, 그리고 편파적인 질문에 대해 배워 볼 것입니다.

## 6.1. 완곡어법과 위악어법

은연한 설득 기술 중 가장 흔히 쓰이는 것은 바로 완곡어법입니다. 아마 여러분도 이 기술이 완곡어법인지 모르고 널리 쓰고 있을 것입니다. **완곡어법**(euphemism)이란 불쾌하거나 부정적으로 들릴 수도 있는 단어나 표현을 우회적으로 보다 부드럽고 긍정적인 단어나 표현으로 바꾸어서 쓰는 것을 말합니다.

예를 들어, 누군가가 죽었을 때를 나타낼 수 있는 단어나 표현은 아주 많습니다. "죽다"라는 단어는 생명이 없어진 것을 별다른 감정을 불러오지 않고 직접적으로 나타내는 단어입니다. 하지만 이 단어는 완곡어법을 사용해 다음과 같이 좀 더 부드러운 단어로 바뀌는 경우가 자주 있습니다.

- 가다 (살다 갔다)
- (이승을) 뜨다
- (우리 곁을, 더 나은 곳으로) 떠나다
- 돌아가시다
- (영원히) 잠들다, 영면하다
- 숨을 거두다

완곡어법을 사용해 "죽다"를 잠들거나 더 나은 곳으로 떠나는 것, 원래 왔던 곳으로 돌아가는 것 등과 같이 부드럽고 긍정적으로 표현할 수도 있지만, 그 반대로 거칠고 부정적으로 표현할 수도 있습니다. 예를 들어, 다음과 같은 표현이 있지요.

- 거꾸러지다

- 뒈지다
- 밥숟가락 놓다

위와 같이 긍정적이거나 중립적인 단어나 표현을 보다 거칠거나 속되게 부정적으로 표현하는 것이 바로 **위악어법**(dysphemism)입니다.

> **완곡어법**: 중립적이거나 부정적인 단어나 표현을 보다 부드럽고 긍정적인 것으로 바꾸어 말하는 방법
> **위악어법**: 중립적이거나 긍정적인 단어나 표현을 보다 거칠고 부정적인 것으로 바꾸어 말하는 방법

우리의 생각과 감정에 영향을 주기 위해 대중 매체와 광고, 정치인들을 포함해 많은 곳에서 완곡어법과 위악어법이 사용되고 있습니다. 한 예로, 현재 보신탕이라고 흔히 불리는 개고기 요리도 40~50년대 이전에는 주로 개장이나 개장국이라고 불렸으며 88 서울 올림픽을 전후로 사철탕, 영양탕 같은 표현이 생겨났다고 합니다. 요리의 주 재료가 개인 것을 부각시키지 않으면서 몸에 좋거나 영양이 풍부하다는 사람들의 믿음에 편입하는 것이지요.

정치 · 사회적인 이슈에서도 완곡어법이 널리 사용됩니다. 한 예로, 미국에서는 낙태 찬성을 "pro-choice," 즉, '선택'에 찬성, 낙태 반대를 "pro-life," 즉, '생명'에 찬성한다고 흔히 부릅니다. 적어도 자신들이 지지하는 입장은 그렇게 부릅니다. 이렇게 함으로써 자신들의 입장에 힘을 실어주고 반대하기 어렵게 만드는 것이지요. 어떻게 우리가 선택이나 생명에 쉽사리 반대를 할 수 있겠습니까?

## 연습 문제

다음 단어를 완곡어법과 위악어법을 사용해서 바꾸어 보세요.

**1.** 개그맨

**2.** 어리다

**3.** 별나다

## 해답

여러 정답이 있지만 한 예는 다음과 같습니다.

**1.** 예능인, 딴따라

**2.** 젊다, 철없다

**3.** 기발하다, 엉뚱하다

## 연습 문제

다음 예문에서 완곡어법이나 위악어법이 사용되었는지, 혹은 그렇지 않고 중립적인지 판단해 보세요..

____ **4.** 은미는 창의적인 회계 기술을 사용해서 세금을 절약했다.

____ **5.** 그는 매우 세부적인 것까지 꼼꼼하게 처리한다.

____ **6.** 그는 정신 나간 게 아니라 단지 조금 기발할 뿐이다.

____ **7.** 용산 전자상가에 가서 용팔이한테 당하지나 말아야 할텐데!

## 해답

**4.** 완곡어법. 합법적인 절세를 하지 않은 이상 "창의적인 회계 기술"은 불법적인 탈세나 법의 맹점을 이용한 것을 바꾸어 말한 것입니다.

**5.** 중립적

**6.** 완곡어법. "조금 기발할 뿐"

**7.** 위악어법. "용팔이"는 용산 전자상가의 상인을 비하하는 표현으로 "용산"과 "팔이"를 합친 말이라고 합니다.

| 완곡어법과 위악어법의 예 | | |
|---|---|---|
| 단어나 표현 | 완곡어법 | 위악어법 |
| 팬 | 열성 지지자 | 빠순이/빠돌이 |
| 저렴한 | 경제적 | 싸구려 |
| 혼기가 지난 미혼 여성 | 골드미스 | 노처녀 |
| 구두쇠 | 경제 관념이 투철 | 자린고비, 수전노 |
| 상인 | 사장 | 장사치 |

## 6.2. 편파적인 질문

길을 가던 중 누군가가 당신에게 세금 감면에 대한 설문 조사를 하러 다가왔습니다. 당신은 흔쾌히 설문 조사에 응했고 조사원은 당신에게 다음과 같이 물었습니다.

- 저소득자들을 도외시하고 부자들에게만 이득이 되는 세금 감면을 지지하시나요?
- 가난하고 어려운 사람들을 배제하는 세금 감면 법안의 입법을 정부가 추진해야 한다고 생각하시나요?

당신이 세금 감면에 어떤 의견을 가지고 계시던 이 두 질문에 "아니오"라고 대답하기는 쉽지 않을 것입니다. 왜냐하면 이 질문에 "예"라고 대답하면 자신이 마치 가난하고 어려운 사람들을 배려하지 않는 고약한 사람처럼 느껴질 테니까요. 이 질문들은 공정하지 않고 편파적이어서 제대로 대답을 하기 어렵게끔 만들어져 있습니다. 이 질문들은 세금 감면에 대해 이미 부정적인 시각을 염두에 두고, 세금 감면에 반대하는 대답을 이끌어 내기 위해 편파적으로 만들어져 있는 것입니다.

이 질문들이 세금 감면에 대해 어떻게 위악어법을 사용하여 당신에게서 특정한 대답을 유도하는지 한번 잘 생각해 보세요. 이 질문들에서는 세금 감면이 "도외시하다", "배제하다"와 같은 부정적인 단어와 동등하게 쓰이고 있지 않나요?

그 반대로, 아래와 같은 질문은 완곡어법을 사용하여 세금 감면을 지지하는 대답에 유리하도록 쓰여져 있습니다.

- 모든 계층에 도움이 되고 경제를 살리는 세금 감면을 지지하시나요?
- 사람들이 힘들게 벌어 모은 돈을 되돌려 주는 세금 감면 법안의 입법을 정부가 추진해야 한다고 생각하시나요?

이번에는 이 두 질문에 "예"라고 대답하는 것이 "아니오"라고 대답하는 것보다 얼마나 쉬운지 한번 생각해 보세요. 만약에 이 질문에 "아니오"라고 대답한다면 마치 사회에 무관심하거나 사람들이 열심히 일해서 번 돈을 가지지 말아야 하는 것처럼 들릴 것입니다.

이런 질문들이 다음과 같이 쓰여지면 세금 감면에 대해 공정하게 찬성이나 반대를 할 수 있습니다.

- 세금 감면을 지지하시나요?
- 정부가 세금 감면 법안의 입법을 추진해야 한다고 생각하시나요?

전문적인 설문 조사 기관은 질문이 편파적이지 않도록 조심스럽게 만들지만, 특정한 의도가 있는 개인이나 단체, 특히 정치적 단체나 광고 회사들은 특정한 결과를 얻기 위해 편파적인 질문을 만드는 경우가 자주 있습니다. 개인적으로도 마찬가지입니다. 대화나 토론을 할 때, 여러분으로부터 특정한 대답을 이끌어 내거나 여러분의 생각을 바꾸려는 사람들도 이런 편파적인 질문을 할 수 있습니다. 그렇기 때문에 질문이 편파적일 때 이를 알아차릴 수 있는 능력이 중요합니다.

**생각해 보기**

혹시 학교나 직장에서 온라인 설문 같은 것을 만들어 본 적이 있나요? 그렇다면 설문을 만들 때 여러분의 생각이나 관점이 투영되지 않도록 공정한 질문을 만드는 것이 생각보다 쉽지 않다고 느꼈나요? 편향되지 않은 공정한 설문을 만드는 것은 전문적인 교육이 필요하기 때문에 설문을 작성하거나 설문 조사를 인용할 때에는 설문지의 질문에 항상 주의를 기울이세요.

### 연습 문제

다음 질문이 편파적인지 중립적인지 한번 판단해 보세요.

____ **8.** 저 쓰레기 같은 영화에 대해서 어떻게 생각합니까?

____ **9.** 동성애는 우리 나라에서 합법화되어야 할까?

____ **10.** 저 사기꾼 같은 시장한테 다시 투표할 거야?

____ **11.** 천연 자원을 개발해 대기업들이 더 수익을 올리도록 열대 우림의 파괴를 지지하시나요?

____ **12.** 실내에서의 흡연은 금지되어야 한다고 생각하시나요?

### 해답

**8.** 편파적. 이 영화를 재미있었다고 한다면 자신은 쓰레기 같은 영화를 재미있어 하는 것이 되므로 "예"라고 대답하기 힘듭니다.

**9.** 중립적.

**10.** 편파적. 이 시장에게 다시 투표한다고 하면 자신은 사기꾼 같은 정치인을 지지하는 사람이 되므로 "예"라고 대답하기 힘듭니다.

**11.** 편파적. 마치 열대 우림의 파괴를 지지하는 사람처럼 보일 수 있기 때문에 "예"라고 대답하기 힘듭니다.

**12.** 중립적.

### 연습 문제

여러분의 비판적 사고와 추리 능력을 연마하기 위해서 연습 문제 8번에서 12번까지의 질문 중, 중립적인 질문을 편파적으로, 편파적인 질문을 중립적으로 한번 바꾸어 보세요.

**8.** 중립적인 질문:

**9.** 편파적인 질문:

**10.** 중립적인 질문:

**11.** 중립적인 질문:

**12.** 편파적인 질문:

### 해답

**8.** 중립적인 질문: 저 영화에 대해서 어떻게 생각합니까?

**9.** 편파적인 질문: 동성애는 우리 나라 정도면 합법화되어야 되는 거 아냐?

**10.** 중립적인 질문: 저 시장한테 다시 투표할 거야?

**11.** 중립적인 질문: 열대 우림 지역의 개발에 대해 어떻게 생각하시나요?

**12.** 편파적인 질문: 우리의 어린 아이들에게까지 간접 흡연 피해를 주는 실내에서의 흡연이 금지되어야 한다고 생각하시나요?

## 6.3. 요 약

완곡어법, 위악어법, 그리고 편파적인 질문들은 듣는 이에게 강력한 위력을 발휘할 수 있습니다. **완곡어법**은 중립적이거나 부정적인 표현을 보다 부드럽고 긍정적으로 바꾸는 것을 말하며, **위악어법**은 그 반대로 긍정적이거나 중립적인 표현을 보다 거칠고 부정적으로 바꾸는 것을 말합니다. **편파적인 질문**은 공정한 대답을 하기 어렵게끔 만들어진 질문을 뜻합니다. 이러한 은연한 설득의 기술을 알아채는 방법을 익히면 보다 독립적인 사고가 가능해지고 남들이 원하는 결론이 아닌 스스로의 결론을 내릴 수 있게 됩니다.

### 다음 레슨까지 연습해 볼 것

- 다른 사람과의 대화나 뉴스, 신문 기사나 사설 등을 주의 깊게 보세요. 완곡어법, 위악어법, 혹은 편파적인 질문이 쓰였던가요? 여러분 스스로 글을 쓰거나 얘기를 할 때 이런 기술을 사용했던 적이 있었나요?
- 은연한 설득의 기술을 알아채는 방법을 연마하는 방법 중 하나는 바로 여러분 스스로 이런 기술을 연습해 보는 것입니다. 오늘 하루 동안 완곡어법과 위악어법, 그리고 편파적인 질문을 만들어 사용해 보세요. 여러분이 원하는 바를 관철시키려 할 때 어느 기술이 가장 효과적인 것 같았나요?

LESSON 7

# 논증에 대하여

"대부분의 사람들에게는 추리 기술이 결여되어 있기 때문에 여러분은 이를 꼼꼼히 공부해야 하는 것입니다. 귀납법과 연역법에 대해 무지한 사람과는 논쟁하는 것뿐만이 아니라 대화하는 것조차 매우 불쾌합니다."
("You should carefully study the Art of Reasoning, as it is what most people are very deficient in, and I know few things more disagreeable than to argue, or even converse with a man who has no idea of inductive and deductive philosophy.")

윌리엄 존 윌스(William John Wills), 1834~1861
호주를 탐험한 영국의 측량사

**레슨 요약**

우리는 하루에도 여러 번씩 논증하는 것을 듣습니다. 이번 레슨에서는 연역적 논증의 구성 요소를 알아보고 연역적 논증이 귀납적 논증과 어떻게 다른지 알아볼 것입니다.

다음과 같은 대화를 한번 생각해 보세요.
"아들, 잘 시간이야."
"왜요?"
"엄마 말이니까 들어야지!"

이 세상에서 "내(엄마) 말이니까"라는 대답을 하는 것이 통하는 사람은 부모밖에 없을 것입니다. 하지만 부모들도 아이들이 커 가면서 이런 식의 대답이 먹혀 들어가는 경우가 점점 줄어들죠. 남에게 자신의 주장을 받아들이게 하거나 자신이 원하는 어떠한 행동을 하게 하려면 그에 대한 합당한 이유를 덧붙여 주는 것이 매우 중요합니다. 자신의 주장을 뒷받침하는 가장 효과적인 방법은 바로 합당한 이유를 제시하는 것이지요.

앞으로 세 레슨에 걸쳐 우리는 **연역적 논증**(deductive argument)에 대해 알아볼 것입니다. 연역적 논증이 무엇이며 어떻게 사용되는가 하는 것뿐만이 아니라, 주장을 잘 뒷받침하는 훌륭한 연역적 논증을 알아보는 방법과 만들어 내는 방법에 대해서도 알아볼 것입니다.

먼저 연역적 논증의 핵심이 되는 연역적 추리가 무엇인지 알아보겠습니다. 연역적 추리가 무엇인지 알아보기 전에 이것과 반대되는 귀납적 추리에 대해서 먼저 알아봅시다.

## 7.1. 귀납적 추리

수사관이나 탐정이 범죄 현장에 도착해서 가장 먼저 하는 것은 단서를 찾아서 정확하게 무엇이 일어났는지를 판단하는 것입니다. 예를 들어, 깨진 창문을 보고 도둑이 어떻게 집에 들어오거나 나갔는지에 대한 실마리를 찾을 수 있습니다. 또한 도둑이 집안의 다른 물건을 건드리지 않고 바로 금고가 숨겨져 있는 그림을 떼어내고 금고를 털어갔다면, 이 도둑은 금고의 위치를 정확하게 알고 있다고 판단할 수 있습니다. 그리고 이 도둑이 피해자를 알고 있다는 것을 추측해볼 수 있습니다.

이와 같은 과정을 **귀납적 추리**(inductive reasoning)라고 부릅니다. 귀납적 추리는 '관찰'을 하고 이를 토대로 결론을 내리는 것을 말합니다.

여러분도 일상 생활에서 수사관이나 탐정 같이 귀납적 추리를 널리 사용합니다. 예를 들어, 여러분들 중에서 우유를 마실 때마다, 혹은 아주 매운 음식을 먹을 때마다 속이 안 좋아지는 사람이 있을 것입니다. 귀납적 추리를 사용하면 그런 사람들에게는 우유나 아주 매운 음식이 속을 불편하게 한다고 결론지을 수 있습니다. 한 발짝 더 나아가 이런 음식을 지양해야 한다고도 결론 낼 수 있지요. 같은 논리로, 만약 애완용 고양이가 여러분이 들어올렸을 때 매우 발버둥을 친다면, 이 고양이는 여러분이 들어 올리는 것을 별로 좋아하지 않는다고 결론 내릴 수 있습니다. 이 두 경우 모두 여러분은 구체적이고 특정한 관찰을 토대로 일반적인 결론을 내린 것입니다. 귀납적 추리는 구체적인 관찰과 증거에서 시작하여 일반적인 결론으로 이끌어 내는 추리입니다.

귀납적 추리를 사용할 때 보통 다음과 같은 질문을 던지게 됩니다.

1. 무엇을 관찰하였는가? 즉, 증거는 무엇인가?
2. 증거를 토대로 무엇을 결론 내릴 수 있는가?
3. '결론'은 논리적인가?

이 질문들에 대해서는 귀납적 추리를 알아보는 뒤의 레슨에서 좀 더 자세히 알아보겠습니다. 일단 연역적 추리가 무엇인지 알아보기 위해 비교한 귀납적 추리에 대해서는 이 정도면 충분합니다.

**생각해 보기**

논리에 대해 공부해본 적이 있다면 삼단논법이나 진리표에 대해 들어보았을 것입니다. 삼단논법(syllogism)은 연역적 추리를 사용해 2개의(혹은 그 이상) 전제를 가지고 하나의 결론에 도달하는 논법을 말합니다. 예를 들어, "모든 인간은 죽는다"(대전제)와 "소크라테스는 인간이다"(소전제)를 가지고 "따라서 소크라테스는 죽는다"(결론)라고 하는 것입니다. 그에 비해 진리표(truth table)는 논리식의 진리값(참과 거짓)을 나타낸 수학적 표입니다. 진리표는 상당히 복잡한 개념이므로 이 책에서 다루기는 적합치 않습니다.

## 7.2. 연역적 추리

**연역적 추리**(deductive reasoning)란 귀납적 추리와 반대로 일반적인 '전제'(증거)에서 구체적인 결론에 다다르는 추리를 말합니다. 즉, 연역적 추리는 다음과 같은 질문을 수반합니다.

1. 전제는 무엇인가?
2. 전제를 토대로 무엇을 결론 내릴 수 있는가?
3. '결론'은 논리적인가?

논리학적으로 연역적 추리는 형식적인 부분에 초점을 맞추는 경향이 강합니다. 즉, 전제의 진위 여부를 가리는 것에 초점이 맞추어져 있는 것이 아니라 전제로부터 내릴 수 있는 결론의 논리성에 초점을 맞춥니다. 하지만 실생활에서 전제의 진위 여부를 따질 필요가 없는 논증은 극히 드뭅니다. 즉, 누군가가 일반적인 전제에서 구체적인 결론을 도출한다면, 우리는 이 절차의 논리성뿐만이 아니라 전제의 타당성도 검증해 보아야 하는 경우가 대부분입니다.

그래서 이 책에서는 실질적인 논증을 할 때를 기준으로 연역적 추리를 생각해 보겠습니다. 귀납적 추리는 우리가 실제로 관찰한 구체적인 증거를 가지고 새로운 일반적인 결론에 다다른다는 것입니다. 연역적 추리는 이와 반대로 일반적인 증거, 즉 전제를 가지고 이미 구체적인 결론이 내려져 있으며, 이 결론의 타당함을 증명하기 위해 증거의 타당성을 따져봅니다. 즉, 귀납적 추리를 할 때 던지는 질문을 아래와 같이 거꾸로 던져 보는 것이지요.

1. 결론은 무엇인가?
2. 어떤 증거가 결론을 뒷받침하는가?
3. 증거는 논리적인가?

철학, 특히 논리학에서 연역적 추리란 전제를 가지고 형식논리학적으로 연산하는 것을 뜻하며, 이의 대표적인 예가 바로 삼단논법입니다. 형식논리학은 이미 규정된 논리 연산만을 가지고 전제에서 결론을 도출하는 절차를 중시하기 때문에, 만약 여러분이 형식논리학을 접하고 연습해 보실 기회가 있다면 비판적 사고와 추리 능력을 연마하시는 데 분명한 도움이 될 것입니다. 하지만 이 책은 여러분이 실생활에서의 문제 해결과 결정, 주장 등에 유용하게 사용할 수 있는 일상적인 논리를 집중적으로 다룰 것이며 너무 형식적이거나 학문적인 논리는 지양할 것입니다.

### 7.2.1. 연역적 논증의 요소

우리는 레슨 2에서 문제 해결을 위해 진짜 문제가 무엇인지를 알아내는 것이 얼마나 중요한지에 대해 알아보았습니다. 또한 우리는 먼저 진정한 문제가 무엇이고, 또 그 문제를 부분으로 나누어서 해결해 보는 방법도 공부해 보았습니다.

연역적 논증을 할 때도 비슷한 절차를 거치는 것이 필요합니다. 먼저 논증에서 주장(claim)하고자 하는 **결론**(conclusion)이 무엇인지 알아내야 합니다. 그리고 이 결론을 도출하는 데 사용되는 이유가 바로 **전제**(premise)입니다. 이 책에서 논증과 추리에 대해 이야기할 때 전제와 증거는 같은 뜻으로 쓰입니다. **논증**(argument)이란 이유를 들어 주장하는 것을 말하는데, 이번 레슨에서는 그 과정과 절차의 타당성에 대해 공부해 볼 것입니다. 주장을 뒷받침하는 이유의 타당성에 대해서는 다음 레슨에서 알아볼 것입니다.

논증에서 결론이 무엇인지를 알아차리는 것이 생각보다 어려운 경우가 가끔 있는데, 이는 결론이 전제처럼, 혹은 전제가 결론처럼 보이기 때문입니다. 여기에 복잡함을 더하는 것이 바로 결론이 어느 부분에 오느냐는 것입니다. 보통 결론이 논증의 말미에 온다고 생각하기 쉽지만, 그렇지 않은 경우도 많습니다. 그렇기 때문에 누군가가 여러분에게 연역적 논증을 제시한다면 여러분이 가장 먼저 해야 할 일은 "이 논증이 밝히려고 하는 주요 주장, 즉 결론이 무엇인가"라는 질문을 스스로에게 던져보는 것입니다.

요약하자면, 문제가 여러 부분으로 나뉘어져 있듯이 논증도 결론과 여러 전제로 나누어져 있으며, 큰 그림이 무엇인지, 즉 논증을 통해 이루고자(주장하고자) 하는 바가 무엇인지 잊지 말고 논증을 이해해야 합니다.

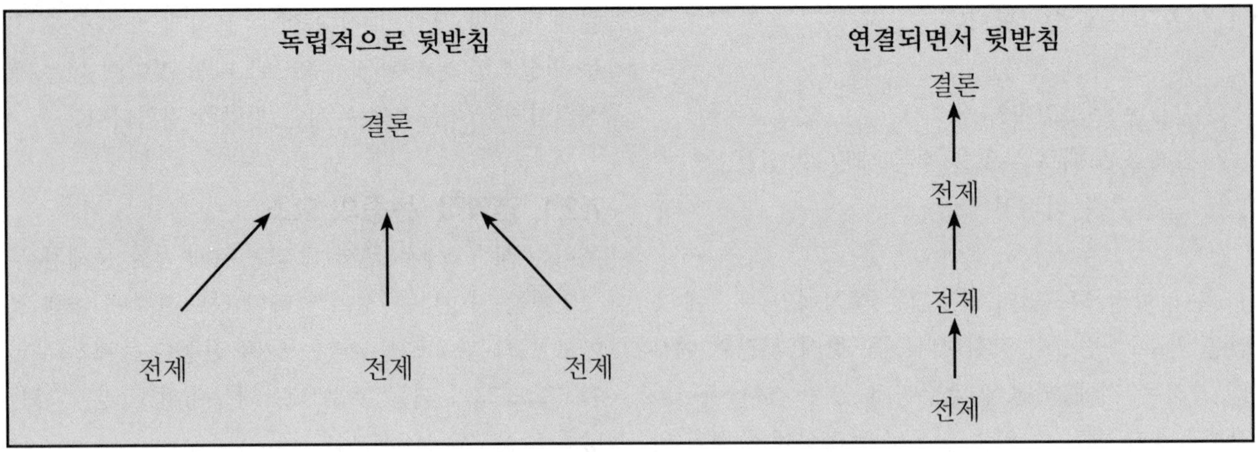


**주장**: 어떤 진실, 존재, 혹은 가치 등에 대한 의견을 내세우는 것.
**논증**: 주장에 이유를 들어 밝히는 것.
**결론**: 논증에서의 주요 주장.
**전제**: 결론을 뒷받침하는 증거.

### 7.2.2. 연역적 논증의 구조

연역적 논증에서는 두 가지 방법으로 전제가 결론을 뒷받침할 수 있습니다. 예를 들어, 세 개의 전제와 하나의 결론이 있다고 생각해 봅시다. 한 종류의 연역적 논증에는 이 세 개의 전제가 제각기 결론을 뒷받침합니다. 즉, 각각의 전제가 '독립적으로' 결론을 뒷받침하는 것이지요. 다른 한 종류의 연역적 논증에는 이 세 개의 전제가 합해져서 결론을 뒷받침합니다. 즉, 하나의 전제가 다음의 전제로 '연결되면서' 결론을 뒷받침하게 되는 것입니다. 이 두 종류의 연역적 논증은 위에 제시된 간단한 도표를 보시면 쉽게 이해할 수 있습니다.

이 두 구조는 실제 주장에서 다음과 같이 나타날 수 있습니다. 아래의 두 논증이 어떻게 같은 주장을 다르게 하는지 잘 살펴보세요.

**독립적으로 뒷받침하는 논증**: 그 회사에 입사하지 않는 게 좋을 거야. 봉급도 너무 짜고, 매일 같이 야근해야 하는데, 근무 환경도 엉망이잖아.

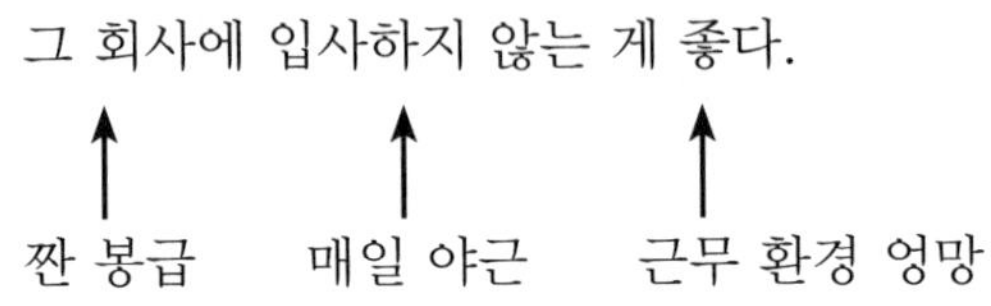


**연결되어 뒷받침하는 논증**: 그 회사에 입사하지 않는 게 좋을 거야. 봉급이 너무 짜서 월세랑 생활비 대기도 빠듯할 테고, 그러면 네가 불행해질 테니까.

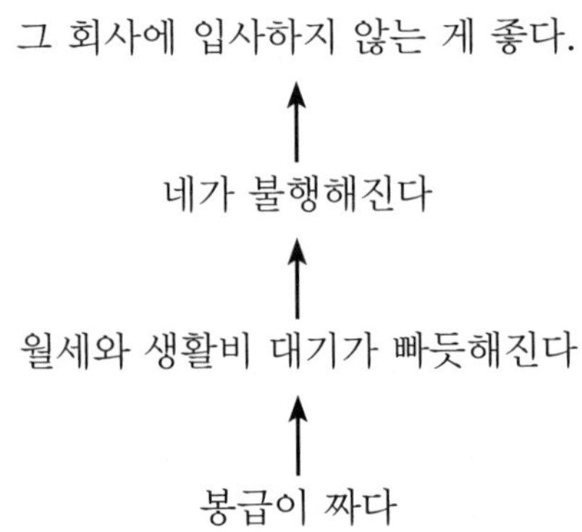


첫 번째 논증에는 세 개의 독립적인 생각(전제)이 각각 결론을 뒷받침하지만, 두 번째 논증은 "봉급이 짜다"라는 하나의 생각에서 시작한다는 것을 알 수 있습니다. 하지만 구조와 상관 없이 두 논증 모두 똑같이 논리적이죠.

물론 논증은 이 두 가지가 섞여서 나타날 수도 있습니다. 이 레슨의 뒤에서 곧 그런 예문도 볼 것입니다. 하지만 지금 주의 깊게 보아야 할 점은 바로 전제가 결론을 연결되어 뒷받침할 때, 실은 첫 전제와 마지막 결론 사이에 '중간 전제'와 '중간 결론'이 층층이 존재한다는 것입니다.

최종 결론: 그러면 그 회사에 입사하지 않는 게 좋다.

↑

중간 전제: 네가 불행해진다.

중간 결론: 그러면 네가 불행해진다.

↑

중간 전제: 월세와 생활비 대기가 빠듯해진다.

중간 결론: 그러면 월세와 생활비 대기가 빠듯해진다.

↑

시작 전제: 봉급이 짜다.

연역적 논증은 이와 같이 계단식으로 이루어져 있는 경우가 많기 때문에 최종 결론과 중간 결론을 구분할 수 있는 것이 매우 중요합니다. '최종' 결론이 바로 논증이 주장하고자 하는 '주요' 결론이지요.

## 7.3. 주요 결론을 알아보는 방법

다음 문장을 한번 읽어보세요.

"걔는 키가 커서 농구 잘 하겠다. 키가 크면 다 농구를 잘 하잖아."

이 두 문장은 작은 연역적 논증을 구성하고 있습니다. 물론 이 논증이 올바르거나 뛰어난 것은 아니지만, 연역적 구조는 잘 나타내고 있습니다. 이 두 문장을 나누어 보면 총 세 개의 주장이 나옵니다.

1. 걔는 키가 크다.
2. 걔는 농구를 잘 할 것이다.
3. 키가 크면 다 농구를 잘 한다.

자, 그러면 이 셋 중 이 논증이 증명하고자 하는 것은 무엇일까요? 즉, 이 논증의 '결론'이 무엇일까요?

정답을 고르는 것을 돕는 단서가 하나 있습니다. 바로 어떤 주장이 다른 주장에 의해 뒷받침되고 있느냐를 알아보는 것입니다. 이 논증에서 "걔는 키가 크다"를 뒷받침하는 근거가 있나요? 그렇다면 "키가 크면 다 농구를 잘 한다"를 뒷받침하는 근거는요? 이 두 주장을 뒷받침하는 근거는 없습니다. 하지만 "걔는 농구를 잘 할 것이다"를 뒷받침하는 근거는 있습니다. 그 사람은 키가 크고, 또 키가 크면 다 농구를 잘 한다는 두 주장이 이를 뒷받침하죠.

그렇기 때문이 이 논증의 결론은 "걔는 농구를 잘 할 것이다"입니다. 이 결론이 바로 이 논증이 주장하고자 하는 바입니다. 그리고 나머지 두 주장은 이 주요 결론을 뒷받침하는 전제입니다.

결론을 알아내는 또 하나의 단서는 바로 근거나 이유를 나타내는 연결 어미인 "－어서"이 사용되었는지 알아보는 것입니다. 비슷하게 "－니"(밥을 먹으니 배가 부르다), "－니까"(에어컨을 틀었으니까 시원하다), "－므로"(번개가 치므로 곧 천둥 소리가 들리겠구나), "－기 때문에"(공을 찼기 때문에 배가 고프다) 등도 근거나 이유를 나타내며, 이를 유심히 살펴보면 결론이 무엇인지 쉽게 알아볼 수 있습니다.

그렇다면 이 논증에서 두 가지 전제는 독립적으로 결론을 뒷받침할까요, 아니면 연결되어 뒷받침할까요? 정답은 바로 둘이 연결되어서 뒷받침한다는 것입니다. 그가 키가 크다거나, 혹은 키가 큰 사람은 모두 농구를 잘 한다는 주장은 개별적으로는 그가 농구를 잘 할 것이라는 주장을 뒷받침하지 못합니다. 그가 키가 크더라도 키가 큰 사람은 모두 농구를 잘 한다는 전제 없이, 혹은 그 반대로 키가 큰 사람은 모두 농구를 잘 한다고 하더라도 그가 키가 크다는 전제 없이는 그가 농구를 잘 한다는 결론을 올바르게 내릴 수 없습니다. 키가 큰 사람은 모두 농구를 잘 하고(대전제), 그가 키가 크기 때문에(소전제), 그는 농구를 잘 할 것(결론)이라는 겁니다. 이는 앞서 알아본 삼단논법에 해당합니다.

### 7.3.1. 결론의 위치

흔히 결론은 마지막에 온다고 생각하기 쉽지만 연역적 논증에서 결론은 아무 위치에나 올 수 있습니다. "걔는 키가 커서 농구 잘 하겠다. 키가 크면 다 농구를 잘 하잖아."라는 논증은 다음과 같이 쓰여질 수도 있지요.

- 걔는 키가 크고 키가 큰 사람들은 다 농구를 잘 하지. 그러니까 걔도 농구를 잘 할 거야.
- 걔는 농구 잘 하겠다. 걔는 키가 큰데, 키가 큰 사람들은 다 농구를 잘 하잖아.
- 걔는 농구 잘 하겠다. 키가 큰 사람들은 다 농구를 잘 하는데, 걔도 키가 크잖아.
- 키가 큰 사람들은 다 농구를 잘 하잖아. 걔는 키가 크니까, 걔도 농구를 잘 할 거야.
- 키가 큰 사람들은 다 농구를 잘 하잖아. 걔도 농구를 잘 할 거야, 키가 크니까.

이처럼 각 전제와 결론이 가능한 모든 위치에 올 수 있지만, 그렇다고 해서 논증의 핵심은 변하지 않습니다.

좀 더 복잡한 연역적 논증에서는 주로 결론이 제일 먼저 소개되며 그를 뒷받침하는 전제가 논리적으로 뒤따르게 됩니다. 결론이 가장 먼저 소개가 되어야 각 전제를 큰 그림을 가지고 이해할 수 있게 되기 때문이죠. 우리가 흔히 결론이라고 하면 문단이나 책의 끝에 온다고 생각하기 쉽지만(미괄식), 복잡한 글일수록 결론이 앞에 와야(두괄식) 이를 기준으로 후에 나오는 내용을 이해하기 쉽습니다. 하지만 항상 그런 것은 아니기 때문에, 논증의 큰 그림과 최종(주요) 결론이 무엇인지 알아낼 수 있는 능력을 기르는 것이 대단히 중요합니다.

### 연습 문제

다음 짧은 논증을 읽고 논증의 각 주장을 빗금(/)으로 나누어 보세요. 그리고 해당 논증의 결론인 주장에는 밑줄을 쳐 보세요.

예시: 공원에 놀러 가자. 오늘 날씨도 좋고, 나 운동도 좀 해야 돼.
공원에 놀러 가자. / 오늘 날씨도 좋고, / 나 운동도 좀 해야 돼.

**1.** 내일 기상 예보에 새벽부터 폭설이 내린다고 하더라. 어차피 내일 모레까지 휴일이고, 애들도 더 있고 싶어 하니까 내일 늦게 눈이 좀 녹거든 살살 올라가렴.

**2.** 그 영화 평점이 너무 나쁘던데? 내 동생이 보고 왔는데 너무 지루했고 결말도 너무 엉성했대. 더 재미난 영화도 많을 텐데 한번 다시 알아봐.

**3.** 지금부터 숙제 하렴. 그래야 일찍 끝내고 맘 편히 엄마 아빠랑 영화 보러 가지.

**4.** 너 너무 온라인 게임만 하는 거 아니야? 그래서 맨날 밤에 늦게 자고, 아침 수업도 빠지고, 성적도 점점 떨어지잖아. 일과를 세워서 하루를 좀 더 규칙적으로 보내봐. 안 그러면 학사 경고 받을지도 몰라!

### 해답

**1.** 내일 기상 예보에 새벽부터 폭설이 내린다고 하더라. / 어차피 내일 모레까지 휴일이고, / 애들도 더 있고 싶어 하니까 / 내일 늦게 눈이 좀 녹거든 살살 올라가렴.

**2.** 그 영화 평점이 너무 나쁘던데? / 내 동생이 보고 왔는데 너무 지루했고 / 결말도 너무 엉

성했대. / 더 재미난 영화도 많을 텐데 / 한번 다시 알아봐.

3. 지금부터 숙제 하렴. / 그래야 일찍 끝내고 / 맘 편히 엄마 아빠랑 영화 보러 가지.

4. 너 너무 온라인 게임만 하는 거 아니야? / 그래서 맨날 밤에 늦게 자고, / 아침 수업도 빠지고, / 성적도 점점 떨어지잖아. / 일과를 세워서 하루를 좀 더 규칙적으로 보내봐. / 안 그러면 학사 경고 받을지도 몰라!

### 연습 문제

1~4에 소개된 논증의 구조를 생각해 보고 전제가 결론을 독립적으로 뒷받침하는지, 연결되어 뒷받침하는지, 혹은 그 둘 다인지 맞춰보세요.

1.

2.

3.

4.

### 해답

1. 독립적. 세 개의 전제가 결론을 독립적으로 뒷받침합니다.

2. 독립적과 연결적. 평점이 나쁘고 지루하고 결말이 엉성하다는 세 개의 전제가 독립적으로 더 재미난 영화도 많을 것이라는 전제를 뒷받침하고, 이 전제가 결론을 뒷받침합니다.

3. 연결적. 숙제를 일찍 끝내는 전제가 영화 보러 가는 전제에 연결되며, 이 영화 보러 가는 전제가 결론을 뒷받침합니다.

4. 연결적. 온라인 게임을 너무 많이 하는 전제가 늦게 자는 전제로 이어지고, 이것이 수업에 빠지고, 또 성적이 떨어지는 전제로 이어집니다. 그리고 이것이 학사 경고를 받는 전제로 이어지고, 이 전제가 결론을 뒷받침합니다.

## 7.4. 요 약

**귀납적 논증**에서는 증거에서 논리적인 결론이 유추되었는지 확인하지만, **연역적 논증**에서는 이미 내려진 결론의 타당성을 검증하기 위해 증거(전제)의 타당성을 검증합니다. **결론**이란 논증에서의 주요 주장을 의미하며, 이 결론을 뒷받침하는 것을 **전제**라고 합니다. 연역적 논증에서 전제는 독립적으로, 혹은 연결되어서 결론을 뒷받침할 수 있습니다.

**다음 레슨까지 연습해 볼 것**

- 다른 사람이 무언가를 논증하는 것을 들었을 때, 그 사람이 귀납적 논증을 하는지 연역적 논증을 하는지 한번 판단해 보세요. 만약 그 논증이 너무 복잡한 것 같다면, 이 논증을 부분으로 나누어서 각 부분에 어떤 방법이 쓰였는지 판단해 보세요.
- 오늘 연역적 논증을 듣거나 읽어보게 되면, 그 논증의 전제와 결론을 한번 분리해 보세요. 그리고 각 전제가 어떤 구조로 결론을 뒷받침하는지 한번 따져 보세요.

LESSON 8

# 증거를 평가하기

"절대로 거짓말을 해서는 안 된다. 왜냐하면 거짓말은 사람이나 상품의 신뢰성을 파괴하는데, 신뢰성보다 더 중요한 것은 없기 때문이다. 신뢰성은 사람이나 상품이 보내는 메시지의 명료성보다도 더 중요한 것이다."
("You cannot lie ever, because a lie destroys the credibility of the product, and credibility is more important than anything. Credibility's even more important than clarity.")

프랭크 룬츠(Frank Luntz), 1962~
미국의 (공화당) 정치 컨설턴트

### 레슨 요약

**연역적 논증에서 절차가 올바르다면 결론을 항상 진실로 만드는 것이 바로 전제의 진실성입니다. 이 레슨에서는 전제의 신뢰성과 합리성을 판단하는 방법에 대해 알아볼 것입니다.**

이전 레슨에서 전제와 결론을 분간하고 전제가 결론을 논리적으로 이끌어내는 과정에 대해 알아보았으니, 이번에는 전제를 평가하는 방법에 대해 공부해 볼 차례입니다. 결론이라는 것은 결국 여러분을 설득하여 여러분의 의견이나 믿음을 바꾸거나, 혹은 특정한 행동을 하도록 만들려는 목적이 있습니다. 그렇기 때문에 이러한 결론을 받아들이기 전에 결론이 진실인지를 알아보아야 합니다. 연역적 논증에서 전제와 결론 사이에 논리적 오류가 없다면 전제가 참이면 결론은 항상 참입니다. 그렇기 때문에 결론의 타당성을 결정하는 전제의 타당성을 따져보는 것이 중요합니다. 그에 비해 귀납적 논증에서의 전제는 관찰을 바탕으로 하기 때문에(예를 들어, "어젯밤에 불닭을 먹었더니 속이 너무 안좋더라") 진위를 따질 필요가 크지 않습니다.

증거를 평가할 때 구체적으로 다음과 같은 질문을 던져볼 수 있습니다.

1. 어떤 종류의 증거가 제공되었는가?
2. 그 증거는 신뢰할 만한가?
3. 그 증거는 합리적인가?

## 8.1. 증거의 종류

연역적 논증에서 결론을 뒷받침하는 증거는 여러 가지 종류가 있지만, 이를 크게 구분해 보면 사실, 의견, 그리고 잠정적 진실, 이렇게 세 가지로 나눌 수 있습니다. 먼저 이 세 가지에 대해 간단히 복습을 해 봅시다.

- **사실**이란 일어났거나, 존재하거나, 혹은 진실이라고 알고 있는 것
- **의견**이란 일어났거나, 존재하거나, 혹은 진실이라고 믿고 있는 것
- **잠정적 진실**이란 사실처럼 주장되지만 확인이 필요한 것

그리고 전제는 사실이든, 의견이든, 잠정적 진실이든 간에 다음과 같은 형태로 나타날 수 있습니다.

- 통계나 수치
- 물리적 증거(유물)
- 보거나 듣거나 느낀 것(관찰)
- 전문가의 발언
- 경험
- 생각이나 믿음, 혹은 감정

물론 이 중에 더 설득력이 있고 덜 설득력이 있는 증거도 있습니다. 예를 들어, 사람들은 보통 통계를 믿거나 혹은 통계 때문에 설득될 확률이 어떤 한 사람의 의견을 믿거나 의견에 설득될 확률보다 높습니다. 하지만 그렇다고 해서 모든 통계를 자동으로 받아들이거나, 혹은 다른 사람의 의견을 항상 신뢰성이 없다고 치부해서는 안 됩니다. 통계치도 조작되어 신뢰할 수 없는 경우가 있으며, 또 누군가의 의견도 상당히 합리적일 수 있습니다. 그렇기 때문에 우리는 모든 증거의 신뢰성과 합리성을 따져봐야 합니다.

물론 통계치처럼 합리성을 따지기보다는 신뢰성을 따져야 하는 경우도 있지만, 누군가의 경험이나 느낌 같은 경우는 신뢰성과 합리성 둘 다를 따져보아야 할 것입니다.

## 8.2. 증거의 신뢰성

누군가가 무언가를 주장할 때, 그 사람이 자신의 주장을 뒷받침하기 위해 어떤 종류의 증거를 대더라도 여러분은 항상 그 사람의 신뢰성을 먼저 따져보아야 합니다. 그 사람이 믿을 만한 사람인가요? 둘째로, 그 사람이 어떤 출처가 있는 증거를 댄다면, 그 출처의 신뢰성 또한 생각해 보아야 합니다. 만약 이 두 가지가 모두 충족이 된다면 여러분은 이 주장을 잠정적으로 받아들일 수 있습니다. 만약 이 둘 중 한 가지라도 제대로 충족이 되지 않는다면, 여러분은 그 주장에 대해 더 알아내기 전까지는 받아들여서는 안 됩니다. 예를 들어, 평소에 거짓말을 밥 먹듯이 하는 사람이 자신의 주장을 뒷받침하기 위해 공신력 있는 증거 자료를 제출하더라도 이를 받아들이기 어려우며, 그 반대로 평소에 매우 정직한 사람이더라도 '인터넷 어디서 보았다'는 자료를 제시한다면, 이 역시 쉽사리 믿어서는 안 됩니다.

이전 레슨에서 알아본 신뢰성을 결정하는 두 요소는 다음과 같습니다.

- 편파적이지 않아야 함
- 전문성이 있어야 함

그리고 전문성을 결정하는 다섯 가지 요소는 다

음과 같습니다.

- 교육
- 실무 경험
- 직위나 직책
- 명성이나 평판
- 업적

어떤 상황을 직접 목격한 사람의 말이나 증언에 대한 것이라면 다음과 같은 요소도 고려해야 합니다.

- 목격자의 잠정적 편향성
- 주변 환경
- 목격자의 심신 상태
- 목격한 시간과 증언한 시간의 차이

### 생각해 보기

인문학이나 사회과학 등의 분야에서는 일차 자료, 이차 자료라는 개념이 있습니다. 일차 자료란 유물이나 사건을 기록한 사진, 사건을 직접적으로 목격한 사람의 인터뷰, 특정한 생각이나 연구를 직접적으로 한 사람이 쓴 논문이나 책 등을 말합니다. 즉, 사건이나 생각의 당사자 본인이나 가장 가까운 사람이 만들어 낸 자료로서, 정확도에 대한 신뢰도가 가장 높습니다. 증거를 평가할 때도 마찬가지이지요. 그에 반해 이차 자료는 일차 자료를 기반으로 해석이나 분석을 한 자료를 뜻합니다.

여기 연역적 논증을 하는 짧은 예문이 있습니다. 이 내용을 잘 읽어보세요. (아래 나오는 예문 및 그 후에 나오는 지문의 통계치는 모두 가상입니다.)

> 최근의 통계 조사 결과에서 소아의 15%가 비만인 것으로 나타났습니다. 소아비만은 고혈압, 제 2 형 당뇨병, 그리고 관상성 심장병 등의 질병 발생 확률을 높입니다. 실제로 제 2 형 당뇨병 진단을 받은 소아의 80%가 비만이라고 합니다. 그리고 비만은 아이들의 자신감을 낮추고 또래 친구들과의 관계에도 영향을 미칩니다. 비만이 증가하는 것은 유전, 운동 부족(아이들이 점점 더 많은 시간을 컴퓨터나 텔레비전 앞에서 보냄), 그리고 영양에 대한 교육의 부족 때문입니다. 따라서 아이들에게 운동과 영양에 대해 가르친다면 비만율은 크게 떨어질 것입니다. 그렇기 때문에 초등학교부터 고등학교까지의 모든 교과 과정에 운동과 영양에 대한 내용을 포함케 하는 법률의 제정을 서둘러야 합니다. 안타깝게도 저의 12살짜리 남동생은 이런 혜택을 받지 못하고 이미 운동 부족과 잘못된 식습관으로 인해 제 2 형 당뇨병 진단을 받고 투병 중에 있습니다. 하지만 우리는 다음 세대의 건강하고 행복한 삶을 위해 지금 행동해야 합니다.

먼저, 이 예문의 결론이 무엇인지 알아봅시다. 이 예문이 증명하려고 하는 주요 주장이 무엇인가요? 예문을 다시 한번 읽어보시고 주요 주장이라고 생각되는 부분에 밑줄을 쳐 보세요.

**결론을 뒷받침하는 전제**

| 전제의 종류 | 전제 |
|---|---|
| 의견 | 아이들에게 운동과 영양에 대해 가르친다면 비만율은 크게 떨어질 것입니다. |
| 통계 | 최근의 통계 조사 결과에서 소아의 15%가 비만인 것으로 나타났습니다.<br>실제로 제 2 형 당뇨병 진단을 받은 소아의 80%가 비만이라고 합니다. |
| 경험 | 안타깝게도 저의 12살짜리 남동생은 이런 혜택을 받지 못하고 이미 운동 부족과 잘못된 식습관으로 인해 제 2 형 당뇨병 진단을 받고 투병 중에 있습니다. |

정답은 "초등학교부터 고등학교까지의 모든 교과 과정에 운동과 영양에 대한 내용을 포함케 하는 법률의 제정을 서둘러야 한다"입니다. "그렇기 때문에"라는 표현이 하나의 힌트지요. 만약 이 예문의 주요 주장이 무엇인지 알아내는 데 애를 먹으셨다면 레슨 7을 한번 복습해 보세요. 앞 면의 표에 이 결론을 뒷받침하는 전제가 무엇이며 어떤 종류인지 요약해 놓았습니다. 이 예문에서는 결론을 제외한 다른 모든 내용이 전제는 아니기 때문에, 이 점 유의하세요.

글쓴이의 경험은 자신의 신뢰성에 대한 중요한 단서를 제공합니다. 글쓴이는 자신의 남동생에게 생긴 일 때문에 이 사안에 대해 편파적인 시각을 가지고 있을까요? 아마 그럴 가능성이 높을 것입니다. 하지만 그렇다고 해서 우리가 꼭 글쓴이가 신뢰성이 없는 사람이라고 판단해야 하지는 않습니다. 오히려 글쓴이는 당뇨병 진단을 받은 남동생을 보며 이 사안에 대해 관심을 가지고 공부를 했을 가능성이 있습니다. 즉, 보통 사람보다 전문성이 있을 가능성이 높다는 것이지요. 그렇기 때문에 글쓴이는 이 사안에 대해 편향되어 있을 수도 있지만, 또 그만큼 전문성이 있을 수도 있기 때문에, 우리는 글쓴이가 중간 정도의 신뢰성을 가지고 있다고 추정하고 이 결론을 우리가 더 확인해 볼 수 있을 때까지 섣불리 받아들이거나 거부하지 말고 유보해야 합니다.

글쓴이의 경험은 믿을 만한가요? 글쓴이가 자신의 남동생에 대해서는 진실을 말하고 있다고 추정해 볼 수 있습니다. 특별히 거짓말을 할 이유는 없을 테니까요. 그렇다면 글쓴이의 의견도 신뢰할 수 있을까요? 이것은 글쓴이의 신뢰성에 달린 문제인데, 글쓴이의 신뢰성은 아직까지 확실히 밝혀지지 않았습니다. 또한 우리는 글쓴이의 의견의 합리성도 생각해 보아야 하며, 이에 대해서는 잠시 후에 알아볼 것입니다.

다음에 해야 할 것은 외부에서 자료를 끌어 온 전제의 신뢰성을 따져보는 일입니다. 즉, 글쓴이가 인용하는 소아비만에 대한 통계치의 신뢰성을 검증해 보는 것이지요. 글쓴이는 자신이 인용하는 통계치의 출처를 밝히지 않고 있습니다. 이런 행위는 경고감이기 때문에 여러분은 이렇게 출처 없는 통계치에 즉시 주의를 기울여야 합니다. 숫자를 조작하는 일은 어렵지 않기 때문에 이런 수치의 출처가 어디인지를 반드시 알아야 합니다.

### 연습 문제

1. 다음 중 어느 기관의 소아비만 통계치를 가장 신뢰할 수 있을 것 같나요? 또 왜 그렇다고 생각하시나요?
   (a) 소아비만 퇴치 부모회
   (b) 건강보험공단
   (c) 전국 제과기업 연합

### 해답

소아비만 통계치에 대해 가장 신뢰성이 높은 기관은 (b)입니다. 소아비만을 큰 사회적 문제로 생각해 활동을 하는 (a)와 그 반대의 입장에 있는 (c)는 매우 편파적일 수 있는 반면에, (b)는 그럴 가능성이 매우 낮습니다.

## 8.3. 증거의 합리성

지금까지 글쓴이 자신과 글쓴이가 제시한 증거의 신뢰성에 대해 알아 보았으니, 이제는 증거의 합리성에 대해 생각해 볼 차례입니다. 합리성은 증거의 종류 중 의견과 잠정적 진실에 가장 연관성이 높습니다.

합리적이란 말은 논리적으로 올바르다는 뜻으로 증거나 상식에 의거한 결론에 따른다는 말입니다. 증거가 의견이나 잠정적 진실일 때, 이 의견이나 잠정적 진실이 얼마나 논리적이게 다른 증거나 상식에서부터 왔는지를 검증해 보아야 한다는 것이지요. 위 예문에서 본 글쓴이의 의견을 다시 한번 읽어보세요.

> 아이들에게 운동과 영양에 대해 가르친다면 비만율은 크게 떨어질 것입니다.

이 의견이 합리적으로 들리나요? 왜 그렇다고 생

각하나요? 여러분이 운동과 영양에 대한 교과 과정에 대해서 어떻게 생각하든 간에 이 의견은 어느 정도 상식에 의거한다고 볼 수 있습니다. 아이들이 운동과 영양에 대해 좀 더 잘 알게 되면 논리적으로 좀 더 건강한 식습관을 가지게 되고 운동도 더 하게 될 것이며, 이는 비만율을 낮출 것입니다. 상식적으로 이 정도는 생각해 볼 수 있습니다.

하지만 이 의견은 상식에 의거할 뿐 다른 증거에 의거하지는 않습니다. 만약 다른 증거가 이 상식에 덧붙여진다면 이 의견이 얼마나 더 효과적이 되는지 한번 보세요.

> 아이들에게 운동과 영양에 대해 가르친다면 비만율은 크게 떨어질 것입니다. 한 예로 미국 인디애나주 사우스벤드시는 2002년부터 모든 공립 학교에서 영양과 운동 교육을 실시하였습니다. 그 결과 사우스벤드시 교육청에서 조사한 소아비만 학생 비율이 2002년 30%에서 2004년에 25%, 2006년에는 20%까지 줄었습니다.

이렇게 하면 다른 통계가 이 의견을 뒷받침하는 데 쓰여 이 의견이 훨씬 효과적으로 논증의 결론을 떠받치게 됩니다. 사우스벤드시 교육청의 통계치는 글쓴이의 의견을 강화하는 증거로 쓰이고, 또 이 의견은 글쓴이의 결론을 뒷받침하는 증거로 연결되어 쓰이게 되는 것이지요.

의견은 상식에 의거하거나 혹은 다른 증거에 의거해서도 충분히 합리적이 될 수 있습니다. 물론 이 두 가지 모두에 합리적으로 의거한다면 더욱 효과적으로 결론을 뒷받침할 수 있겠지요.

### 연습 문제

다음 의견을 읽고 각 의견이 합리적인지 판단해 보세요. 만약 합리적이라면, 그것이 상식에 의거한 것인지, 혹은 다른 증거에 의거한 것인지도 판단해 보세요.

2. 운전 좀 천천히 해라. 계속 이러다가는 언제 한 번 단속 카메라에 찍힌다.
3. 운전 좀 천천히 해. 보험사 직원 말이 상시 과속하는 운전자의 절반은 결국 큰 사고 낸다더라.
4. 그 사람 말 듣지 마세요. 그 사람 자기가 무슨 얘기하는지도 잘 모르는 사람이에요.
5. 그 사람 말 듣지 마세요. 그 사람 말 두 번 들었는데 두 번 다 골탕만 먹었어요.

### 해답

2. 합리적. 상식에 의거함.
3. 합리적. 다른 증거(전문가의 통계 자료)에 의거함.
4. 비합리적.
5. 합리적. 다른 증거(개인적 경험)에 의거함.

**생각해 보기**

혹시 영화나 드라마를 보다가 극 중에서 무슨 일이 일어났을 때 "어머, 저건 좀 아닌데!" 한 적 있나요? 우리는 생명이 있는 변신 로봇이 지구에 온다거나 장난감들이 우리가 보고 있지 않을 때 말하고 돌아다닌다 같은 설정은 충분히 이해를 하지만, 헬기에서 백 미터 아래의 바다로 뛰어내린 주인공이 유유히 헤엄쳐서 나오거나(실제로는 입수 시 충격 때문에 전문가에게도 30미터 이상은 매우 높은 높이입니다) 범인이 찍힌 CCTV 화면을 확대하니 화면이 선명해지거나(실제로는 원본이 화면보다 해상도가 높지 않는 이상 확대하면 흐려집니다) 하는 경우를 보면 어이가 없어 하죠. 왜냐하면 영화의 설정을 제외한 다른 부분은 우리의 기존 지식에 합리적으로 부합하기를 기대하기 때문입니다.

### 연습 문제

6. 이전 레슨에서 배운 논증을 다시 한번 생각해 보세요. 이 논증에 나오는 전제는 합리적인가요? 그 이유도 한번 적어보세요.

> 걔는 키가 커서 농구 잘 하겠다. 키가 크면 다

농구를 잘 하잖아.

이유:

**해답**

**6.** 이 논증에 나오는 전제는 합리적이지 않습니다. 물론 그 사람이 키가 크다는 의견이야 합리적이라고 생각할 수는 있지만, 중요한 부분은 바로 키가 큰 사람은 다 농구를 잘 한다는 부분입니다. 이 전제는 합리적이지 않고, 그렇기 때문에 이 논증의 결론도 합리적이지 않죠. 상식적으로 생각해 보아도 키가 크면 다 농구를 잘 한다 같은 일반화는 잘못된 경우가 많습니다. '모든'이나 '하나도 없다'와 같이 극단적인 일반화를 포함한 전제는 항상 주의하여야 합니다. 예외가 있는 경우가 정말 많기 때문이죠. 물론 "모든 사람은 죽는다"와 같이 일반화가 문제 없는 전제도 존재합니다.

## 8.4. 요 약

전제는 통계와 의견 등 여러 가지 형태로 존재합니다. 증거를 평가할 때는 증거의 신뢰성과 합리성을 검토해야 합니다. 논증을 하는 사람의 신뢰성, 증거 출처의 신뢰성, 그리고 각 전제의 합리성을 검토해야 합니다.

**다음 레슨까지 연습해 볼 것**

- 오늘 연역적 논증을 듣게 되면 결론을 뒷받침하기 위해 어떤 종류의 증거가 제시되었는지 잘 관찰해 보세요. 통계이던가요, 개인적 경험이던가요, 혹은 의견이던가요?
- 그리고 그 증거의 신뢰성과 합리성을 따져보세요. 믿을 만한 통계던가요? 합리적인 경험이나 의견이던가요?

LESSON

# 9 ▶ 좋은 논증을 알아보기

"누군가와 논의를 하려고 할 때, 나는 내 시간의 삼분의 일을 나 자신과 내가 무슨 말을 할까에 대해 사용하고, 삼분의 이를 그 사람과 그 사람이 무슨 말을 할까에 대해 사용한다."
("When I am getting ready to reason with a man, I spend one-third of my time thinking about myself and what I am going to say and two-thirds about him and what he is going to say.")

에이브러햄 링컨(Abraham Lincoln), 1809~1865
미국의 16대 대통령

### 레슨 요약

설득력 있는 좋은 논증에는 많은 요소들이 있습니다. 이번 레슨에서는 좋은 논증을 알아보는 방법과 여러분 스스로 좋은 논증을 하는 방법들에 대해서 알아보겠습니다.

당신은 두 달 전에 정리 해고를 당했습니다. 그 뒤로 계속 다른 직장을 알아보고 있었지만 생각보다 녹록하지 않습니다. 그런데 어제 면접을 본 회사에서 합격되었다는 연락이 왔습니다. 연봉이 그리 좋은 편은 아니지만, 그래도 돈이 필요하기 때문에 이 회사에서 일해야겠다고 생각하고 있었습니다. 하지만 당신의 친한 친구는 그 회사에 입사하지 말고 계속 직장을 알아보라고 얘기합니다. "연봉도 너무 낮고, 매일 같이 야근해야 될 거고, 근무 환경이나 사원 복지도 엉망이잖아." 당신은 이 친구의 조언을 들어야 할까요? 이 친구는 좋은 논증을 하고 있나요? 친구가 좋은 논증을 하는지 하고 있지 않은지는 어떻게 알 수 있을까요?

당신은 이미 연역적 논증이 무엇인지 잘 알고 있으며, 결론과 전제를 구별할 줄도 알고, 전제를 평가하는 방법도 압니다. 연역적 논증을 분석하는 데 있어서 이런 절차는 필수적입니다. 하지만 논증이 얼마나 좋은지, 즉 논증이 얼마나 효과적이고 강력한지를 판단하려면 그 논증이 다른 기준에도 어떻게 부합하는지를 알아야 합니다. 좋은 논증은 다음과 같은 사항을 만족시킵니다.

- 결론과 전제가 명료하며 온전하다.
- 결론과 전제에는 은연한 설득이 과하게 포함되지 않았다.
- 전제는 신뢰할 만하고 합리적이다.
- 전제는 충분하다.
- 논증은 반대측도 고려한다.

여러분은 이미 이 중 처음 셋에 대해서는 이전 레슨에서 공부해 보셨습니다. 다른 두 기준에 대해 알아보기 전에 이 셋에 대해서 간단히 복습하고 넘어갑시다.

## 9.1. 명료하고 온전한 결론과 전제

레슨 5에서 우리는 불완전한 주장과 반쪽짜리 진실에 대해서 알아보았습니다. 연역적 논증에 힘이 실리려면 논증이 주장하고자 하는 바가 무엇인지가 분명하도록 논증의 결론은 명료하고 온전해야 합니다. 전제도 마찬가지입니다. 만약에 전제가 무언가를 비교하려고 할 때, 그 비교 상대가 무엇인지 불분명하거나 혹은 비교가 불완전할 때, 전제는 결론을 올바르게 뒷받침해 주지 못합니다. 예를 들어, "연봉이 보통 사람보다 낮다. 그래서 다른 직장을 다녀라"라고 한다면, 보통 사람은 누구고 그 연봉은 얼마인지가 불분명하기 때문에 전제가 명료하다고 할 수 없습니다. 명료하지 않은 전제는 타당하지 않고, 그렇기 때문에 이 전제가 뒷받침하는 결론도 타당성이 사라집니다.

## 9.2. 은연한 설득이 과하지 않은 결론과 전제

레슨 6에서 여러분은 완곡어법과 위악어법, 그리고 편파적인 질문에 대해 알아보았습니다. 이런 은연한 설득의 기술은 듣는 이를 교묘히 조종하려는 의도가 있기는 하지만, 논증할 때 있어 무조건적으로 피해야 할 필요는 없습니다. 듣는 이에게 특정한 효과를 주도록 특정한 방법으로 언어를 사용하는 것은 자연스러운 현상이니까요. 예를 들어, 정부가 대중의 반전 정서를 자극하지 않기 위해서 "군사 작전"과 같은 단어를 사용하는 것이 이에 포함됩니다. 가끔 완곡어법이나 위악어법, 그리고 살짝 편파적인 질문을 사용하는 것 정도는 이해해 줄 수 있습니다. 하지만 논증에 이런 은연한 설득이 너무 많이 들어가 있다면 주의해서 논증을 분석해 보아야 합니다. 논증이 이렇게 완곡어법이나 위악어법, 편파적인 질문이 너무 많은 경우는 논증을 뒷받침할 만한 믿을 만하고 합리적인 증거가 부족해서인 경우가 많습니다. 즉, 논자가 충분한 제대로 된 증거가 없기 때문에 이성에 의거해 여러분을 설득하려는 게 아니라 감정에 호소하고 말발과 말장난으로 설득하려고 하는 것이죠. 또한 이는 논자가 해당 사안에 대해서 편파적임을 나타내기도 합니다.

**생각해 보기**

여러분 모두 부모님이나 친구를 설득시키려고 한 적이 있을 것입니다. 이런 경우를 되새겨 보시고 어떤 단어를 사용하고 어떻게 말했는지 잘 생각해 보세요. 여러분의 주장 사이사이에 조금 편파적인 말이나 완곡한 표현을 집어 넣으셨나요? 왜 그렇게 하셨나요? 그 동기는 무엇이었나요? 그리고 그것이 효과가 있었나요?

## 9.3. 믿을 만하고 합리적인 전제

바로 이전 레슨에서 알아 보았듯이 좋은 증거의 기준

은 바로 신뢰성과 합리성입니다. 증거는 중립적이고 그 출처의 전문성이 인정될 때 신뢰성이 있다고 여깁니다. 그리고 논리적이며 다른 증거나 상식에 의거할 때 합리적이라고 여깁니다.

## 9.4. 충분한 전제

당신은 직장 동료에게 회사 근처에 막 문을 연 식당이 어떤지 물어보았습니다. 그는 예전에도 여러 번 당신에게 회사 근처 식당을 추천해 주었는데, 가 보니 항상 꽤 괜찮은 곳이었습니다. 이번에는 그는 이렇게 대답했습니다. "뉴델리 할머니 카레 말이에요? 거기 가지 마세요. 서비스가 아주 엉망이에요."

그의 논증이 어떻다고 생각하시나요? "거기 가지 마세요"라는 결론은 명료하고 온전합니다. 결론을 뒷받침하는 "서비스가 아주 엉망이에요"라는 전제도 마찬가지입니다. 그리고 결론과 전제 모두 은연한 설득도 포함되어 있지 않습니다. 전제도 합리적이고, 과거 경험으로 미루어 보아 그의 신뢰성을 의심할 이유도 없습니다. 하지만 이는 좋은 논증이 아닙니다. 왜일까요?

다른 기준을 충족시키더라도 이 논증에는 큰 약점이 하나 있습니다. 바로 충분한 증거를 제공하고 있지 않다는 것이지요. 이 논증의 결론을 받아들이기에는 이유가 충분하지 않습니다. 서비스는 아주 엉망일지 몰라도 음식이 맛있고 분위기도 좋고 가격도 저렴할 수 있습니다. 만약 그렇다면 이 식당은 꽤 갈 만한 곳일 수도 있습니다. 즉, 식당에 갈 만한 다른 이유가 많은 상황에서 하나의 전제로 결론을 뒷받침하는 것은 충분하지 않습니다.

만약 당신의 동료가 다음과 같이 말했다면 훨씬 나은 논증을 한 것이 됩니다. 아래의 논증은 더 많은 전제가 결론을 뒷받침하고 있습니다. 이 중 몇은 결론을 독립적으로 직접 뒷받침하지만, 몇은 다른 전제로 연결되어 결론을 뒷받침합니다.

"그 식당에 가지 마세요. 거긴 서비스가 아주 엉망이에요. 딱 봐도 자리가 많은데 자리에 안내 받을 때까지 10분도 넘게 기다렸어요. 주문도 잘못 들어가서 엉뚱한 음식이 나왔고요. 음식 값도 어찌나 비싸던지, 기본 카레가 2만 원이나 해요. 제일 싼 와인도 5만 원이나 하구요. 테이블 위 음식 자국도 제대로 닦여 있지 않고 식기에도 뭐가 묻어 있어서 청결해 보이지도 않았어요. 그리고 식당 분위기는 또 어찌나 산만한지, 온 벽에 온갖 힌두신 그림만 잔뜩 그려져 있고 종업원들도 각기 다른 인도 전통 의상을 입고 돌아다니더라고요."

누군가가 이렇게 말한다면 정말로 그 식당에는 가보고 싶지 않을 것입니다. 이 논증이 좋은 이유는 여러 전제를 제공할 뿐만 아니라 결론을 독립적으로 뒷받침하는 주요 전제를 다른 작은 전제가 추가적으로 뒷받침해 주고 있기 때문입니다. 아래는 이 논증의 결론과 각 전제를 정리한 것입니다.

결론: 그 식당에 가지 마세요.

주요 전제: 서비스가 아주 엉망이에요.
작은 전제: 딱 봐도 자리가 많은데 자리에 안내 받을 때까지 10분도 넘게 기다렸어요.
작은 전제: 주문도 잘못 들어가서 엉뚱한 음식이 나왔고요.

주요 전제: 음식 값도 어찌나 비싸던지
작은 전제: 기본 카레가 2만 원이나 해요.
작은 전제: 제일 싼 와인도 5만 원이나 하구요.

주요 전제: 청결해 보이지도 않았어요.
작은 전제: 테이블 위 음식 자국도 제대로 닦여 있지 않고
작은 전제: 식기에도 뭐가 묻어 있어서

주요 전제: 식당 분위기는 또 어찌나 산만한지

작은 전제: 온 벽에 온갖 힌두신 그림만 잔뜩 그려져 있고

작은 전제: 종업원들도 각기 다른 인도 전통 의상을 입고 돌아다니더라고요.

## 연습 문제

**1.** 아래의 빈약한 논증을 고쳐보세요. 주요 전제와 작은 전제를 추가해서 보강해 보세요.

학교 매점에서 탄산 음료와 과자, 사탕 등의 판매는 금지되어야 합니다. 이런 건강에 좋지 않은 품목 대신 건강에 좋은 식품을 팔아야 합니다.

더 좋은 논증:

## 해답

아래는 좋은 논증의 한 예입니다. 주요 전제 여럿과 이를 뒷받침하는 작은 전제가 포함되어 있습니다. 주요 전제는 **굵게** 표시되어 있습니다.

더 좋은 논증:
학교 매점에서 탄산 음료와 과자, 사탕 등의 판매는 금지되어야 하며, 대신 과일과 채소 등을 판매해야 합니다. **탄산 음료와 과자 같은 품목의 대부분은 아이들에게 필요한 영양 성분은 공급해 주지 않으면서 당, 지방, 그리고 나트륨의 함량만 높습니다.** 최근 소비자 보호원과 한 대학의 공동 연구 결과에 따르면 학교 매점에서 판매하는 탄산 음료와 과자, 사탕의 평균 영양 점수는 10점에 불과합니다. 이 영양 점수는 식품의 영양학적 가치를 1점에서 100점 사이로 표시한 것으로 고구마, 브로콜리, 토마토, 바나나, 무지방 우유 등의 식품이 100점, 어패류나 지방이 적은 고기가 40~80점인 반면에 대부분의 과자는 10점을 넘지 못합니다. 그리고 **수많은 청소년 건강 관련 연구에 의하면 지난 십 년간 청소년의 비만율은 두 배 이상 증가했습니다.** 이미 이런 문제를 겪은 다른 나라들의 경우, 학생들이 올바른 식습관을 가질 수 있도록 돕는 프로그램을 개발하고 시행하는 것이 청소년 비만율을 낮추는 데 큰 도움이 되었다고 말합니다. 한 예로 심각한 청소년 비만 문제를 겪은 미국의 경우, 모든 학교에서 탄산 음료와 과자의 판매를 금지하고 대신 이를 물과 과일 등으로 바꾼 지역에서 매년 청소년 비만율이 2~3% 떨어지는 효과를 보았습니다.

## 9.5. 반대측을 고려한 논증

이 레슨의 서두에서 당신의 친구는 취직 제안을 받아들이지 말라고 조언했습니다. 지금까지 공부해 본 좋은 논증의 기준에 맞추어 볼 때, 그의 논증은 효과적인 것이었나요? 그의 조언은 다음과 같았습니다.

"연봉도 너무 낮고, 매일 같이 야근해야 될 거고, 근무 환경이나 사원 복지도 엉망이잖아."

이 논증은 합리적이고 믿을 만하며 은연한 설득도 포함되어 있지 않습니다. 당신의 친구는 세 개의 다른 이유를 제시하죠. 여기선 생략되어 있긴 하지만 각각의 주요 전제도 쉽게 추가적으로 작은 전제에 의해 뒷받침될 수 있겠지요. 하지만 이 논증에는 중요한 기준이 하나 빠져 있는데, 그건 바로 반론을 고려하는 것입니다.

**반론**(counterargument)이란 특정 논증과 반대되는 위치에서 펼치는 논증을 뜻합니다. 예를 들어, 당신이 "시골에서 사는 것보다 도시에서 사는 것이 낫다"라는 논증을 펼친다면, 그에 대한 반론은 "도시에서 사는 것보다 시골에서 사는 것이 낫다"라는 것입니다. 혹은 "시골에서 사는 것이 도시에서 사는 것보

다 나쁘지 않다"도 될 수 있겠죠.

반론에 대해서도 곰곰이 생각해 보는 것은 당신의 의견과 상관 없이 특정 사안의 모든 면을 따져본다는 뜻이며, 이는 높은 수준의 비판적 사고를 할 수 있다는 뜻입니다. 아리스토텔레스가 "수양된 마음의 특징은 어떠한 생각을 받아들이지 않고서도 해 볼 수 있다는 것이다"("It is the mark of an educated mind to be able to entertain a thought without accepting it")라고 말한 것은 이와 같은 맥락으로도 생각해 볼 수 있습니다. 게다가 반론을 고려한다는 것은 여러분이 해당 사안에 대해 널리 알아보았다는 뜻도 되므로 여러분의 전문성과 신뢰성을 향상시켜 주기도 합니다.

### 생각해 보기

법정 드라마나 영화에서 반론을 하는 것을 자주 볼 수 있습니다. 변호사나 검사가 증거를 제시하면 이를 반대 측에서 반론하는 것을 한번 살펴보세요. 논리적이고 신뢰할 수 있는 전제를 제시하던가요? 효과적이고 강력한 논증을 하던가요? 정치인이 출현하는 TV 토론회 등에서도 이런 반론을 볼 수 있지만, 정치인의 특성상 자신의 말만 하고 반론에 대해 대답을 회피하거나 주제를 벗어나 원론적인 대답만 반복하는 경우가 많기 때문에 오히려 좋은 갑론을박을 보기는 어렵습니다. 물론 모든 시청자가 비판적, 이성적으로 사고한다면 정치인들도 더 이상 그렇게 행동하진 못하겠죠.

예를 들어, 당신이 친구의 논증을 들었을 때 어떤 생각이 들까요? 다음과 같이 이 취직 제안을 받아들여야 하는 이유가 생각날 수도 있겠죠.

- 당장 정말로 돈이 필요하다.
- 승진이 빠를 수 있다.
- 회사 상황이 나아질 기미가 보이기 때문에 몇 개월 뒤면 근무 환경과 사원 복지가 나아질 것이다.
- 매일 같은 야근도 오래 가지는 않을 것이다.
- 이전 직장에 비해서 출퇴근 시간이 현저하게 줄어든다.

만약 당신의 친구가 진심으로 당신을 위해서 이 회사에 입사하지 말아야 한다고 생각하며 당신을 설득시키고자 한다면, 이 친구는 자신의 결론을 신뢰할 만하고 합리적인 증거로 충분히 뒷받침하는 것에 그쳐서는 안 될 것입니다. 당신이 이 회사에 왜 입사해야만 하는지에 대한 이유 또한 파악하고 그래도 이 회사에 입사하지 말아야 하는 이유가 더 나은지를 보여 줘야 하겠지요.

더 나은 논증을 하는 방법 중 하나가 바로 일부러 반대 입장을 취하는 선의의 비판자 노릇을 스스로 해 보는 것입니다. 서양에서는 이를 두고 '악마의 대변인'(영어로는 devil's advocate) 노릇을 한다고 하는데, 논증을 좀 더 효과적으로 만들거나 논쟁을 좀 더 흥미롭거나 포괄적이게 만들 때 자주 쓰입니다. 당신이 논증을 하려고 할 때, 당신이 주장하고자 하는 쪽의 결론과 전제를 써보시고, 그 반대 쪽이 주장할 만한 결론과 전제도 적어보세요. 이렇게 하면 반대편이 무어라 할지 예측할 수 있으며, 반대편의 반론에 대한 재반론도 준비할 수 있습니다. 만약 당신의 친구가 당신의 반론을 예측한다면 다음과 같은 논증을 펼칠 것입니다.

그 회사에 취직하지 마. 나도 네가 정말로 돈이 필요한 건 잘 아는데, 그 회사 연봉이 너무 낮잖아. 이전 직장에 비해 30% 이상 낮은 건 너무 낮은 것 같아. 물론 네가 빨리 승진을 할 가능성이 높지만, 이 회사의 급여 체계 자체가 너무 낮아서 예전 봉급 받을 때까지 여러 단계 올라가야 할 거야. 그리고 이 회사가 요즘 곧 뜰 거라는 얘기가 있어서 몇 개월 뒤면 근무 환경이랑 사원 복지가 나아질 거고, 또 야근도 오래 가지 않을 거라고 생각하는데, 이것도 확실치 않고 그 기간 동안을 감내할 가치가 있을까? 물론 이전 직장에 비해 훨씬 가까워서 출퇴근 시간이 크게 절약되겠지만, 이 모든 고생이 하루 40분의 가치가 있을까?

당신의 친구는 체계적이고 꼼꼼하게 당신이 생각할지도 모르는 사안을 짚고 넘어가며, 이를 합리적인 전제를 들며 반박합니다. 게다가 '연봉이 30% 이상 낮다' 같이 자신의 주요 전제에 구체적인 작은 전제를 들며 자신의 논증을 뒷받침합니다.

이제 당신이 이런 연습을 해볼 차례입니다.

## 연습 문제

다음은 위에서 알아본 학교 매점에 대한 논증입니다. '악마의 대변인' 노릇을 해서 아래 논증에 대한 반론이 무엇이 있을지 한번 적어보세요. 그리고는 당신이 쓴 반론을 고려한 논증을 다시 써 보세요.

> 학교 매점에서 탄산 음료와 과자, 사탕 등의 판매는 금지되어야 하며, 대신 과일과 채소 등을 판매해야 합니다. **탄산 음료와 과자 같은 품목의 대부분은 아이들에게 필요한 영양 성분은 공급해 주지 않으면서 당, 지방, 그리고 나트륨의 함량만 높습니다.** 최근 소비자 보호원과 한 대학의 공동 연구 결과에 따르면 학교 매점에서 판매하는 탄산 음료와 과자, 사탕의 평균 영양 점수는 10점에 불과합니다. 이 영양 점수는 식품의 영양학적 가치를 1점에서 100점 사이로 표시한 것으로 고구마, 브로콜리, 바나나, 무지방 우유 등의 식품이 100점, 어패류나 지방이 적은 고기가 50~80점인 반면에 대부분의 과자는 10점을 넘지 못합니다. 그리고 **수 많은 청소년 건강 관련 연구에 의하면 지난 십 년간 청소년의 비만율은 두 배 이상 증가했습니다.** 이미 이런 문제를 겪은 다른 나라들의 경우, 학생들이 올바른 식습관을 가질 수 있도록 돕는 프로그램을 개발하고 시행하는 것이 청소년 비만율을 낮추는 데 큰 도움이 되었다고 말합니다. 한 예로 심각한 청소년 비만 문제를 겪은 미국의 경우, 모든 학교에서 탄산 음료와 과자의 판매를 금지하고 대신 이를 물과 과일 등으로 바꾼 지역에서 매년 청소년 비만율이 2~3% 떨어지는 효과를 보았습니다.

**2.** 반론:

**3.** 더 나은 논증:

## 해답

아래는 반론의 한 예입니다. 당신이 생각해본 반론과 비교해서 어떤 것이 더 효과적인 것 같나요?

**2.** (1) 학교 생활과 공부에 지친 아이들에게 쉬는 시간마다 가끔 들려서 군것질하는 것은 큰 즐거움이다.

(2) 비만율이 올라간 것은 맞지만 학교 매점에서 파는 식품의 기여도는 크지 않다.

(3) 학교 매점에서 탄산 음료와 과자를 팔지 않아도 사 먹을 학생은 학교 앞 슈퍼나 문방구에서 사 먹을 것이다.

**3.** 위의 반론에 대해서 재반론 부분은 **굵게** 표시되 있습니다.

> 학교 매점에서 탄산 음료와 과자, 사탕 등의 판매는 금지되어야 하며, 대신 과일과 채소 등을 판매해야 합니다. 탄산 음료와 과자 같은 품목의 대부분은 아이들에게 필요한 영양 성분은 공급해 주지 않으면서 당, 지방, 그리고 나트륨의 함량만 높습니다. 최근 소비자 보호원과 한 대학의 공동 연구 결과에 따르면 학교 매점에서 판매하는 탄산 음료와 과자, 사탕의 평균 영양 점수는 10점에 불과합니다. 이 영양 점수는 식품의 영양학적 가치를 1점에서 100점 사이로 표시한 것으로 고구마, 브로콜리, 바나나, 무지방 우유 등의 식품이 100점, 어패류나 지방이 적은 고기가 50~80점인 반면에 대부분의 과자는 10점을 넘지 못합니다. **이는 학생들이 가끔 즐거움과 스트레스 해소를 위해 사 먹는다고 하더라도 너무나 형편없는 수치입니다. 게다가 학교는 성장기 청소년들이 육체적·정신적으로 자라나는 장소로서 학생들을 군것질거리로 위로하기보다 건전한 방과후 활동과 운동을 통해 즐거움과 스트레스 해**

소에 대해 가르쳐야 할 것입니다. 물론 학생들이 학교 앞 슈퍼나 문방구에서 충분히 군것질을 할 수 있겠지만, 학교 내에서 이런 식품을 판매하지 않는 것은 학생들에게 건강한 음식과 그렇지 않은 음식에 대해 의식하게 만들고 교육적인 효과가 있을 것입니다. 그리고 수 많은 청소년 건강 관련 연구에 의하면 지난 십 년간 청소년의 비만율은 두 배 이상 증가했습니다. 이미 이런 문제를 겪은 다른 나라들의 경우, 학생들이 올바른 식습관을 가질 수 있도록 돕는 프로그램을 개발하고 시행하는 것이 청소년 비만율을 낮추는 데 큰 도움이 되었다고 말합니다. 혹자는 비만율의 상승에 학교 매점의 기여도는 거의 없다고 말하지만, 심각한 청소년 비만 문제를 겪은 미국의 경우, 모든 학교에서 탄산음료와 과자의 판매를 금지하고 대신 이를 물과 과일 등으로 바꾼 지역에서 매년 청소년 비만율이 2~3% 떨어지는 효과를 보았습니다.

## 9.6. 요 약

효과적이고 강력한 연역적 논증은 다음과 같은 기준을 충족시킵니다.

- 결론과 전제는 명료하며 온전하다.
- 결론과 전제에는 은연한 설득이 과하게 포함되지 않았다.
- 전제는 신뢰할 만하고 합리적이다.
- 전제는 충분하다.
- 논증은 반대측도 고려한다.

이와 같은 기준을 더 많이 만족시킬수록 더욱 설득력 있는 논증이 됩니다.

### 다음 레슨까지 연습해 볼 것

- 악마의 대변인 역할을 해 보며 논증 실력을 닦아보세요. 연역적 논증을 듣거나 하게 될 때, 그 반대편에 있는 사람이 무어라 주장할지 고려해 보세요.
- 오늘 논증을 듣거나 해야 될 때, 결론을 뒷받침할 주요 전제와 이를 뒷받침하는 작은 전제를 하나씩 더해 보세요. 하나 이상 이런 전제를 생각해 보실 수 있다면, 그 중에서 가장 설득력 있는 전제가 무엇인지 한번 생각해 보세요. 왜 특정 전제가 다른 것보다 더 설득력 있을 거라고 생각했나요?

LESSON

# 10 지금까지 배운 내용 종합해 보기

"어떠한 문제도 부단한 사고의 맹공을 견뎌낼 수 없다."
("No problem can withstand the assault of sustained thinking.")

볼테르(Voltaire), 1694~1778
프랑스의 문학자이자 철학자

**레슨 요약**

이번 레슨에서는 여러분이 레슨 1부터 9까지 배워온 전략과 기술을 융합하여 사용하는 방법을 알아볼 것입니다. 이번 레슨에서는 각 레슨의 요점을 복습하고 주장과 논증을 평가하는 방법을 연습해 볼 것입니다.

지금까지 배워 본 내용을 융합해 보기에 앞서 지난 레슨에서 배운 내용을 복습해 봅시다. 만약 조금 이해가 가지 않는 부분이 있다면 꼭 해당 레슨으로 돌아가서 복습을 해 보기 바랍니다.

## 레슨 1. 비판적 사고와 추리 능력

레슨 1에서는 비판적 사고란 최선의 해법을 찾아내기 위해 문제, 주장, 질문, 혹은 상황을 주의 깊게 고려해 보는 것이라고 알아보았습니다. 또한 추리 능력은 사실, 증거, 혹은 논리적인 결론에 의거하여 이성적인 이유가 있게끔 생각하는 능력이라고 배웠습니다. 마지막으로, 비판적 사고와 추리 능력은 여러분이 강한 주장을 하고 타인의 주장의 타당성을 평가하며 효과적이고 논리적인 결정을 내리고 문제 해결을 하는 데 도움을 준다는 것도 알아보았습니다.

## 레슨 2. 문제 해결 전략

레슨 2에서는 문제 해결에 있어서 첫 번째로 할 일은 바로 진짜 문제가 무엇인지, 즉 문제의 핵심이 무엇인지를 파악하는 것이라고 알아보았습니다. 그 후에는 문제를 여러 부분으로 나누고 우선 순위를 매긴 뒤 각 부분(사안)이 문제 해결과 확실히 연관성이 있는지를 확인해 보아야 합니다.

## 레슨 3. 생각하는 것과 아는 것

레슨 3에서는 사실과 의견의 차이를 알아보고 이 둘을 분간하는 법에 대해 알아보았습니다. 사실이란 진실이거나, 존재하거나, 혹은 일어났다고 명백히 알려진 것입니다. 그에 반해 의견이란 진실이거나, 존재하거나, 혹은 일어났다고 믿는 것입니다. 또한 잠정적 진실이란 사실이라고 여겨지지만 받아들이기 전에 확인이 필요한 주장을 말합니다.

## 레슨 4. 누가 주장을 하는가?

레슨 4에서는 주장의 신뢰성을 평가하기 위해 주장하는 사람이나 증거 출처의 편향성과 전문성을 알아보는 방법에 대해 공부했습니다. 또한 목격자의 증언이 왜 항상 믿을 만하지 않은지에 대해서도 알아보았습니다.

## 레슨 5. 불완전한 주장과 반쪽짜리 진실

레슨 5에서는 광고 등에 만연한 불완전한 주장을 알아보는 방법을 배웠습니다. 또한 보통과 평균 같은 표현이 부정확하거나 오해의 소지가 있다는 것에 대해서도 알아보았습니다.

## 레슨 6. 단어의 힘

레슨 6에서는 완곡어법과 위악어법, 그리고 편파적인 질문이 사람들에게서 특정한 반응을 유도하려는 목적으로 사용된다는 것을 알아보았습니다. 완곡어법은 단어나 표현을 좀 더 부드럽고 긍정적으로 만드는 것이며, 위악어법은 좀 더 거칠고 부정적으로 만드는 것입니다. 그리고 편파적인 질문은 솔직하고 참된 대답을 하기 어렵게 만드는 질문입니다.

## 레슨 7. 논증에 대하여

레슨 7에서는 연역적 논증이 결론의 타당성을 검증하기 위해 이를 뒷받침하는 전제의 타당성을 검증해 보아야 한다고 알아보았습니다. 또한 결론이 무엇인지 알아내는 방법과 전제가 결론을 독립적 혹은 연결적으로 뒷받침할 수 있다는 것도 알아보았습니다.

## 레슨 8. 증거를 평가하기

레슨 8에서는 증거를 조사해서 이것이 타당한지에 대한 평가를 해 보았습니다. 타당한 증거의 두 기준은 신뢰성과 합리성입니다.

## 레슨 9. 좋은 논증을 알아보기

마지막으로 레슨 9에서는 좋은 논증의 기준에 대해 알아보았습니다. 좋은 논증이란 결론과 전제가 명료하고 온전하며 은연한 설득이 과다하게 포함되지 않은 것을 말합니다. 또한 좋은 논증에는 전제가 믿을 만하고 합리적이며 충분합니다. 마지막으로 좋은 논증은 반론도 미리 고려합니다.

### 생각해 보기

만약 방금 복습하신 부분 중에 조금 낯선 부분이 있다면 꼭 해당 레슨으로 돌아가서 복습해 보기 바랍니다. 특히 어떤 단어가 정확하게 무얼 뜻하는지 모르겠다면 필히 해당 레슨으로 돌아가서 그 단어를 찾아봐야 합니다. 단 한 단어라도 제대로 이해가 가지 않을 때는, 그 단어가 포함된 문장은 물론 해당 문단과 해당 레슨에 대한 이해도가 크게 떨어질 수 있습니다. 제대로 이해하지 못한 하나의 단어가 그 문장의 이해도를 낮추고, 그 문장이 앞 뒤 문장과 해당 문단의 이해를 낮추는 등, 효과는 계속 퍼질 수 있기 때문입니다.

## 연습 문제

다음 예문을 읽고 문제에 답하세요.

당신은 친구 몇 명과 등산을 하고 있습니다. 몇 시간 동안 산을 오르던 중, 문득 주위를 둘러보니 주위엔 아무도 없고 등산로를 이탈한 것 같습니다. 당신은 현재 위치를 알지 못하고 어떻게 친구들과 합류해야 하는지도 모릅니다.

**1.** 이 문제의 핵심은 무엇인가요?

**2.** 이 문제의 부분은 무엇인가요?

**3.** 문제 해결을 위해 각 부분에 우선 순위를 매겨 보세요.

## 해답

**1.** 문제의 핵심은 당신이 어떻게 현재의 위치를 알아내고 친구들과 합류하느냐 하는 것입니다.

**2.** 다음은 문제의 부분 중 일부를 간추린 것입니다.
- 빨리 다른 사람을 찾지 못하면 위험한가?
- 누군가가 내가 사라진 걸 깨닫고 나를 찾으려 할 것인가?
- 다른 사람이 내가 어디쯤 있을지 추측할 수 있는가?
- 핸드폰 등으로 다른 사람과 연락할 수 있는가?
- 날씨나 온도 등이 위협이 될 수 있는가?
- 날이 저물고 있는가?
- 몇 시간 동안 다른 사람을 찾지 못해도 버틸 수 있는 물과 음식이 있는가?
- 대피할 곳을 찾아야 하는가?

**3.** 가장 먼저 해야 할 일은 바로 자신의 안전을 생각하는 일입니다. 그리고 자신의 안전을 고려하기 위해선 날씨나 기온, 혹은 계곡 물 따위가 위협이 되지는 않는지를 먼저 알아내야 합니다. 그 후엔 날이 어두워지고 있지는 않은지, 물과 식량, 그리고 대피할 곳은 있는지를 생각해 보아야 합니다. 그 후엔 다른 사람과 연락하거나 조우할 방법을 생각해 보아야 합니다.

## 연습 문제

다음의 연역적 논증을 읽고 문제에 답하세요.

(A) 몇몇 사람들은 정부와 일선 학교가 학생들의 예술 교육에 충분한 지원을 하고 있지 않는다고 말한다. (B) 하지만 난 이것이 그렇게 큰 문제라고 생각하지 않는다. (C) 나는 오히려 정부와 일선 학교가 아무짝에도 쓸모 없는 미술이나 음악 같은 수업에 돈을 쓰지 말고, 대신 훨씬 더 의미 있는 수학과 과학, 논술 등에 지원을 집중해야 한다고 생각한다. (D) 솔직히 기적 같이 생명을 살리는 의사들이 훨씬 더 중요하다. (E) 게다가 예술가는 일년에 평균 2,000만 원을 벌지만 의사는 일년에 평균 1억 원 이상을 번다. (F) 그렇기 때문에 미술실과 피아노보다 과학실과 교과서에 더 투자를 해야 한다. (G) 결국 누가 더 사회에 공헌한다고 생각하는가, 하루 종일 기타만 치는 딴따라인가, 아니면 연구실에서 암 치료법을 연구 중인 나 같은 과학자인가?

**4.** 위 지문에서 의견을 밑줄쳐 보세요.

**5.** 잠정적 진실이라고 생각되는 부분에 [ ]를 씌워 보세요.

**6.** 이 논증에서 불완전한 주장이 있나요? 그렇다면 그 주장이 무엇인가요?

**7.** 이 논증에서 "평균"이라는 단어가 어떻게 사용된 것 같나요? 받아들일 만한가요?

**8.** 완곡어법이나 위악어법, 그리고 편파적인 질문을 청색으로 표시해 보세요.

**9.** 이 논증의 결론은 무엇인가요?

**10.** 이 결론을 뒷받침할 전제는 무엇인가요?

**11.** 각 전제가 신뢰할 만하고 합리적인지 평가해 보세요.

**12.** 이 논증이 좋은 논증이라고 생각하시나요, 아니면 그렇지 못하다고 생각하시나요? 왜 그런가요?

## 해답

연습 문제 4, 5, 8번에 대한 해답은 아래에 표시되어 있습니다. 의견에는 밑줄이 그어져 있고 잠정적 진실에는 [ ]가 씌워져 있으며 은연한 설득의 기술(완곡어법, 위악어법, 편파적인 질문)에는 청색으로 표시되어 있습니다.

(A) 몇몇 사람들은 정부와 일선 학교가 학생들의 예술 교육에 충분한 지원을 하고 있지 않는다고 말한다. (B) 하지만 난 이것이 그렇게 큰 문제라고 생각하지 않는다. (C) 나는 오히려 정부와 일선 학교가 아무짝에도 쓸모 없는 미술이나 음악 같은 수업에 돈을 쓰지 말고, 대신 훨씬 더 의미 있는 수학과 과학, 논술 등에 지원을 집중해야 한다고 생각한다. (D) 솔직히 기적 같이 생명을 살리는 의사들이 훨씬 더 중요하다. (E) [게다가 예술가는 일년에 평균 2,000만 원을 벌지만 의사는 일년에 평균 1억 원 이상을 번다.] (F) 그렇기 때문에 미술실과 피아노보다 과학실과 교과서에 더 투자를 해야 한다. (G) 결국 누가 더 사회에 공헌한다고 생각하는가, 하루 종일 기타만 치는 딴따라인가, 아니면 연구실에서 암 치료법을 연구 중인 나 같은 과학자인가?

**6.** (D). 무엇보다 더 중요한지가 명시되어 있지 않습니다. 물론 암시된 비교 대상은 예술가이지만, 그것을 명시하지 않으면 완전한 주장이 아닙니다.

**7.** 받아들일 수도 있고 않을 수도 있습니다. 수학적 평균을 나타낼 때, 해당 집단의 편차가 매우 크다면 평균의 의미는 퇴색되기 쉽습니다. 일년에 수십, 수백 억을 벌어들이는 유명 가수나 한 작품이 수 억, 수십 억을 호가하는 예술가도 있는 반면에 순수한 예술 활동으로 한푼도 벌지 못하는 무명 예술가도 많습니다. 그에 반해 의사들은 좀 더 평균에 가까운 일정한 소득을 올릴 수 있습니다.

**9.** (C)

**10.** (D), (E), (F)

**11.** 전제의 신뢰성과 합리성이 크게 떨어집니다. (D)는 추가로 뒷받침되지 않은 의견에 불과하며 (E)는 출처가 불분명한 잠정적 진실입니다. (F) 역시 의견에 불과합니다.

**12.** 총체적으로 나쁜 논증입니다. 전제가 불충분한 것은 물론이며 제시된 전제 모두 신뢰성과

합리성이 떨어집니다. 더군다나 큰 그림을 보면 전제가 결론을 뒷받침하는 논리도 온전치 못합니다. 왜 의사들이 더 중요한가요? 연간 소득이 더 많은 분야가 더 중요하다거나 혹은 이런 분야를 더 지원해야 한다는 논리는 어디에 있나요? 또한 글쓴이의 신뢰성 역시 높지 못합니다. 매우 편향된 언어로 한 쪽을 깎아내리고 다른 쪽을 치켜세우고 있으며, 스스로 과학자라고 밝히고 있기 때문에 중립적이라고 기대하기도 어렵습니다.

## 다음 레슨까지 연습해 볼 것

- 지난 9개의 레슨의 "다음 레슨까지 연습해 볼 것" 코너를 복습해 보세요. 만약 제대로 하지 못한 것이 있다면 이 기회에 다시 해 보세요.
- 지금까지 배운 내용을 가르쳐 주고 싶은 사람을 한번 생각해 보세요. 여러분의 어린 동생이나 자녀, 배우자, 친구, 부모님 등, 여러분이 생각하시기에 비판적인 사고와 추리 능력, 특히 효율적인 논증 방법에 대해 공부했을 때 배울 것이 많은 사람을 한 명 선택해 보세요. 그리고 그 사람에게 지난 10개의 레슨을 가르칠 수 있도록 요약본을 만들어 보세요. 어떤 부분을 가르쳐 주고 싶고, 어떻게 설명할 것이며 어떤 예를 사용할 건가요? 이런 고민을 해 보면서 스스로 책을 복습하다 보면 여러분 스스로의 이해도 크게 증진될 것입니다. 나만의 방법으로 남에게 가르칠 수 있다는 것은 스스로가 잘 이해했다는 것을 보여줍니다.

LESSON

# 11 ▶ 논리적 오류: 감정에 호소

"사람들은 당신이 말한 것을 잊을지는 몰라도 당신이 느끼게 한 것은 절대 잊지 않을 것이다."
("They may forget what you said, but they will never forget how you made them feel.")

칼 W. 비너(Carl W. Buehner), 1898~1974
예수 그리스도 후기성도 교회의 총관리 역원(general authority)

### 레슨 요약

**일상에서 이성과 논리보다 감정에 호소하는 논증이 매우 많습니다. 이번 레슨에는 여러분이 더욱 이성적으로 논리적인 결정을 내릴 수 있도록 이런 감정에 호소하는 논증 몇 가지에 대해 알아볼 것입니다.**

당신의 직장 동료 중 하나인 명수가 노조 지도부 선거에 출마합니다. 당신은 명수를 지난 몇 년 동안 봐 왔습니다. 그는 당신의 상사인 경규와 친하기 때문에 당신은 그를 볼 기회가 자주 있었습니다. 하지만 당신은 명수의 언행이 별로 마음에 들지 않습니다. 그는 동료들을 차별하고 무례하게 굴며 뒷담화를 자주 합니다. 그래서 당신은 평소에 성실하고 인자하게 보였던 다른 후보에 투표하기로 마음 먹었습니다. 하지만 선거 전 날 명수는 당신께 다가와서 이렇게 말했습니다.

"내일 나한테 잘 투표해 줄 거라고 믿어요. 당신한테 이 직장이 얼마나 소중한지도 잘 알아요. 경규씨랑 나랑 오랜 친구란 것도 잘 알죠? 투표 잘 하길 바래요."

당신은 노조 선거 관리 본부에서 기표소 설치와 투표 용지 관리를 맡고 있기 때문에 당신이 누구에게 투표했는지를 명수가 알아내기란 거의 불가능하다라는 것도 잘 알고 있고, 또 상사인 경규가 당신을 매우 중요한 직원이라고 생각하기 때문에 투표 하나 때문에 당신에게 불이익을 주거나 해고하지 않을 것이라는 것도 잘 알고 있습니다. 하지만 당신은 결국 명수에게 투표하고 맙니다. 당신은 왜 그렇게 행동했을까요? 어떻게 명수가 당신의 표를 받아 냈을까요?

명수가 당신의 안녕에 대한 바람을 이용했다라는 것은 알아채기 어렵지 않을 겁니다. 당신은 실은 그렇지 않다는 것을 알면서도 만약 명수에게 투표하지 않으면 직장 내에서 불이익이 있을지도 모른다고 느꼈습니다. 명수는 이성적이고 논리적인 논증으로 당신의 표를 받은 것이 아니라 당신의 감정을 조종해서 표를 받아 낸 것입니다.

사람들은 자신들의 결론이 타당하다고 남을 설득시키기 위해 여러 가지 전략을 사용합니다. 안타깝게도 이런 전략 중에서 논리적으로 보이나 실제로는 그렇지 않은 것들이 많습니다. **논리적 오류**(logical fallacies) 혹은 **사이비 추리**(pseudoreasoning)라고 불리는 이런 실수나 '의도적인' 전략은 여러분에게 잘못된 결정을 내리고 이치에 맞지 않는 주장을 받아들이게끔 합니다. 그렇기 때문에 이런 전략을 더 많이 알아볼 수 있고, 또 스스로 이런 전략을 피할 수 있을수록 여러분은 더욱 합리적이 되며 독립적인 사고를 하는 사람이 될 수 있습니다.

이번 레슨은 여러분의 이성보다 감정에 호소하는 네 가지의 논리적 오류, 즉, 공포감 조성, 아부와 아첨, 동료 압력, 그리고 동정심 유발에 대해 알아 볼 것입니다. 그리고 앞으로 세 레슨 동안 여러 다른 종류의 논리적 오류에 대해 알아 볼 것입니다. 논리학적으로 깊고 정확하게 논리적 오류에 대해 따져 보기보다는 이 책의 목적인 실생활에서 유용하게 사용할 수 있는 비판적 사고와 추리 능력의 함양에 큰 도움이 되도록 가정과 사회에서 흔히 볼 수 있는 논리적 오류에 대해 누구나 이해하기 쉽도록 공부해 볼 것입니다.

## 11.1. 공포감 조성

이번 레슨의 서두에서 본 시나리오에서 명수는 당신의 두려움이라는 감정을 이용했습니다. 만약 그에게 투표하지 않으면 직장을 잃을지도 모른다는 두려움 때문에 그에게 투표한 것이지요. 그는 당신의 상사와의 관계를 이용해 자신의 결론(자신에게 투표해야 하는 것)을 받아들이도록 겁을 줬습니다. 그는 자신을 뽑아야 하는 어떠한 논리적인 이유도 제시하지 않고 당신의 감정을 조작한 것입니다. 이런 종류의 논리적 오류를 공포감 조성이라고 합니다.

**공포감 조성**은 연역적 논증에서 매우 널리 사용되며 매우 강력한 효과를 발휘할 수도 있습니다. 공포감 조성 전술은 때때로 적정한 선을 넘어 여러분의 육체적 · 정신적 안녕에 실질적인 위협이 될 수도 있지만, 대부분의 경우는 실질적인 위험은 존재하지 않습니다. 이 전술이 무얼 달성하려는지만 알고 있다면 쉽게 이 전술을 꿰뚫어 볼 수 있습니다. 예를 들어 다음 논증을 한번 보십시오.

> 김 후보를 지지하지 않으신다면 여러분의 자녀들이 받고 있는 교육의 질이 크게 떨어질 것입니다!

이 논증을 대충 보면 설득력이 있어 보입니다. '김 후보를 지지해야겠다'라는 생각이 들 법합니다. 자신의 자녀가 나쁜 질의 교육을 받길 원하는 사람은 없으니까요. 하지만 이게 좋은 논증인가요? 여기서 결론을 뒷받침하는 증거는 여러분의 감정을 자극하는 것뿐입니다. 이 논증은 여러분이 김 후보를 지지하도록 겁을 주려고 하고 있습니다. 만약 이 논증이 이성에 호소하는 논리적이고 합리적인 이유를 댄다면 훨씬 좋은 논증이 될 것입니다.

**생각해 보기**

혹시 공포 영화나 소설, 혹은 만화를 즐기시나요? 실제로 아무런 위협이 없다라는 것을 알고 느끼는 공포감은 즐길 수도 있습니다. 하지만 여러분에게 겁을 주려고 하는 논증은 즐길 수도 없을 뿐더러 타당하지도 않습니다. 만약 누군가가 여러분에게 겁을 줘서 무언가에 대해 설득시키려 한다면, 그 논증에 즉시 주의를 기울여야 합니다. 예를 들어, 구체적인 증거 없이 여러분의 건강을 해치거나 자유를 억압한다고 하거나, 혹은 암울하고 끔찍한 미래를 제시하는 논증을 조심해야 합니다.

### 연습 문제

다음 논증이 논리를 사용하여 결론을 뒷받침하는지, 아니면 공포감을 조성하여 뒷받침하는지 맞춰보세요.

____ **1.** 야, 빨리 출발해야겠다. 아니면 막차를 놓쳐서 밤새 여기 있어야 할지도 몰라.

____ **2.** 제 생각에는 그분이 해달라는 대로 다 하는 게 좋을 것 같습니다. 그분은 높은 위치에 있으시거든요.

____ **3.** 제 생각에는 그분이 해달라는 대로 다 하는 게 좋을 것 같습니다. 그분 말을 잘 안 들었다가 망한 가게가 많습니다.

### 해답

1. **논리적.** 이유가 상식에 의거합니다.
2. **공포감 조성.** 이 논증은 그 사람 말대로 하지 않으면 그 사람이 해를 끼칠 수도 있다는 것을 암시합니다.
3. **공포감 조성.** 이 논증 역시 왜 그 사람 말대로 해야 하는지에 대한 논리적인 설명 없이 해를 끼칠 수도 있다라는 위협을 가하고 있습니다. 위의 2번에 비해 좀 더 직접적이고 구체적인 이유를 댔다고 하여 그것이 논리적으로 바뀌는 것은 아닙니다.

## 11.2. 아부와 아첨

아부나 아첨은 생각보다 훨씬 강력한 효과가 있습니다. 타인의 공포감에 편승하듯이 **아부나 아첨**은 우리의 **자만심**에 편승해 논리적 오류를 만들어 냅니다. 아래의 예를 한번 보세요.

> 여러분은 깨어있는 시민입니다. 여러분은 미래 세대를 위할 줄 아는 양심 있는 분들입니다. 여러분은 나라를 걱정해 정치에 관심을 가지시는 의식 있는 애국자입니다. 그래서 저는 여러분 같은 분들이 최 후보를 지지해 줄 것이라고 믿습니다.

이 논증에서 최 후보를 지지해야 하는 어떠한 논리적 이유도 없습니다. 대신 여러분이 듣기 좋아하는 말로 여러분께 아첨을 떱니다. 실제로 여러분이 깨어있고 양심 있는 애국자라 하더라도, 그것이 특정 후보를 지지하는 이유가 되나요? 그 후보가 어떤 사람이고 어떤 공략을 하며 어떤 경력이 있는지 등을 알지 못하고서는 그 후보를 논리적으로 지지할 수는 없습니다. 하지만 이 논증은 최 후보의 배경과 공략에 대한 증거는 하나도 제시하고 있지 않습니다.

여기 자만심에 편승하는 예가 또 하나 있습니다.

> 신 교수님, 교수님 수업은 제가 지금까지 들었던 수업 중에서 최고였어요. 이 수업에서 정말 많은 것을 배웠습니다. 좋은 가르침에 정말 감사합니다. 그나저나, 제가 저번 주에 과제를 내지 못했는데, 지금이라도 받아주시면 안 될까요? 원래 늦게 제출하는 건 받아주시지 않는다는 걸 잘 알지만, 그래도 교수님께서 너무나 좋은 분이라 이번에 딱 한 번만 봐 주시면 안 될까 해서요.

이 예문에서 학생은 교수에게 왜 이번만 과제 제출 방침에 예외를 적용해야 하는지에 대한 논리적인 이유를 대지 않고 있습니다. 이 교수가 실제로 너무나 좋은 사람이고, 또 이 학생이 실제로 이 수업에서 많은 것을 배우고 있을지는 몰라도, 과제를 받아주어야 하는 정당한 이유는 없습니다. 학생은 단지 교수에게 알랑거려서 긍정적인 대답을 받아내려고 할 뿐입니다.

### 연습 문제

다음 논증이 논리적인 이유를 사용하여 결론을 뒷받침하는지, 아니면 자만심에 편승하려 하는지 판단해 보세요.

____ **4.** 신입사원 교육 담당자가 신입사원에게: "지난 몇 주 동안 여러분과 함께 해서 매우 즐거웠습니다. 여러분은 제가 지금까지 가르쳤던 신입사원들 중에서 가장 일을 빨리 배운 그룹입니다. 여러분은 분명 우리 회사에서 성공할 것입니다. 자, 그럼 떠나기 전에 이 설문지를 한 장씩 작성해 주세요. 이 설문지는 제 상사가 우리 회사의 신입사원 교육 프로그램에 대해 평가할 때 쓰입니다. 여러분 같이 똑똑한 분들은 작성하시는 데 얼마 걸리지 않을 거에요."

____ **5.** 엄마가 아들에게: "영철아, 누나한테 아침 좀 차려주지 않을래? 네가 누나 취향도 제일 잘 알고, 또 내가 요즘 국 간을 잘 못 맞추겠더라."

____ **6.** "손님은 딱 봐도 좋은 조건을 아시는 현명한 분이시기 때문에 이 모델이 꼭 마음에 드실 거에요. 이 모델은 손님 같이 사회적 지위가 있으신 분이 티 내지 않고 점잖으면서도 실리를 찾기에 최적의 모델입니다."

### 해답

**4.** 자만심에 편승. 담당자가 신입사원의 기분을 좋게 해서 설문지에 좋은 대답을 이끌어 내려고 합니다. 좋은 평가를 받으면 승진하거나 봉급이 오를 수도 있고, 아니면 회사 내에서의 입지가 더 단단해질 수도 있겠죠.

**5.** 논리적. 말하는 이는 왜 영철이 누나에게 아침을 차려줘야 하는지에 두 개의 논리적이고 실질적인 이유를 대고 있습니다.

**6.** 자만심에 편승. 판매원은 소비자의 자만심을 자극하는 것이 물건을 파는 데 가장 효과적인 방법 중 하나라는 것을 잘 알고 있습니다.

## 11.3. 동료 압력

두려움과 자만심과 더불어 매우 강력한 감정 중 하나는 바로 남들에게 받아들여지고 싶은 우리의 욕망입니다. 어린아이들이나 청소년들이 친구들의 압력 때문에 잘못된 행동인지 알면서도 하게 되는 것과 같은 것이죠. 안타깝게도 많은 사람들이 성인이 되어서도 이와 같은 압력에 굴합니다. **동료 압력**이란 잘못된 추리의 하나로서, 특정 결론을 받아들이지 않으면 마치 자신이 집단에 받아들여지지 않는다고 느끼게끔 하는 것입니다. 다음 예문을 한번 보세요.

"영욱아, 벌써 가려고? 가지마. 다들 아직 안 가고 있잖아."

"정환씨, 우리 모두 반대표를 던질 거에요. 정환씨도 그렇게 하실 거죠?"

이 두 예문에서 말하는 이는 자신의 결론을 받아들여야 하는 아무런 논리적 이유도 제공하지 않습니다. 대신 듣는 이를 다른 사람들과 똑같이 받아들여준다는 것을 미끼로 삼고 있죠.

사람들은 소외감을 느끼는 것을 좋아하지 않기 때문에 자주 동료 압력에 굴복하고 마는 것입니다. 혼자만 다르고 '튀는' 것은 쉽지 않죠. 하지만 소속되고 받아들여지고 싶은 우리의 욕망은 논증을 평가하고 결론을 받아들이는 데 있어서 논리적인 이유가 아니라는 것을 명심해야 합니다. 왜 정환이 반대표를 던져야 하나요? 정환은 구체적이고 논리적인 이유를 들은 후에야 합리적인 결정을 내릴 수 있습니다. 그렇지 않고서는 잘못된 논리의 피해자가 될 뿐입니다.

**생각해 보기**

어릴 적에 친구들 여럿이 특정 브랜드의 운동화나 게임기, 장난감, 혹은 핸드폰을 가지고 있다고 해서 부모님을 조르며 "친구들도 다 가지고 있다"라는 이유를 댄 적이 있나요? 성인이 되어서도 남들도 다 이 정도는 하기 때문에 조금 무리해서 보다 비싼 자동차나 핸드백을 구매한 적도 있나요? 집단과 느끼는 동질감과 소속감은 개인과 사회에 큰 도움이 되기도 하지만, 때로는 독립적인 사고와 행동을 저해하기도 합니다. 요즘 혹시 정말로 필요치 않은 물건이나 서비스를 남들도 다 사니까 나도 사야지 하고 벼르고 있지는 않았나요? 요즘 '뜨는' 지역을 방문한다든지, 아니면 유행하는 운동을 하고 있지는 않나요? 여러분의 돈과 시간을 가장 현명하게 사용하고 있는지 다시 한번 생각해 보세요.

### 연습 문제

다음 논증이 논리를 사용하여 결론을 뒷받침하는지, 아니면 동료 압력을 사용하는지 판단해 보세요.

____ **7.** "우리 모두 범죄가 판을 치는 세상을 고치는 방법은 사형제 실시밖에 없다고 생각해. 네 생각도 그렇지 않아?"

____ **8.** "우린 다 기호 8번 찍을 거야, 저번처럼. 너도 그럴 거지?"

____ **9.** "한 명도 빠짐없이 투표에 참가해 주세요. 우리가 뭉치면 뭉칠수록 우리 후보가 당선될 확률이 높아집니다."

____ **10.** "너도 채식을 해봐. 우리 모두 채식하기 시작했는데, 그 뒤로 훨씬 몸이 가벼워졌어."

### 해답

**7.** **동료 압력.** 말하는 이는 모든 사람이 그렇게 생각한다는 것을 강조해서 듣는 이도 거기에 동조하게끔 유도합니다. 그리고 만약 그렇지 않다면 듣는 이의 생각을 공유하는 사람이 없다는 것을 암시합니다.

**8.** **동료 압력.** 마찬가지로 말하는 이는 동료 압력을 사용해 듣는 이의 동의를 이끌어 내려고 합니다. 왜 그런 선택을 해야 하는지에 대한 아무런 논리적 이유가 제시되지 않습니다.

**9.** **논리적.** 뭉치면 뭉칠수록 자신들의 후보가 당선될 확률이 높아진다라는 논리적인 이유를 제공하며 투표를 독려합니다.

**10.** **논리적.** 말하는 이는 자신의 주장을 뒷받침하는 경험적 이유를 대고 있습니다. 물론 논증이 충분히 설득력이 있다고 하기는 어렵지만, 적어도 말하는 이는 여러분의 감정을 이용해 여러분을 설득시키려 하지는 않습니다.

## 11.4. 동정심 유발

한 중학교에서 역사를 가르치는 박 선생님은 잠깐 화장실 갔다 온다고 나갔던 한 여학생이 한참 동안 돌아오지 않자 창 밖을 내다 봤습니다. 복도 구석을 보니 아까 그 여학생이 가만히 쭈그려 앉아 있습니다. 박 선생님이 복도에 나가 그 학생 곁으로 가자 그 학생은 이렇게 말했습니다.

"선생님, 죄송해요. 시간 가는 줄 모르고 계속 이러고 있었네요. 저번 주 중간고사를 너무 망쳐서 너무 우울해서요. 성적이 너무 떨어져서 원하는 고등학교에 못 갈 것 같아서 너무 불안해요."

이 상황에서 박 선생님은 어떻게 행동해야 할까요?

**a.** 학생이 계속 그렇게 있도록 내버려 둔다.

**b.** 학생 주임 선생님에게 학생을 보낸다.

**c.** 학생에게 구두로 경고만 하고 다시 교실로 데리고 온다.

**d.** 학생이 수업을 무단 이탈한 것을 학부모에게 통보하고 벌점을 준다.

**생각해 보기**

타인을 동정한다는 것은 좋은 것입니다. 여러분이 따뜻한 마음을 지녔고 남을 진심으로 이해할 수 있다는 것을 보여주죠. 하지만 논증을 분석하는 데는 동정심이 끼어들어서는 안 됩니다. 동정심을 유발시키려는 논증은 여러분의 사고력보다 감정에 편승해 논리적 오류를 발생시킵니다.

선생님으로서 (a)는 책임 있는 행동이 아닙니다. 하지만 나머지 세 개는 어느 정도 정당성이 있는 행동이죠. (b)나 (d)는 학칙에 의거해 수업을 무단 이탈한 학생을 처벌하는 방법이고, (c)는 학생을 한 번 봐 주는 것입니다. 학생이 속상해 하고 있기 때문에 한 번 봐 주어야 할까요, 아니면 학칙을 어긴 것에 대해 처벌해야 할까요?

학생이 진실을 말하고 있는지 거짓을 말하고 있는지를 떠나서(이는 박 선생님이나 학생 주임 선생님이 판단할 문제이지요), 이 학생은 동정과 연민이라는 강력한 감정에 호소하고 있습니다. 학칙을 어긴 데에 대한 처벌을 피하기 위해 자신의 심리 상태를 말하고는 있지만, 이는 왜 처벌을 하지 말아야 되는지를 논리적으로 뒷받침하지는 못합니다. 사람들은 무정하거나 무신경하게 보여지고 싶어하지 않기 때문에 **동정심**을 유발해 논리적 오류를 일으키는 방법이 널리 쓰이고, 또 효과적인 것이지요.

여기 동정심을 유발하는 예가 하나 더 있습니다.

> 급식비를 내지 못하는 아이들을 생각해 보세요. 다른 아이들은 다 급식비를 내고 밥을 먹는데 자신만 학교에서 주는 보조금으로 밥을 먹는다고 생각하며 점심 시간마다 우울해 할 우리 아이들을요. 우리 아이들이 밝아질 수 있도록 전면 무료 급식을 지지해 주세요.

이 논증은 온전히 감정적 이유에 의거해 특정 사안에 대한 지지를 요구합니다. 급식비를 내지 못하는 학생들을 향한 동정심에 편승하는 것이지요. 하지만 이 논증이 아무리 설득력이 있다 하더라도(가정 환경이 어려운 아이들을 향한 동정심은 자연스러운 것이지요) 이 논증은 논리적이지 못합니다. 왜 전면 무상 급식이 합리적인 정책인지에 대한 직접적인 이유를 제공하고 있지 않기 때문이죠.

물론 상황에 따라서 여러분 스스로가 각자 판단하고 조금은 유연하고 융통성 있게 대처해야 할 수도 있습니다. 하지만 감정에 편승하는 것과 마찬가지로 적어도 어느 정도는 논리적인 이유가 결론을 뒷받침해 감정적인 호소와 균형을 맞추어야 합니다. 너무 동정심 때문에 내린 결정은 나중에 더 큰 문제가 되어 돌아오는 경우가 많습니다. 또한 동정심을 자신에게 이득이 되도록 조작하고 이용하는 사람도 생각보다 많기 때문에 동정심만 가지고 결정을 내리거나 행동하기 전에는 주의해야 합니다.

### 연습 문제

다음 논증이 논리를 사용하여 결론을 뒷받침하는지, 아니면 동정심에 편승하려 하는지 판단해 보세요.

____**11.** "제발 절 자르지 말아 주세요. 뒷바라지할 처와 어린 자식이 넷이나 있어요!"

____**12.** "제 생각에는 제가 이 자리에 가장 적합한 사람이 아닐까 합니다. 저는 이 분야에 석사 학위도 있고 6년의 실무 경험도 있습니다. 저는 노부모도 부양하고 있고 막 태어난 딸이 있기 때문에 가장으로서 이 직장이 매우 간절합니다."

____**13.** "저도 제가 별 경험이 없는 건 잘 알지만, 전 정말 이 일이 필요합니다. 아버지께서는

집을 나가시고 어머니께선 편찮으신데 동생들은 아직까지 학교를 다니고 있어요."

## 해답

11. **동정심에 편승.** 말하는 이는 자신이 해고되지 말아야 되는 유일한 이유로 뒷바라지할 가족을 얘기할 뿐, 자신이 일을 어떻게 해 왔거나 앞으로 어떻게 할 것인지에 대한 아무런 주장도 하지 않습니다.
12. **논리적.** 말하는 이는 말미에 조금 동정심을 유발하려는 시도가 있었으나, 그 이외에 자신이 해당 자리에 적합하다는 논리적인 이유를 두 가지 제시하고 있습니다.
13. **동정심에 편승.** 물론 말하는 이의 주장에는 논리가 결여되어 있지만, 말하는 이가 진실을 말하고 있다고 가정할 때 어느 정도 유연성을 보여줄 수는 있습니다. 이 일이 별다른 경험이 없어도 조금만 노력하면 잘 할 수 있는 일이라면, 이 경우 말하는 이를 딱하게 여겨 조금은 흔들려 주어도 괜찮을 것입니다.

## 11.5. 요 약

공포감, 자만심, 소속감, 그리고 동정심과 같은 감정에 호소하는 것은 매우 강력하고 효과적일 수 있습니다. 논증이 감정에 호소할 때, 특히 다른 논리적 이유 없이 감정에만 호소할 때는 이를 알아채고 논증과 논증하는 이를 비판적으로 생각할 수 있어야 합니다.

### 다음 레슨까지 연습해 볼 것

- 오늘 하루 동안 감정에 호소하는 주장에 귀를 기울여 보세요. 특히 TV 시트콤에 이런 방식의 주장이 자주 등장하니, 평소 좋아하시는 시트콤을 한번 찾아서 보세요. 물론 방송은 재미를 위해 과장되어 있지만, 등장 인물의 우스운 모습이 실생활에서 자신의 이득을 위해 의도적으로 감정에 호소하는 사람들의 모습과 교차되나요?
- 여러분의 주변 사람이 여러분에게 해 줬으면 좋을 무언가를 한번 생각해 보세요(어깨를 주물러 준다던가, 무언가를 사 준다던가 등). 그리고 그 사람이 그렇게 해 주도록 할 만한 논리적이고 합리적인 이유를 몇 개 찾아보세요. 그리고 이번 레슨에서 알아본 네 가지 감정에 호소하는 이유를 각각 한두 개씩 만들어 보세요. 어느 것이 더 설득력이 있어 보이나요?

LESSON 12

# 논리적 오류: 논리 사칭

"문제를 만들어낸 사고방식으로는 문제를 해결할 수 없다."
("We can't solve problems by using the same kind of thinking we used when we created them.")

앨버트 아인슈타인(Albert Einstein), 1879~1955
독일 태생의 이론물리학자이자 노벨상 수상자.

## 레슨 요약

논리적 오류 중 몇몇은 얼핏 보기에 논리적으로 보이기 때문에 알아채기 쉽지 않습니다. 이번 레슨에서는 흑백논리와 순환논법 등 일반적으로 널리 퍼져 있는 논리적 오류에 대해 알아볼 것입니다.

혹시 반대되는 두 편 사이에서 선택을 강요 받은 적이 있나요? 예를 들어, "엄마가 좋아, 아니면 아빠가 좋아?" 같은 경우 말이죠. 아니면 "넌 우리편이냐, 저쪽편이냐?" 하는 경우도 여기에 포함됩니다. 아마 이런 경우가 꽤 있을 겁니다. 하지만 실제로 이런 경우 대부분 두 가지 선택 말고도 다른 선택이 있었을 가능성이 높습니다.

논리적 오류는 여러 형태를 취합니다. 이전 레슨에서는 이성과 논리보다 감정에 호소하는 논리적 오류에 대해서 알아 보았습니다. 이번 레슨에서는 감정에 호소하지 않고 논리적으로 보여 알아채기 쉽지 않은, 한마디로 '논리를 사칭'하는 논리적 오류에 대해 알아볼 것입니다. 이런 종류의 오류 중 네 가지, 즉, 잘못된 딜레마의 오류, 미끄러운 경사면의 오류, 순환 추리, 그리고 피장파장의 오류에 대해 알아볼 것입니다.

## 12.1. 잘못된 딜레마의 오류

**잘못된 딜레마**(false dilemma)의 오류, 혹은 흔히 **흑백 논리**라고 불리는 논리적 오류는 X와 Y, 이렇게 두 개의 선택만 있고 그 이외의 선택권, 특히 그 사이가 없는 것처럼 말하는 논리적 오류입니다. 의도적으로 잘못된 딜레마를 사용하는 경우, 논증을 하는 사람은 두 개의 선택권만 있는 것처럼 말을 함으로써 듣는 이가 다른 가능성을 고려하지 못한 채 두 선택권 사이에서 자신의 결론을 받아들일 가능성을 높이는 것입니다.

예를 들어, 여름 내내 휴가를 가지 못해 불만인 아내가 휴가철 말에 겨우 휴가를 낸 남편에게 이렇게 말합니다. "휴가 기간 전부 부산에서 보내든가 그냥 집에 있죠." 여기서 아내는 자신이 은근히 바라고 있는 부산에서의 장기간 휴가에 대해 합당한 이유를 대고 있지 않고 잘못된 딜레마를 이용하고 있습니다. 남편에게 이렇게 두 가지의 선택권에 대해서만 얘기를 함으로써 자신이 원하는 결론을 받아들이도록 강요하는 것이지요. 휴가를 가지 못해 불만인 아내에게 어떻게 그냥 집에서 쉬자고 얘기할 수 있을까요?

실제 상황에서 단 두 가지의 선택권만 있는 경우는 매우 드물다는 것을 잊으면 안 됩니다. 잘 생각해 보면 항상 다른 가능성이 있습니다.

### 연습 문제

**1.** 다음 예문을 읽어보고 다른 가능성이 무엇이 있을지 생각해 보세요.

여러분은 채식주의자거나 아니면 아예 환경에 신경을 쓰지 않으시는군요. (역자주: 고기를 위한 가축의 사육은 환경 오염을 시킵니다.)

### 해답

이 둘 말고 다른 가능성이 충분히 많습니다. 완전히 채식만 하는 완전 채식주의자(vegan) 이외에도 쇠고기, 닭고기 등은 먹지 않으면서 생선, 달걀, 우유는 먹는 페스코 (채식)주의자(pescatarian) 같은 준채식주의자도 얼마든지 있습니다. 고기를 먹어도 재활용을 철저히 하거나 연비가 높은 하이브리드 자동차를 몰며 환경 보존에 힘을 쓸 수도 있습니다. 또한 과거에는 채식주의자였지만 건강상의 이유로 소량의 고기를 섭취할 수도 있습니다.

### 연습 문제

다음 논증이 논리를 사용하여 결론을 뒷받침하는지, 아니면 잘못된 딜레마(흑백 논리)를 사용하는지 판단해 보세요.

____ **2.** 엄마가 아들에게: "공대를 가든가 의예과로 가든가 해야지. 그 외에는 좋은 직업을 갖기 힘들어."

____ **3.** "영화관 아니면 볼링장에 가야 돼. 휴가철이라 다른 데는 다 문을 닫았어."

____ **4.** "10% 정도 증세를 하거나 아니면 재정 악화를 감내해야 합니다."

____ **5.** "산림을 보전하고 싶어 하거나 아니거나에요. 둘 다일 수는 없습니다."

### 해답

**2.** 잘못된 딜레마. 이 둘 이외에도 좋은 직업을 가질 수 있는 전공은 충분히 많습니다.

**3.** 논리적. 다른 곳이 다 문을 닫고 문 연 곳이 이 두 곳뿐이라면, 선택권은 두 개로 제한될 수밖에 없지요.

**4.** 잘못된 딜레마. 증세를 하는 것이 재정 상태를 낫게 하는 유일한 방법도 아니고, 증세를 하지 않고서도 재정 상태가 악화되는 방법을 막는 방법도 여럿 있습니다.

**5.** 잘못된 딜레마. 기본적으로 산림을 보전하고

싫어해도, 경제나 생활에 큰 도움이 되지만 산림 파괴 효과가 미미한 제한적인 개발에 찬성할 수도 있겠죠.

## 12.2. 미끄러운 경사면의 오류

만약 우리가 과학자들에게 인간 복제 실험을 허락한다면 언젠간 복제 인간을 공장에서 찍어내게 될 것입니다. 그렇지 않나요?

글쎄요, 그럴지도 모르죠. 하지만 확실하지는 않으며 그럴 확률은 매우 낮습니다. 이와 같이 만약 X 한다면 Y할 것이다라는 식의 논리적 오류를 **미끄러운 경사면**(slippery slope)의 오류라고 합니다. 마치 미끄러운 경사면에서 미끄러지면 아래까지 쭉 미끄러진다고 해서 이렇게 부르는 것입니다. 이 오류를 간파하는 핵심은 바로 X가 꼭 Y로 이어지지는 않는다는 것을 깨닫는 것입니다. 누군가가 여러분에게 이런 식의 주장을 펼친다면, 비판적 사고와 추리 능력을 이용해 과연 X가 Y로 꼭 이어지는지를 주의깊게 따져봐야 합니다. 즉, X와 Y의 관계를 정확하게 판단하는 것이 중요합니다.

만약 과학자들이 인간 복제 실험을 한다면, 이것이 필연적으로 공장에서 복제 인간을 생산하게 된다는 것을 의미하나요? 물론 그렇지 않습니다. 첫 번째로, 인간 복제가 불가능할지도 모릅니다. 둘째로, 만약 인간 복제가 가능하다고 하더라도, 하나의 사람을 복제하는 것에서부터 공장에서 대량으로 생산하는 것까지는 매우 긴 시간과 노력이 필요할 것입니다. 셋째로, 인간의 대량 복제가 가능해졌다 하더라도 이를 그 때 허가하지 않을 수도 있습니다. 그렇기 때문에 공장에서 복제 인간을 생산해 내는 상황이 끔찍해 보일 수도 있지만, 일어나지 않을지도 모르는 상황에만 의존해 인간 복제 실험을 허락하지 않는 것은 논리적이지 않습니다. 논리적으로 실험을 허락하지 않으려 한다면 결론을 합리적으로 뒷받침할 수 있는 논리적인 이유가 필요합니다.

### 연습 문제

다음 논증이 논리적인지, 아니면 미끄러운 경사면의 오류가 사용되었는지 맞춰보세요.

____ **6.** 만약 운전 면허 시험을 더 어렵게 한다면 교통 사고 발생률이 줄 것이다. 이렇게 된다면 도로는 더 안전해질 것이고 자동차 보험료가 전반적으로 크게 인하될 것이다.

____ **7.** 만약 모든 직원에게 독감 예방 접종을 한다면 병가를 내는 사람들이 줄어들 것이고, 그렇다면 회사 전체의 생산성이 향상될 것이다.

____ **8.** 나라면 그 강의 수강 취소 안 할거야. 그 강의 취소하면 3학점이 비게 되고, 그럼 내년에 친구들이랑 같이 졸업하려면 어차피 다음 학기에 다른 수업을 하나 추가로 들어야 하잖아.

### 해답

**6.** **미끄러운 경사면의 오류.** 운전 면허 시험을 더 어렵게 만드는 것이 필히 교통 사고 발생률을 낮출 것인지는 알 수 없습니다. 대부분의 교통 사고가 운전 미숙 때문인지 아닌지 알 수 없기 때문입니다. 그리고 만약 교통 사고 발생률이 줄더라도 자동차 보험료가 전반적으로 인하될 것이라는 보장도 없습니다.

**7.** **미끄러운 경사면의 오류.** 모든 직원이 독감 예방 접종을 한다고 해서 병가를 내는 사람이 줄어들지 않을 수도 있습니다. 매년 독감으로 인해 병가를 내는 사람이 얼마나 되는지 알지 못하기 때문입니다. 그리고 만약 독감으로 인한 병가가 줄더라도, 이것이 꼭 회사 전체의 생산성의 향상으로 연결될지도 불확실합니다.

**8.** **논리적.** 이 논증은 각 단계가 논리적이고 합리적인 인과 관계가 분명하기 때문에 수강 취소를 하지 말아야 하는 이유를 잘 설명하고 있습니다.

## 12.3. 순환 추리

당신은 회사 미팅에서 특정 사안의 중요한 점이 무엇인지에 대해 토론하고 있습니다. 당신이 어떤 점이 중요하다라고 의견 제시를 했을 때, 당신의 상사가 이렇게 말했습니다. "음, 그건 별로 중요한 것 같지가 않은데요?" 그래서 당신은 왜 그렇게 생각하시냐고 되물었습니다. 그러자 상사는 이렇게 말했습니다. "왜냐하면 그건 상관이 없으니까요."

여기서 당신의 상사는 **순환 추리**(circular reasoning)라는 매우 일반적인 논리적 오류를 범했습니다. 순환 추리란 말 그대로 추리가 돌고 돈다는 뜻입니다. 여러분 상사의 결론과 전제를 다시 한번 보세요.

**결론**: 그건 중요하지 않다.
**전제**: 그건 상관 없는 부분이다.

여기서 그것이 중요하지 않은 이유는 그것이 상관 없기 때문인데, 결국 그것이 상관 없는 이유는 바로 그것이 중요하지 않기 때문입니다. 그렇기 때문에 결론에서부터 합당한 전제까지로 논증이 매듭지어지는 것이 아니라, 결론과 전제 사이를 계속 돌고 있는 것입니다. 마치 자기 꼬리를 쫓아 빙빙 도는 개처럼 논증이 진행되지 못하는 것이죠. 결국 같은 말을 반복하고 있는 것입니다.

여기 또 다른 예가 있습니다.

그건 몸에 안 좋잖아. 건강에 해로운 음식이니까.

몸에 안 좋다는 결론을 뒷받침하는 전제는 건강에 해로운 음식이라는 것인데, 이 둘이 결국 같은 말입니다. 조금 다르게 말한 것뿐이죠. 즉, 순환 추리는 결론을 결론으로 뒷받침하려고 하는 것입니다.

순환 추리는 알아채기가 까다로운 경우가 많은데, 그 이유는 바로 무언가 논리적으로 들리는 전제를 얘기함으로써 결론이 뒷받침된다라는 인상을 심어주기 때문입니다. 특히 그 단계가 많아질수록 논증이 복잡해져서 순환 추리인 것을 알아보기가 힘듭니다. 예를 들어, 다음과 같은 구조를 가지게 되는 경우이죠.

A는 B 때문이다.
B는 C 때문이다.
C는 D 때문이다.
D는 E 때문이다.
E는 A 때문이다.

하지만 실제로 그 논증을 받아들여야 하는 논리적 이유는 제공되지 않습니다. 그렇기 때문에 누군가가 여러분에게 이런 종류의 논증을 한다면, 그 사람 말을 주의 깊게 듣고 결론을 뒷받침하는 논리적 전제가 무엇인지 잘 찾아보아야 합니다. 대부분의 경우 논리적 전제가 아예 없을 것입니다.

### 연습 문제

다음 논증이 논리적인지, 아니면 순환적인지 맞춰보세요.

____ **9.** 난 그 사람이 진실을 말한다는 걸 알고 있어. 왜냐하면 그는 거짓말하고 있지 않기 때문이야.

____ **10.** 난 그 사람이 진실을 말한다는 걸 알고 있어. 왜냐하면 난 그 일이 일어났을 때 그 사람이랑 같이 있었거든.

____ **11.** 아편은 사람을 잠들게 하는데, 그 이유는 바로 아편이 최면 효과가 있기 때문이다.

____ **12.** 아편은 사람을 잠들게 하는데, 그 이유는 바로 아편에 모르핀이 대량 함유되어 있기 때문이다.

____ **13.** 이 방법이 옳은 것 같다. 왜냐하면 이렇게

해야 아무도 다치지 않기 때문이다.

____**14.** 이 방법이 옳은 것 같다. 왜냐하면 이렇게 해야 정의롭기 때문이다.

**해답.**

**9.** 순환적. "진실을 말하고 있다"와 "거짓말을 하고 있지 않다"는 결국 같은 말입니다.

**10.** 논리적. 자신도 그 장면을 목격했기 때문에 자신은 그 사람 말이 진실이라는 것을 안다는 논리적인 이유입니다.

**11.** 순환적. 최면 효과가 있다는 말은 사람을 잠들게 한다는 뜻입니다. 어려운 말로 그럴싸하게 포장했지만 같은 말입니다.

**12.** 논리적. 아편이 사람을 잠들게 하는 구체적인 화학적 성분이 무엇인지를 설명해 주고 있기 때문에 논리적인 이유입니다.

**13.** 논리적. 아무도 다치지 않기 때문에 이 방법이 옳다라는 것은 논리적인 이유입니다.

**14.** 순환적. 이 논증에서 "옳다"와 "정의롭다"는 결국 같은 말입니다.

## 12.4. 피장파장의 오류

당신의 친한 친구가 남자 친구와 문제가 생겼다고 합니다. 그래서 당신은 무엇이 문제인지 물었습니다. 친구는 "내가 저번 주에 다른 여자애들이랑 몰래 클럽 가서 논 걸 들켰어"라고 했습니다. 그래서 당신은 친구에게 왜 그런 행동을 했냐고 물었습니다. 그러자 친구는 이렇게 말했습니다. "다른 친구가 내 남자 친구가 나 몰래 남자애들이랑 클럽을 갈지도 모른다고 했단 말이야. 걔는 클럽 가도 되고 왜 나는 안 되는데?" 이 친구가 하는 얘기는 얼핏 보면 논리적으로 보일지 몰라도 지금까지 알아본 다른 오류와 마찬가지로 논리적이지 않습니다. 이 친구는 피장파장의 오류를 저지른 것입니다.

**피장파장**("two wrongs make a right")의 오류란 남도 잘못을 하기 때문에 자신의 잘못도 정당화되는 것처럼 주장하는 것을 말합니다. 위에서 본 친구의 이야기처럼 누군가가 당신에게 잘못을 할지도 모르기 때문에 당신도 그것을 해도 되는 것이라고 잘못 생각하는 것이 여기에 포함됩니다. 하지만 누군가가 당신에게 잘못을 할지도 모른다고 해서 당신이 먼저 잘못을 하는 것이 정당화되지는 않습니다. 당신 친구의 남자 친구가 몰래 클럽을 갈지도 모른다고 해서 이미 클럽을 갔다 온 친구의 행동이 정당화될 수는 없는 것입니다. (하지만 이미 상대방이 나에게 잘못을 저질렀을 때, '눈에는 눈'이라는 논리로 똑같이 되갚아 주는 것은 정당화될 수도 있습니다.)

피장파장의 오류는 흔히 다른 사람 잘못의 사례를 들며 자신의 잘못을 무효화·정당화시키거나 다른 곳으로 주의를 환기시키려 할 때도 쓰입니다. 누군가의 잘못을 추궁하려고 할 때, 그 사람이 "누구누구도 그런 것을 하지 않았느냐", "여기선 다 그렇게 한다" 같은 말을 하는 경우입니다. 이 경우 자신의 잘못과 관련이 없는 다른 사람의 잘못을 끄집어 내어 자신의 잘못을 덮으려 하거나 주의를 돌려 자신의 잘못이 부각되지 않게끔 시도하는 것입니다. 주로 정치권에서 이런 논리적 오류를 많이 일으키며, 정치에 대한 논쟁을 할 때도 심심치 않게 이런 오류를 볼 수 있습니다. 아래의 예문을 한번 보세요.

기자: "의원님, 시민 단체 지원과 관련된 뇌물 수수 혐의를 받고 계신데 어떻게 해명하실 건가요?"
의원: "별 일 아니고 흔히 있는 관행입니다, 관행."

최 후보: "강 후보님 자녀가 전공과 관련 없는 모 공사 부서에 석연치 않게 특채 합격한 걸 어떻게 해명하실 수 있나요?"
강 후보: "최 후보님 자녀도 지역구에 본사를 둔 대기업에 특채 합격하지 않으셨나요?"

첫 번째 예문의 경우, 관행, 즉 남들도 다 하기

때문에 내가 한 것도 잘못이 아니라고 주장하는 것인데, 뇌물 수수가 불법인 것은 변하지 않습니다. 두 번째 예문의 경우, TV 토론회에서 토론 중인 두 후보 중 한 후보가 공격을 받자, 그에 대한 적절한 해명 없이 반대 후보의 잘못을 끄집어 냄으로써 주의를 돌려 상황을 모면하려고 하고 있습니다. 이 중 두 번째의 경우 같이 주의를 전환시켜 논점을 흐리는 오류에 대해서는 다음 레슨에서 조금 더 알아볼 것입니다.

### 연습 문제

**15.** 다음 보기 중 피장파장의 오류를 범하고 있는 논증이 무엇인지 모두 고르세요.

(a) "그래, 부장님한테 가서 현철이가 회사 물건 횡령한 것을 보고해. 현철이도 아마 네가 똑같은 짓 하는 거 보면 바로 보고할 테니까."

(b) "그래, 지수야, 그렇게 해도 괜찮을 것 같아. 상미가 네 생일에 안 왔으니까 너도 상미 생일에 갈 필요는 없지."

(c) 명수: "길거리에 아무렇게나 쓰레기를 버리면 어떡하니?"
경진: "봐봐요, 남들도 다 여기다 쓰레기를 버려놨잖아요."

(d) 남자 친구: "야, 한 시간이나 늦게 오면 어떻게 해! 연락도 없고, 전화도 안 받고, 난 여기서 계속 기다렸잖아!"
여자 친구: "너도 어제 밤에 친구들이랑 게임한다고 연락이 없었잖아!"

### 해답

정답은 (a), (c), (d)입니다. (a)의 현철도 할 테니(전제) 너도 해라(결론)라는 논증은 이 레슨 처음에 나왔던 클럽 간 여자 친구의 예와 마찬가지로 일어나지 않은 일을 전제로 결론을 정당화시키려 하고 있습니다. 이는 결론 자체의 옳고 그름을 떠나서 논증의 논리적 오류입니다. (b)는 '눈에는 눈'의 논리로 문제가 없습니다. (c)는 남들도 잘못을 저지르고 있기 때문에 자신의 잘못도 정당화되는 것처럼 주장하고 있습니다. (d) 역시 피장파장의 오류의 한 예로 왜 늦게 왔는지를 따지는 남자 친구의 비난에 대한 논리적인 이유를 제시하고 있지 않습니다.

## 12.5. 요 약

논리적 오류는 논리적으로 보이는 경우가 많기 때문에 주의 깊게 살피지 않으면 오류에 빠지거나 속기 쉽습니다. **잘못된 딜레마** 혹은 **흑백 논리**의 오류는 실제로는 많은 옵션이 있어도 두 가지의 옵션만 있다고 여러분을 설득해 논자가 원하는 선택을 하게끔 유도합니다. **미끄러운 경사면**의 오류는 X를 한다면 Y가 따를 것이라고 설득하지만, 실제로는 X를 한다고 해서 Y가 필연적으로 따르는 것은 아닙니다. **순환 추리**는 결론을 추가적인 논리로 뒷받침하지 않고 결국 결론이 결론을 순환하여 뒷받침하는 논리입니다. **피장파장**의 오류는 남의 잘못을 지적함으로써 자신의 잘못을 합리화하려고 하는 방법입니다.

### 다음 레슨까지 연습해 볼 것

- 이번 레슨에서 알아 본 논리적 오류는 실생활에서 매우 흔하게 찾아볼 수 있습니다. 오늘 다른 사람과의 대화나 TV에서 어떤 논리적 오류가 발생되는지 잘 관찰해 보세요.
- 여러분의 주변 사람이 여러분에게 해 줬으면 좋을 무언가를 한번 생각해 보세요(요리를 해 준다든가, 어딘가를 간다든가 등). 그리고 그 사람이 그렇게 해 주도록 할 만한 논리적이고 합리적인 이유를 몇 개 찾아보세요. 그리고 이번 레슨에서 알아본 네 가지 논리적 오류를 사용해서 각각 한두 개의 이유를 만들어 보세요.

LESSON

# 13 논리적 오류: 주의 분산과 본질 왜곡

"논리는 생각의 구조다."
("Logic is the anatomy of thought.")

존 로크(John Locke), 1632~1704
영국의 철학자


### 레슨 요약

연역적 논증의 논리적 오류를 다루는 마지막 레슨인 이번 레슨에서는 주요 사안에서 주의를 분산시키고 본질을 왜곡시키는 논리적 오류에 대해 알아보겠습니다. 대인 논증, 주의 전환의 오류, 그리고 허수아비 논법이 이에 해당합니다.


다음 시나리오를 한번 상상해 보세요. 대학교 신입생인 당신은 학교 근처 한 빌라의 원룸을 빌려 살고 있습니다. 어느 날 집주인이 찾아와서 다음달부터 월세를 10만 원씩 올려 받을 거라고 합니다. 안 그래도 지방에서 사시는 부모님께서 부쳐주시는 생활비와 아르바이트 해서 번 돈을 아껴서 근근이 살아가고 있는데, 매달 10만 원은 감당하기 힘든 금액입니다. 그렇다고 해서 마땅히 이사할 곳이 있는 것도 아닙니다. 그러던 어느 날 옆 방을 빌려 사는 같은 학교 상급생 정민을 만나 이 문제에 대해서 얘기했습니다. 정민은 당신에게 이런 저런 조언을 해 주었습니다. 당신은 아직까지 나와서 산 지 얼마 되지 않아서 정민이 말해준 대로 하는 것이 얼마나 효과적인지는 모르겠지만, 일단 그럴싸하게 들리는 것 같습니다. 그리고 며칠 뒤 그 빌라에 사는 다른 학생인 현수와 마주쳤습니다. 정민에게 조언을 들었다는 얘기에 대해 알고 있는 현수는 당신께 이렇게 말했습니다.

"내가 너무 오지랖 떠는 게 아닌지는 모르겠는데, 내가 너라면 집주인이랑의 문제에 대해선 정민이 얘기를 안 들을 거야. 정민이는 이전에 살던 원룸에서 집주인이랑 크게 싸우고 쫓겨난 적이 있거든."

자, 이렇다면 당신은 현수의 말을 듣고 정민의 조언을 무시해야 할까요?

당신은 혼자 나와서 산 지도, 이 집주인의 집에서 산 지도 얼마 되지 않았고 주변의 다른 사람들도 잘 모르기 때문에 누구의 말을 듣고 어떻게 행동해야 할지 딜레마에 빠져 있습니다. 누구의 말을 신뢰할 수 있을까요? 당신은 누구의 말이 신뢰성이 있는지를 판단할 만한 충분한 정보가 없지만, 적어도 현수가 논리적 오류를 저질렀다는 것은 알아야 합니다. 연역적 논증의 논리적 오류에 대해 마지막으로 공부해 보는 이 레슨에서 우리는 문제의 주요 사안에 대한 주의를 분산시키고 본질을 왜곡해 여러분을 헷갈리게 해서 특정 주장을 관철시키려 하는 논리적 오류에 대해 알아볼 것입니다. 먼저 대인 논증에 대해 알아보고, 그 후에 주의 전환의 오류, 허수아비 논법에 대해 알아볼 것입니다.

## 13.1. 대인 논증

현수가 잘못한 게 무엇일까요? 정민은 무슨 일이 있었던지 간에 이전에 살던 집에서 쫓겨난 사람인데 당신에게 무슨 좋은 조언을 해 줄 수 있을까요? 정민의 말을 듣지 말라는 현수의 말이 크게 잘못된 건 없어 보입니다.

하지만 현수의 논증은 논리적으로 보일지는 몰라도 실제로는 그렇지 않습니다. 왜냐하면 현수는 정민의 조언을 공격하는 것이 아니라 정민을 공격하고 있기 때문이죠. 이렇게 논증 자체가 아닌 논증한 사람의 자격을 따져 논증의 타당성에 대한 판단을 내리는 논리적 오류를 **인신 공격** 혹은 **대인 논증**(argumentum ad hominem)이라고 합니다. 즉, 논증을 공격하는 것이 아니라 논증하는 사람을 공격하는 것이지요.

대인 논증은 현수가 한 것처럼 사람의 인성이나 행동을 공격하기도 하지만, 다른 형태로도 나타날 수 있습니다. 논증하는 사람의 믿음이나 특정 집단에 소속해 있음을 공격할 수도 있지요. 예를 들어, "걔 말은 듣지마, 걔는 완전 좌파잖아."라고 하는 것이 이에 속합니다. 아니면 사람의 국적이나 인종, 직업, 외모 등 사람을 분류할 수 있는 모든 기준을 공격할 수도 있습니다. 대인 논증은 우리의 일상에 널리 퍼져 있기 때문에, 아마도 다음과 같은 예문이 그렇게 낯설게 느껴지지는 않을 것입니다.

"당연히 그 놈이 틀렸겠지. 그렇게 머리 기르고 다니는 놈이 뭘 알겠어?"

"근데 그 사람 말은 안 듣는 게 좋지 않겠니? 그렇게 옷 입고 다니는 거 보면 적잖이 유별난 애 같은데…"

대인 논증은 주장의 타당성을 제대로 보지 못하게끔 논자의 신뢰성을 떨어뜨리려고 합니다. 하지만 대인 논증이 실제로 논자의 신뢰성을 떨어뜨리지는 않습니다. 정민이 이전에 살던 집에서 쫓겨났다고 해서 정민이 집주인과의 문제 해결을 잘 못한다는 뜻은 아닙니다. 오히려 이전 집주인과 큰 다툼이 있었던 만큼 집주인과의 관계를 관리하는 데 있어서 보통 사람보다 더 전문성이 있을 수도 있습니다. 즉, 현수의 주장과는 달리 정민은 아직까지 임대 주택에 대해서 좋은 조언을 할 수 있는 사람일 가능성이 충분히 있습니다. 만약 현수가 정민의 조언을 듣지 말라는 주장을 타당하게 하고 싶다면 정민의 조언 자체에 대해 논증을 펼쳐야 할 것입니다.

대인 논증을 좀 더 잘 구분하기 위해 다음 예문을 읽어보세요.

A: 영돈이가 투자에 대해서 말하는 거는 듣지 마. 걔는 내가 본 사람 중에서 제일 돈만 밝히는 소름 끼치는 놈이야.

B: 영돈이가 투자에 대해서 말하는 거는 듣지마. 걔 최근에 자기 생각대로 주식에 투자했다가 절반 이상 말아먹었잖아.

여기서 A가 대놓고 대인 논증을 한다는 것을 쉽게 알아차릴 수 있습니다. 영돈이 "돈만 밝히는" 사람인 것이 투자에 대해 제대로 된 조언을 해주지 못하는 것보다 오히려 더 좋은 조언을 해 줄 수 있을지도 모릅니다. 여러분이 영돈이란 사람을 좋아하고 아니하고는 그가 좋은 조언을 해 줄 수 있고 없고와는 다른 문제입니다. 특정한 사람의 신뢰성은 외모나 인성, 믿음이 아닌 중립성과 전문성에서 나온다는 것을 잊지 마셔야 합니다.

그에 반해 영돈이 최근 자신의 생각대로 투자를 했다가 큰 손해를 봤다면 그의 전문성을 의심해 볼 수 있습니다. 물론 스스로 주식 투자를 해 보았다는 경험을 어느 정도 감안해 줄 수는 있지만, 큰 손해를 보았다는 점은 주식 투자에 대해 얼마나 잘 알고 있는지를 의심케 하기 충분합니다. 여러분은 아마 영돈의 조언을 듣기 전에 그와 그의 조언에 대해 좀 더 알아보는 것이 현명할 것입니다. 하지만 적어도 B는 대인 논증의 오류는 피하고 있습니다.

대인 논증과는 반대로 논증하는 사람을 추켜 세워서 논자의 논증을 타당성이 있도록 믿게끔 하는 논리적 오류도 있습니다. 예를 들어 다음과 같은 경우지요.

"지현이는 틀린 말 하지는 않았을 거야. 걔는 박사 학위까지 마친 사람이잖아."

지현이 박사 학위가 있다라는 사실이 지현이 한 말이 무엇이던지 간에 그 말의 타당성을 뒷받침해 줄 수 있을까요? 물론 아닙니다. 실생활에서 이렇게 누구는 어떤 사람이기 때문에 그 사람은 옳다 그르다라는 논증을 매우 흔히 접할 수 있으며, 많은 사람들이 이런 종류의 논증이 타당하다고 느낍니다. 하지만 논증을 타당하게 만드는 것은 논증 자체의 논리적·이성적인 증거라는 것을 명심해야 합니다.

## 연습 문제

다음 논증에서 대인 논증이 사용되었는지 판단해 보세요.

1. "뭐, 지효가 그렇게 얘기했다면 사실이겠지."
2. "뭐, 지효는 소비자 불만 처리만 십 년 넘게 해 왔으니까, 지효 말은 믿어도 될 거야."
3. "그 사람은 괜찮은데 우리 회사에는 잘 안 맞는 것 같네요. 그 사람 출신 학교가 좀 그렇잖아."
4. 과장 A가 과장 B에게: "나도 이 문제에 대해 빨리 의견 수렴을 해야 하는 건 아는데, 민성씨 말은 좀 못 믿겠단 말이지. 민성씨는 아직 겨우 판매 사원이잖아."
5. 그는 그녀에 대해 제대로 알고 있을 것이다. 그는 그녀의 곁에서 일평생 동안 살아 왔기 때문이다.

## 해답

1. **사용됨.**
2. **사용되지 않음.** 지효의 경력은 그녀를 신뢰할 수 있는 전문가로 만들기 때문에 그녀의 말을 믿어도 된다라는 결론을 뒷받침합니다.
3. **사용됨.**
4. **사용됨.** 민성이 과장이 아니라 판매 사원이기 때문에 이 문제에 대해 제대로 된 의견이 없다고 말할 수는 없습니다. 오히려 전방에서 뛰는 판매 사원이기 때문에 과장들이 간과했던 점을 잘 알고 있을 수도 있습니다.
5. **사용되지 않음.** 오랫동안 함께 살아왔기 때문에 상대방을 잘 알고 있다는 것은 합리적입니다.

**생각해 보기**

어떤 사람이 특정한 일을 하거나, 특정한 집단에 속해 있거나, 특정한 음악을 듣거나, 혹은 특정한 옷을 입는다고 해서 그 사람의 다른 부분에 대해 추정해본 적이 있을 것입니다. 항상 분류를 하고 알지 못하는 부분을 경험에 의거해 채워 넣는 것이 인간의 본성이긴 하지만, 타인에 대해 너무 고정관념을 가지는 것은 일상생활에서 비논리적인 사고를 키우기 때문에 주의해야 합니다.

## 13.2. 주의 전환의 오류

**주의 전환**의 오류는 '훈제 청어(red herring)'의 오류라고도 불리는데, 이는 영국의 문필가이자 정치인이었던 윌리엄 코빗(William Cobbett)이 냄새가 심하게 나는 훈제 청어를 사용해 토끼를 쫓는 사냥개의 주의를 분산시켰다는 일화에서 비롯되었습니다. 그 후로 논증을 할 때 관련 없는 사안을 불러옴으로써 주요 사안으로부터 주의를 전환시키는 방법을 '훈제 청어'라고 부르기 시작했습니다. 아래의 예문을 한번 보세요.

> 미국과 같은 나라에서 영어를 공식 언어로 채택하는 것은 잘못된 것이며 단지 상황을 악화시키기만 할 것입니다. 모든 언어권의 사람들에게 똑같이 다가가지 않는다면 미국은 문화와 인종의 용광로(melting pot)라고 자부할 수 없게 될 것입니다. (역자주: 미국 연방 정부는 공식 언어를 채택한 적이 없음.)

그럼 먼저 이 논증의 결론과 전제가 무엇인지 알아봅시다.

> 결론: 미국에서 영어를 공식 언어로 채택하는 것은 잘못된 것이다.
>
> 전제:
> 1. 단지 상황을 악화시키기만 할 것이다.
> 2. 모든 언어권의 사람들에게 똑같이 다가가지 않는다면 문화와 인종의 용광로라고 자부할 수 없다.

이 두 전제가 결론과 관련이 있나요? 아닙니다. 사실 이 두 전제는 서로와도 관련이 없습니다. 전제가 결론을 뒷받침하기보다 다른 사안을 끌어들여 곁길로 새려고 하고 있습니다. 적어도 다음과 같이 세 개의 새로운 사안을 끌어들이고 있습니다.

1. 무슨 상황이 악화되는가?
2. 왜 미국은 모든 언어권의 사람들에게 똑같이 다가가고 있지 않은가?
3. 어떻게 하면 문화와 인종의 용광로가 될 수 있는가?

주의 전환의 오류를 범하면 이처럼 논증의 결론을 뒷받침하는 합당한 전제를 고려하는 것을 잊은 채 논증 안의 다른 주장에 휩쓸려 결론과 상관 없는 사안에 정신을 팔리게 됩니다. 즉, 왜 미국에서 영어를 공식 언어로 채택하는 것이 잘못된 것인지에 대해서는 생각하지 못하고 왜 미국은 모든 언어권의 사람들에게 똑같이 다가가고 있지 않은지 따위의 사안에 정신을 쏟게 되는 것이지요.

주의 전환의 오류는 특히 정치인들이 자신들에게 날아온 비난의 화살을 무마하거나 남에게 돌릴 때 자주 사용됩니다. 다음과 같은 예를 한번 보세요.

> 최 후보: "네, 제가 노숙자들에게 무상 급식하는 것을 반대하는 것은 사실입니다. 하지만 정 후보님께서는 단지 표심을 잡기 위해 찬성하시는 겁니다."

여기서 최 후보는 자신이 왜 노숙자들에게 무상 급식하는 것을 반대하는지에 대해 설명하지 않고, 대신 듣는 이의 주의를 자신의 주장에서 상대편인 정 후보에게 돌리려 하고 있습니다. 자신의 주장을 뒷받침하는 대신에 듣는 이들이 정 후보가 정말로 표심을 잡기 위해 찬성을 하는 것인가를 생각하게 만드는 것이지요. 즉, 듣는 이의 주의를 끌어 자신이 논증할 필요를 없게끔 만드는 것입니다.

### 연습 문제

다음의 논증을 읽고 주의 전환을 시도하는 부분에 밑줄을 쳐 보세요.

**6.** 이제는 전세법이 바뀔 때가 되었다고 생각합니다. 제 월급이 너무 낮아서 전세 대출 갚는 것이 너무 힘듭니다. 일주일에 6일 동안 매일같이 자진해서 잔업을 하는 데도 겨우 먹고 살 정도입니다. 이제는 변할 때가 되지 않았나요?

**7.** 언론을 통제하는 것은 잘못된 것이다. 우리 나라의 헌법 제21조는 모든 국민이 언론과 출판의 자유를 가지고 있으며 언론과 출판의 허가나 검열도 인정되지 않는다고 명시하고 있다.

**8.** 국민 건강 보험에도 불구하고 왜 아직까지 돈이 없어서 치료를 받지 못하는 사람이 있는지 아십니까? 그 이유는 너무나 많은 정치인들이 유권자의 표를 잃을까봐 증세에 소극적이라서 그렇습니다.

**9.** 여러분은 채식주의자가 되어야 합니다. 도대체 얼마나 많은 동물들이 멸종 위기에 처해 있는지는 알고 계십니까?

**10.** 우리 나라에서도 서유럽의 많은 나라들과 캐나다, 그리고 미국의 여러 주처럼 의학용 대마초(마리화나)를 허용해야 한다. 녹내장으로 인해 시력을 잃는 것은 매우 끔찍한 일이며 사람들이 계속 고통스러워 하다가 결국 시력을 잃도록 내버려 두어서는 안 됩니다. 의학용 대마초는 녹내장 환자의 고통을 크게 줄여줍니다. (역자주: 의학용 대마초가 안압을 낮추어 녹내장 환자가 겪는 고통을 줄이고 시력 감퇴를 막는다고 알려져 있으나 약효의 지속성이 낮고 부작용 때문에 의학용 대마초를 허가하는 나라에서도 추천하는 치료법은 아닙니다.)

### 해답

**6.** 이제는 전세법이 바뀔 때가 되었다고 생각합니다. <u>제 월급이 너무 낮아서 전세 대출 갚는 것이 너무 힘듭니다. 일주일에 6일 동안 매일같이 자진해서 잔업을 하는 데도 겨우 먹고 살 정도입니다. 이제는 변할 때가 되지 않았나요?</u>

**7.** 이 논증에서는 전제가 결론을 잘 뒷받침해주고 있습니다.

**8.** 국민 건강 보험에도 불구하고 왜 아직까지 돈이 없어서 치료를 받지 못하는 사람이 있는지 아십니까? <u>그 이유는 너무나 많은 정치인들이 유권자의 표를 잃을까봐 증세에 소극적이라서 그렇습니다.</u>

**9.** 여러분은 채식주의자가 되어야 합니다. <u>도대체 얼마나 많은 동물들이 멸종 위기에 처해 있는지는 알고 계십니까?</u>
(물론 채식주의자는 동물의 고기를 먹지 않지만 그렇다고 해서 육식을 하는 사람이 멸종 위기의 동물을 먹는 경우도 거의 없습니다. 올바른 전제는 소, 돼지, 닭 등 일반적으로 널리 먹는 가축을 먹지 말아야 하는 이유를 제시해야 할 것입니다.)

**10.** 우리 나라에서도 서유럽의 많은 나라들과 캐나다, 그리고 미국의 여러 주처럼 의학용 대마초(마리화나)를 허용해야 한다. <u>녹내장으로 인해 시력을 잃는 것은 매우 끔찍한 일이며 사람들이 계속 고통스러워 하다가 결국 시력을 잃도록 내버려 두어서는 안 됩니다</u>. 의학용 대마초는 녹내장 환자의 고통을 크게 줄여줍니다.

## 13.3. 허수아비 논법

만약 여러분이 허수아비와 싸움을 하면 어떻게 될까요? 아마 이기는 게 그렇게 어렵지는 않을 것입니다. 기껏해야 막대기와 짚으로 만들어져 쉽게 부서질 뿐더러 진짜 사람도 아니기 때문에 반격도 하지 못하겠죠. 허수아비 논법도 이와 비슷한 논리 때문에 이런 이름이 붙었습니다.

**허수아비**(straw man) **논법**은 상대방의 주장을 왜곡해 격퇴하기 쉽게 만드는 논리적 오류를 뜻합니다. 상대방의 주장을 공격하기 쉽게끔 과장하거나 지나치게 단순화하는 식으로 잘못 표현한 뒤 이를 반박하고 자신의 주장이 옳다고 선전하는 것입니다. 예를 들어, 한 의원이 세제개혁안에 반대를 한다면 이를 찬성하는 의원들의 주장을 다음처럼 왜곡할 수 있겠죠.

> 세제개혁안에 찬성하는 의원들은 자신들의 양도소득세를 줄이려는 목적만을 위해 찬성하는 것이다.

세제개혁안에 찬성하는 이유 중 하나가 자신들의 양도소득세를 줄이려는 목적일 수도 있지만, 그것이 유일한 이유는 아닐 것입니다. 세제개혁안은 매우 복잡한 사안이고 이를 지지하는 의원들이 다 하나만의 이유를 가지고 있지는 않을 테니까요. 게다가 이 논자는 세제개혁안에 찬성하는 의원들을 자신들의 이득에만 관심이 있는 이기주의적이고 탐욕스러운 사람으로 묘사하여 듣는 이들이 세제개혁안에 찬성하는 것을 꺼리게 만들고 있습니다.

비슷하게 세제개혁안에 찬성하는 의원들은 반대하는 의원들의 주장을 다음과 같이 허수아비로 만들어버릴 수도 있겠죠.

> 세제개혁안에 반대하는 의원들은 국세청 개혁을 원하지 않는 사람들입니다.

이 전과 마찬가지로 세제개혁안에 반대하는 의원들이 나름의 이유를 가지고 국세청 개혁을 원하지 않을 수도 있겠지만, 이것이 유일한 이유는 아닐 것입니다. 이처럼 허수아비 논법은 상대 진영의 주장을 약점이 많은 주장으로 왜곡시켜서 물리치기 쉽게 만들어버립니다. 세제개혁안에 찬성하거나 반대하는 합당한 이유가 여럿 있겠지만, 위의 두 주장은 이 안에 찬성하면 탐욕스러운 사람이고 반대하면 관료주의에 안주하는 사람으로 비추어버립니다.

허수아비 논법은 실생활에서 매우 널리 쓰이는데, 그 이유는 사람들이 특정 사안의 모든 면을 고려하려는 노력을 하지 않거나 제대로 된 반론을 펼칠 수 없어서 그런 경우가 많습니다. 예를 들어, 누군가가 다음과 같이 말한다고 생각해 보세요.

> 저 환경 운동가들 때문에 못살겠어! 허구한 날 전기를 아끼라고 하는 통에 더워 죽겠는데도 에어컨도 제대로 못 틀고 너무 짜증나!

이렇게 얘기한다면 환경 운동가를 제대로 정의하지 못한 것입니다. 환경 운동가들이 하는 일은 동물과 산림의 보호, 재활용 독려 등 매우 다양한데, 그 모든 것을 한 문장에 담기란 불가능합니다. 하지만 누군가가 환경 운동가들에 대해 이렇게 비판을 한다면 이러한 주장에 대해 효과적인 반론을 제기하는 것이 쉽지 않게 되며, 이 견해에 동의하지 않는 사람이 환경 운동가들이 좋은 일을 하고 있다고 주장하는 것도 어렵게 만듭니다.

또한 허수아비 논법이 까다로운 이유는 바로 이를 알아채기 어려울 때가 있기 때문입니다. 만약에 여러분이 환경 운동가가 어떤 사람이고 무엇을 하는지에 대해 전혀 모르고 있다면, 위의 논증이 매우 편협한 것임을 어떻게 알아차릴 수 있을까요? 만약에 여러분이 세제개혁안에 대해 뉴스를 접해 보지 못했다면 한 쪽이 다른 쪽의 주장을 왜곡하는 것을 어떻게 알 수 있을까요?

이 부분에 대해서는 가능한 한 많은 정보를 얻거나 학습하는 방법밖에 없습니다. 평소에 믿을 만한 책과 인터넷 사이트도 많이 읽어보고, 신문과 뉴스도 자주 보며, 다른 사람들이 사회, 정치, 경제에 대해 무슨 얘기를 하는지에 귀를 기울여야 합니다. 여러분이 박학다식할수록 누군가가 여러분에게 허수아비 논법을 펼쳐 여러분의 생각과 행동을 조작하려 할 때, 이를 쉽게 알아차릴 수 있게 될 것입니다.

**생각해 보기**

캔사스주의 시골 마을에 사는 도로시가 회오리바람에 휩쓸려 신비의 땅 오즈로 날아가 겪는 모험을 담은 소설 오즈의 마법사를 기억하시나요? 여기서 도로시는 뇌가 없는 허수아비를 만나게 되죠. 평소에 널리 지식을 접하고 이를 비판적으로 생각해 보는 것이 이 허수아비처럼 되지 않는 방법입니다.

### 연습 문제

다음 중 어느 논증이 허수아비 논법을 사용하나요?

**11.** 대기업들은 전부 골목 구석구석까지 진입해 모든 소상공인을 길바닥으로 내몰려 하고 있다.

**12.** 변호사들은 사람들을 돕는 데 별로 신경을 쓰지 않는다. 왜냐하면 그들은 수익을 올리는 데에만 관심이 있기 때문이다.

**13.** 모 그룹 회장은 임원진을 위한 라운지 건설에 부정적인데, 임원들의 직원들과의 교류가 적어지고 창의적인 생각의 발전이 저해될 것이라고 우려하기 때문이다.

**14.** 책의 저자들은 자신들의 책이 중고책방에서 사고 팔리는 것을 탐탁지 않게 생각한다. 왜냐하면 새 책이 판매되었을 때 받을 수 있는 인세를 받지 못하기 때문이다.

### 해답

**11.** 허수아비 논법 사용. 대기업들의 입장을 왜곡해서 표현하고 있습니다.

**12.** 허수아비 논법 사용. 모든 변호사들의 입장을 과장해서 일반화하여 표현하고 있습니다.

**13.** 사용하지 않음.

**14.** 사용하지 않음.

## 13.4. 요 약

이번 레슨에서는 듣는 이의 주의를 분산시키고 본질을 왜곡하는 논리적 오류에 대해서 알아 보았습니다. **인신 공격** 혹은 **대인 논증**의 오류는 논증을 공격하는 것이 아니라 논증하는 사람을 공격함으로써 논증의 타당성을 해치려는 오류입니다. **주의 전환**의 오류는 관계 없는 사안을 끌어들여 논증에서 주의를 뺏어 논증에 찬성이나 반대를 유도하는 오류입니다. 마지막으로 **허수아비 논법**의 오류는 상대편의 주장을 왜곡시켜 격퇴하기 쉽게 만든 뒤 자신의 논증이 타당한 것처럼 보이게 하는 오류입니다. 지난 세 레슨 동안 공부해 보았던 연역적 논증의 논리적 오류에 대해 유의하고 계신다면 타인의 논증의 타당성을 보다 효과적으로 판단하고 여러분 스스로도 더 나은 논증을 할 수 있을 것입니다.

**다음 레슨까지 연습해 볼 것**

- 논리적 오류를 알아볼 수 있도록 연습하는 가장 효과적인 방법은 여러분 스스로 이런 오류를 의도적으로 저질러 보는 것입니다. 이전 레슨에서 했던 것처럼 어떤 논증을 뒷받침하는 타당한 이유를 생각해 보고, 또 이번 레슨에서 알아본 논리적 오류를 적용한 이유도 생각해 보세요.
- 정치인들과 직접 통화를 하는 라디오 정치 프로그램을 들어 보거나 TV에서 하는 정치 관련 토론회나 간담회, 혹은 유튜브 같은 인터넷 사이트에서 정치 토론회의 동영상을 찾아 보고, 정치인들이 자신을 방어하거나 상대방을 공격할 때 어떤 논리적 오류를 저지르는지 잘 관찰해 보세요. 이런 오류가 얼마나 의도적인 것 같나요?

LESSON

# 14 ▶ 설명의 타당성

"당신은 오늘 당신의 생각이 이끌어 온 곳에 있고, 내일은 당신의 생각이 데리고 갈 곳에 있을 것이다."
("You are today where your thoughts have brought you; you will be tomorrow where your thoughts take you.")

제임스 알렌(James Allen), 1864~1912
영국의 작가. *As a Man Thinketh*의 저자

## 레슨 요약

이번 레슨에서는 설명이 논증과 어떻게 다른지 알아볼 것입니다. 또한 설명이 타당한지를 결정하는 기준에 대해서도 알아볼 것입니다.

당신은 회사에 한 시간 반이나 늦게 도착했습니다. 사무실에 들어가는 순간 당신의 상사가 당신을 자신의 사무실로 부르는군요. 그는 이렇게 말합니다. "왜 이렇게 늦게 왔어요? 설명 좀 해 봐요."

**설명**(explanation)은 논증과 매우 연관이 깊지만, 그렇다고 같은 것은 아닙니다. 논증이 보통 어떠한 주장이 진실이라는 것을 설득하려는 목적이 있는 반면, 설명은 왜 그 주장이 진실인가를 설득하려고 합니다. 다음 두 예문을 한번 비교해 보세요.

1. 이 계단을 내려갈 때는 조심해야 한다. 계단이 가파르고 여기서 넘어지는 사람이 꽤 많다.
2. 그는 계단에서 넘어졌는데, 계단이 가파르고 그가 조심하지 않아서이다.

첫 번째 예문은 논증입니다. 이 논증을 하는 사람은 여러분이 이 계단에서 조심해야 한다고(결론) 설득하려고 하는데, 그 이유는 계단이 가파르고(전제 1) 많은 사람들이 여기서 넘어지기(전제 2) 때문입니다. 그에 비해 두 번째 예문은 설명입니다. 이 설명을 하는 사람은 왜 그가 계단에서 넘어졌는지 얘기하고 있습니다. 왜냐하면 계단이 가파르고 그가 주의하지 않아서이죠.

설명이 논증과 어떻게 다른가를 알아 보았는데, 그럼 이게 비판적 사고와 추리 능력과 무슨 상관이 있을까요? 그 이유는 바로 우리가 일상에서 흔하게 논증에 맞닥뜨리는 것처럼 흔하게 여러 종류의 설명에 맞닥뜨리기 때문입니다. 그리고 우리가 논증을 듣고 그 결론을 받아들이기 전에 논증을 조심스럽게 분석해 보아야 하는 것처럼, 우리는 설명을 들었을 때 그것이 타당한지 평가해 보아야 하기 때문이죠.

설명의 타당성을 평가할 때는 다음 네 개의 기준을 적용하게 됩니다.

1. 관련성
2. 검증 가능성
3. 순환성
4. 기존 지식과의 양립 가능성

## 14.1. 관련성

설명을 평가할 때 가장 먼저 해야 할 일은 바로 설명의 **관련성**을 따져보는 일입니다. 설명되어야 하는 사안과 설명이 분명하게 관련되어 있나요? 즉, 사안과 설명이 명료하고 확실하게 연관이 있나요?

예를 들어, 회사에 한 시간 반 늦게 도착한 당신은 상사에게 이렇게 말할 수 있겠죠. "알람 시계 건전지가 다 닳아버려서 알람이 울리지 않아서 늦어버렸습니다." 이 설명은 관련성이 있나요? 당연히 그렇죠. 당신이 제 시간에 출근할 수 있는 것은 당신이 제 시간에 일어날 수 있는 것에 의존하고 있기 때문이죠. 하지만 만약 다음과 같은 설명은 관련성이 없습니다.

"이번 주말에 백화점 정기 세일을 시작한다고 해서 늦었습니다."

당신에게 백화점 세일이 중요할 수는 있지만 이것과 제 시간에 출근하는 것은 아무런 상관이 없습니다. 굉장히 뻔해 보이지만 사람들은 종종 관련이 없는 설명을 하곤 합니다.

### 연습 문제

**1.** 회사에 지각한 것에 대해 관련 있는 이유와 관련 없는 이유를 하나씩 적어 보세요.

관련 있음:

관련 없음:

### 해답

**1.** 다음 해답과 여러분의 답을 비교해 보세요.

관련 있음: "오는 길에 자동차가 갑자기 멈춰섰는데 견인차를 한 시간이나 기다려야 했습니다."

관련 없음: "차에 새로 내비게이션을 장착했어요."

물론 관련성이 있는 설명이라고 해서 좋은 설명이라는 것은 아닙니다. 예를 들어, "어제 밤에 늦게까지 게임 챔피언십 중계를 보느라 늦었습니다." 같은 설명은 관련성은 있지만(어제 늦게 잠자리에 들어서 아침에 제 때 일어나지 못했다), 그렇다고 좋은 설명이 아니죠.

### 연습 문제

다음 설명을 읽고 관련성이 있는지 없는지 판단해 보세요.

____ **2.** 밖에 눈이 너무 많이 와서 가지 않았다.

____ **3.** 제때 지원 서류를 제출하지 못해서 탈락했다.

____ **4.** 집 앞에 새로 슈퍼가 생겨서 연습에 참가하지 못했다.

____ **5.** 교장 선생님이 우리 형을 싫어해서 내가 교내 대회에서 입상하지 못했다.

**해답**

**2.** 관련 있음. 날씨와 외출 여부는 관련이 있습니다. 눈이 너무 많이 오면 운전하거나 걸어서 어디에 가는 것이 위험해질 수 있죠.

**3.** 관련 있음. 합격 여부와 지원 서류를 제때 제출하는 것은 관련이 있습니다. 보통 지원 서류의 제출 기한이 정해져 있고 이 기한을 넘기면 자동으로 탈락되는 경우가 대다수죠.

**4.** 관련 없음. 연습에 참가하지 않은 것과 집 앞에 새로 슈퍼가 생긴 것은 관련이 없습니다.

**5.** 관련 없음. 교장 선생님이 이 학생의 형을 특별히 싫어할 가능성도 낮을 뿐더러 그것이 교내 대회에서의 입상 여부와 관련이 있을 가능성은 매우 낮습니다.

## 14.2. 검증 가능성

여러분은 과학자가 아닐 수도 있지만 일상 생활에서 이런저런 실험을 해 보신 적은 있을 것입니다. 예를 들어, 여러 브랜드의 세탁 세제를 사서 어느 세제가 더 효과가 좋은지 실험해 보았을 수도 있겠죠. 아니면 여러 종류의 감기약을 먹어 보고 어느 것이 더 효과가 좋은지 실험해 보았을 수도 있습니다. 어떤 화장품이 제일 피부에 좋은지, 어느 운동화가 달리기에 제일 편한지, 어디에 심은 씨앗이 제일 잘 자라는지, 혹은 어느 마우스가 게임할 때 가장 이상적인지 등, 실험실에서의 실험처럼 엄격한 방법을 사용하지 않더라도 우리 모두 종종 실험을 합니다. 이런 종류의 실험은 우리가 왜 특정한 상품을 사용하거나 왜 특정한 행동을 하는지를 설명할 수 있게 해줍니다. 예를 들어, "난 천년수 세안제를 쓰는데, 이건 민감한 내 피부를 자극하지 않아" 혹은 "씨앗을 요렇게 쥐고 요렇게 뿌리면 너무 뭉치지도 않고 너무 퍼지지도 않게 싹이 잘 나더라" 같은 경우죠. 이런 설명은 실험을 통해 검증할 수 있습니다. 그렇기 때문에 설명이 타당하기 위해 거쳐야 하는 두 번째 기준은 **검증 가능성**을 만족하는 것이지요.

검증 가능성은 설명을 평가하는 데 있어서 관련성만큼 중요합니다. 만약에 누군가가 여러분에게 검증할 수 없는 설명을 한다면, 여러분은 이런 설명을 의심해 봐야 합니다. 즉, 실험을 통해 확인될 수 없는, 즉 검증될 수 없는 설명은 항상 의심해 봐야 합니다.

예를 들어, 누군가가 여러분에게 다음과 같은 설명을 했다고 생각해 보세요.

지구 온난화는 우리가 살고 있는 우주와 다른 차원에 존재하는 우주에서 스며 들어오는 보이지 않고 질량도 없는 입자에 의해 발생한다.

얼핏 보아도 이 설명이 터무니 없는 것을 차치하더라도, 이 설명을 실험할 수 있는 방법이 없습니다. 입자가 보이지도 않고 질량도 없으며, 또한 다른 차원의 우주에서 온 것이라면, 이것이 정말로 지구 온난화의 원인인지 아닌지를 입증할 수 없을 것입니다. 즉, 이 이론은 검증될 수 없는 것이지요.

여기 또 다른 예가 있습니다.

우리가 만날 것이 운명이기 때문에 우리는 만난 것이다.

이 설명을 검증할 수 있는 방법이 있나요? 물론 운명을 검증할 수 있는 방법은 없습니다. 로맨틱해 보일지는 몰라도 검증될 수 없기 때문에 타당하지 않은 설명이지요.

### 연습 문제

다음 설명이 검증 가능한지, 그렇지 않은지 판단해 보세요.

____ **6.** 당신이 대결에서 승리한 것은 신이 당신의 기도를 들어주셨기 때문이다.

____ **7.** 내가 면접에 합격한 이유는 내가 그 자리에 필요한 조건을 모두 갖추었기 때문이다.

____ **8.** 아무도 그 물건을 찾으러 오지 않았기 때문에 당신이 그 물건을 가지게 되었다.

____ **9.** 운이 좋아서 다치지 않았다.

____ **10.** 내가 동남아 여행을 갈 수 있었던 이유는 삼촌이 여행비를 지원해 주었기 때문이다.

### 해답

**6.** 검증 불가. 신이 기도를 들어준 것이 진실일지는 몰라도 이를 검증할 수 있는 방법이 없기 때문에 설명으로서의 가치는 없습니다.

**7.** 검증 가능. 채용 담당자나 면접관에게 물어보면 쉽게 검증할 수 있습니다.

**8.** 검증 가능. 마찬가지로 그 물건을 찾으러 온 사람이 있었는지 없었는지를 알아낼 수 있습니다.

**9.** 검증 불가. 운을 실험으로 검증할 수는 없습니다.

**10.** 검증 가능. 삼촌에게 여행비를 지원했는지 안 했는지를 물어보면 쉽게 검증할 수 있습니다.

## 14.3. 순환성

레슨 12에서 우리는 순환 추리에 대해 알아보았습니다. 순환 추리는 결론이 결국 결론을 뒷받침하는 논리적 오류입니다. 이와 마찬가지로 설명도 순환적일 수 있습니다. 예를 들어, 회사에 지각했을 때 이렇게 말할 수도 있겠죠.

제가 제때 도착하지 못해서 늦어버렸습니다.

이는 순환적 설명인데, "제때 도착하지 못했다"와 "늦었다"는 결국 같은 말입니다. 즉, 설명이 설명을 하지 않고 상황을 반복할 뿐이기 때문에 아무런 타당하지 못한 설명이 되죠.

여기 또 다른 예가 있습니다.

인플레이션은 물가가 상승함으로써 일어났다.

인플레이션이란 말이 곧 물가가 상승한다는 말입니다. 이 설명은 결국 돌고 도는 것뿐이지 이 상황이나 현상에 대한 이해에 도움을 주지 못합니다.

### 연습 문제

다음 설명이 논리적이고 합당한지, 아니면 순환적인지 판단해 보세요.

____ **11.** 그는 잠을 잘 수가 없어서 불면증이 생겼다.

____ **12.** 그녀는 영재이기 때문에 매우 똑똑하다.

____ **13.** 그들은 같은 목표를 가지고 있기 때문에 같이 일한다.

____ **14.** 그는 생쥐들을 같은 우리 안에 넣어 두고 싶어 하지 않기 때문에 다른 우리에 따로 넣어서 키운다.

____**15.** 그는 따뜻하게 입지 않아서 감기에 걸렸다.

**해답**

**11. 순환적**. 잠을 잘 수 없는 것과 불면증은 결국 같은 말입니다.

**12. 순환적**. 영재와 똑똑하다는 같은 말입니다.

**13. 논리적**. 그들이 같은 목표를 가지고 있다라는 것은 그들이 동업하는 이유를 잘 설명해 주고 있습니다.

**14. 순환적**. 같은 우리 안에 넣어 두지 않는 것과 다른 우리에 따로 넣는다는 것은 같은 말입니다. 그리고 단순히 하고 싶어 하지 않는다는 별다른 설명력이 없기 때문에 좋은 설명이 아닙니다.

**15. 논리적**. 그가 감기가 걸린 이유를 설명하고 있습니다.

## 14.4. 기존 지식과의 양립 가능성

당신의 상사가 지금까지 당신이 생각해 보았던 지각한 이유에 대한 설명을 좋아하지 않을지도 모릅니다. 그래서 당신은 이런 설명을 생각해 보았습니다.

> 오늘 아침 강풍 때문에 제 헬리콥터가 불시착해서 출근하는 다른 방법을 찾느라 늦었습니다.

아마도 당신의 상사는 이 설명을 그리 재미있게 받아들이지도 않을 것이고, 이 설명이 타당하다고 생각할 가능성도 거의 없습니다. 왜일까요? 그 이유는 바로 상사는 당신이 헬리콥터를 타고 출근하지 않을 것이라고 생각하고 있기 때문입니다. 자가용, 버스, 기차, 자전거, 택시, 혹은 걸어서 출근할지는 몰라도 헬리콥터를 타고 다닐 거라고 생각하지는 않을 것입니다. 당신이 제시한 설명은 상사가 진실이라고 알고 있는 것과 매우 다르기 때문에 당신의 설명을 쉽사리 믿지 않는 것입니다.

과학적 발견이나 기술적 혁신은 사람들을 놀라게 하고 오랫동안 진실이라고 믿었던 이론들을 깨어버리기도 합니다. 인류는 한때 지구가 편평하다고 믿기도 했었죠. 하지만 일상 생활에서의 설명이 우리의 과거 경험과 알고 있는 것과 다르다면, 이런 것들은 매우 주의 깊게 살펴 보는 것이 좋습니다. 인류 최고의 인재들이 최첨단을 달리며 내 놓는 과학적, 철학적 연구도 사실 그 진전이 매우 더뎌 우리의 예상을 크게 깨어놓는 결과가 나오는 경우가 그렇게 자주 일어나지는 않습니다. 하물며 일상 생활에서 회사에 지각한 이유 따위가 우리의 기존 지식을 바꿀 가능성은 거의 없습니다.

예를 들어, 여러분의 이웃이 중력이 존재하는 이유가 지구 한가운데에 엄청난 크기의 말굽자석(U 모양의 자석) 때문이라고 한다면, 여러분이 학교에서 배운 지구의 구조를 생각해 볼 때(내핵, 외핵, 맨틀, 지각), 그의 설명이 매우 의심쩍다고 생각해야 합니다.

물론 어떤 설명은 여러분의 경험과 지식에 어긋나지 않으면서도 조금은 놀랍거나 이상하다는 생각이 들 수도 있습니다. 이런 경우는 설명을 확인할 수 있을 때까지 이에 대한 판단을 보류하는 것이 현명합니다. 잠정적 진실처럼 타당할 수도 있지만, 진실이라고 받아들이기 전에는 확인해 보아야 하는 것이지요.

회사에 지각한 시나리오로 돌아가서, 이번엔 당신이 상사고 부하 직원이 한 시간 반을 지각했다고 생각해 봅시다. 헐레벌떡 사무실에 들어온 이 직원은 당신에게 이렇게 말합니다. “마포대교 위에서 아주 큰 사고가 나서 늦었어요.” 당신은 이런 사고가 일어날 수 있다라는 것을 충분히 알고 있지만, 그래도 이 직원이 얼마나 신뢰할 만한 사람이냐에 따라 다음 세 가지 중 하나를 하게 될 것입니다.

- 설명을 사실이라고 받아들인다.
- 설명을 잠정적 진실이라고 받아들인다.
- 설명을 거짓으로 보고 받아들이지 않는다.

이 직원이 절대로 거짓말을 하지 않을 사람인지,

상황을 무마하려 거짓말을 할지도 모르는 사람인지, 혹은 이런 경우 거짓말을 할 가능성이 매우 큰 사람인지에 따라 당신의 결정이 바뀔 것입니다. 즉, 설명하는 사람의 신뢰성에 따라 다르다는 것이지요. 또한 이 설명이 검증 가능한 것임을 잊어서는 안 됩니다. 라디오의 교통 정보나 뉴스, 혹은 인터넷 검색을 통해 어렵지 않게 실제로 사고가 일어났는지, 이 직원이 진실을 말하고 있는지 알아낼 수 있습니다.

> **생각해 보기**
>
> 늑대가 나타났다고 계속 거짓말을 하다가 결국 양 떼를 모두 잃어버린 양치기 소년의 이야기 기억 나시나요? 이 이야기는 거짓말을 하지 말아야 한다는 교훈을 주는데, 이는 여러분의 설명에도 똑같이 적용됩니다. 여러분이 항상 진실만을 얘기한다면 사람들이 훨씬 더 여러분을 신뢰하게 되고 여러분의 설명을 쉽게 받아들일 것입니다.

### 연습 문제

다음 설명과 그 출처를 보고 이 설명이 받아들일 만한지 그렇지 않은지를 판단해 보세요. 또 왜 그렇게 생각하는지도 적어보세요.

**16.** 당신의 오래된 동료이자 친구: "내가 내일은 네 일을 도와주지 못할 것 같다. 내일 특진 의사랑 예약이 있어서 꼭 병원에 가 봐야 되거든."
이유:

**17.** 동네 자동차 정비소 주인: "자동차가 고장난 이유는 변속기가 망가져서 그래요. 고치는 데 시간이 꽤 들겠네요."
이유:

**18.** 이웃 주민: "난 운동하는 게 실은 건강에 안 좋다고 해서 운동 안 해요. 몸을 움직이면 그만큼 몸이 닳으니까."
이유:

**19.** 당신의 어린 남동생: "이 스웨터는 멍멍이가 건조대를 쳐서 땅에 떨어져 더러워졌어."
이유:

### 해답

**16.** 여러분은 이 사람과 오래 같이 일했고 친구라고 여기기 때문에 믿을 만할 것입니다.

**17.** 이 설명을 받아들일지 말지는 당신이 차에 대해 얼마나 알고 있고, 또 이 정비소 주인을 얼마나 믿을 수 있는지에 따라 달라질 것입니다. 변속기를 고치는 것은 보통 꽤나 큰 비용이 들어갑니다. 당신이 차에 대해 잘 알지 못하거나 이 사람을 잘 모른다면, 이 설명을 바로 받아들이지 말고 다른 곳에 가서 한번 더 견적을 내 보는 것이 현명합니다.

**18.** 이 설명은 여러분이 알고 있는 상식과 너무나 어긋나기 때문에 받아들일 수 없습니다.

**19.** 이 설명을 받아들일지 말지는 당신이 동생을 얼마나 믿을 수 있느냐에 따라 달라집니다. 만약 동생이 과거에도 당신의 옷을 가지고 장난치다가 옷을 더럽힌 적이 있다면 의심을 해 보아야 하겠지요(특히 애완견이 평소에 말썽을 피우지 않는다면).

## 14.5. 요 약

설명도 논증과 마찬가지로 받아들이기 전에 몇몇 기준을 통과해야 합니다. 설명은 설명되어야 하는 사안과의 관련성이 분명하고 충분해야 하며 검증될 수 있어야 합니다. 또한 순환적인 설명을 받아들여서는 안 되며 여러분의 기존 지식과 양립하지 않는다면 섣불리 받아들이지 말고 주의를 기울여야 합니다.

## 다음 레슨까지 연습해 볼 것

- 가정과 학교나 직장, 혹은 TV에서 사람들이 설명하는 것을 잘 들어보세요. 사람들의 설명이 얼마나 자주 이번 레슨에서 알아본 기준에 부합하지 않던가요?
- 시트콤이나 코미디 영화에서 극중 인물들이 난처한 상황에 빠져 재빠르게 설명을 해야 하는 경우를 자주 볼 수 있습니다. 보통 이런 경우 설명이 어처구니 없는 경우가 많죠. 이런 프로그램을 한번 찾아보시고 극중 인물의 설명이 어떻게 타당한 설명의 기준에 부합하지 않는지 생각해 보세요. 혹시 설명이 그럴싸하지만 뭔가 웃긴가요? 왜 그렇다고 생각을 하시나요?

LESSON

# 15 귀납적 추리 1

"스스로 생각하지 않는 사람은 전혀 생각하지 않는 사람이다."
("A man who does not think for himself does not think at all.")

오스카 와일드(Oscar Wilde), 1854~1900
아일랜드의 소설가, 극작가, 시인.

**레슨 요약**

이번 레슨에서는 연역적 추리와 귀납적 추리의 차이에 대해 복습해 보고 증거에서 논리적인 결론을 이끌어내는 귀납적 추리에 대해 좀 더 자세히 알아보겠습니다.

레슨 7에서 우리는 귀납적 추리와 연역적 추리의 차이점에 대해 간단히 알아보았습니다. 연역적 추리를 할 때는 결론을 뒷받침하는 전제(증거)를 검토하는 것이 중요합니다. 그에 반해 **귀납적 추리**(inductive reasoning)를 할 때는 증거에서부터 논리적으로 결론을 '도출'하는 것이 중요합니다. 즉, 비판적 사고를 하는 사람은 연역적 논증을 들었을 때 증거의 타당함을 검사합니다. 증거가 타당하다면 결론 역시 타당한 것이 되지요. 하지만 귀납적 추리를 할 때는 증거의 타당성을 검토하는 것이 아니라 결론이 증거로부터 타당한 논리적인 절차를 거쳐 도출되었는지를 검토합니다.

하지만 결론이 논리적이라고 어떻게 알 수 있을까요? 귀납적 추리에서 결론의 타당성을 결정하는 것은 전제가 결론으로 이끌어질 **가능성**입니다. 그리고 이 가능성은 다음과 같은 기준에 의해 결정됩니다.

1. 상식
2. 과거 경험

물론 수학적 기호 같은 것을 사용하는 형식논리학에 대한 이해가 여러분이 귀납적 추리를 하는 데에 도움이 되겠지만, 이 책에서는 그렇게 복잡한 것까지 다루지는 않겠습니다.

여기 짤막한 귀납적 논증이 하나 있습니다.

어젯밤 태풍 때문에 근처 아파트 단지가 모두 정전이 되었다. 많은 사람들이 손전등과 양초를 켜고 생활했을 것이다.

근처 아파트 단지가 모두 정전이 되었다는 전제가 사실이라면 많은 사람들이 손전등과 양초를 켜고 생활했다고 '추정'하는 것이 합리적일까요? 여러분은 어떻게 생각하나요? 야간에 정전이 되는 것이 사람들이 손전등과 양초를 켜게 만드는 가능성이 높은가요? 상식과 과거 경험에 미루어 보실 때 확신을 가지고 "그렇다"라고 할 수 있을 겁니다. 그렇기 때문에 이 논증은 좋은 귀납적 논증입니다. 상식과 과거 경험에 의거해 충분한 증거가 논리적인 결론으로 이어졌기 때문이죠.

## 15.1. 귀납적 추리의 과학

구체적인 증거로부터 일반적인 결론을 도출할 때는 항상 귀납적 추리가 쓰입니다. 과학자들은 항상 귀납적 추리를 사용하죠. 예를 들어, 한 과학자가 똑같은 나이와 크기의 똑같이 건강한 같은 품종의 나무 두 그루를 가지고 하나는 클래식 음악이 나오는 방에(나무 A), 다른 하나는 락 음악이 나오는 방에(나무 B) 심어두었다고 생각해 봅시다. 두 나무는 똑같은 양의 햇빛과 영양분, 물을 받습니다. 두 달 후에 나무의 크기를 다시 재보니 나무 A는 무려 20cm가 자랐지만 나무 B는 이 품종의 평균 생장률과 비슷한 10cm밖에 자라지 않았습니다. 과학자는 다른 나무 두 그루를 가지고 이 실험을 한번 더 해 보았고 같은 결과를 얻었습니다. 이 과학자는 귀납적 추리를 사용해 무엇을 결론 내릴 수 있을까요?

(a) 두 실험 모두에서 나무 B가 나무 A보다 처음부터 덜 건강했다.
(b) 클래식 음악에 노출된 나무는 락 음악에 노출된 나무보다 더 잘 자란다.
(c) 락 음악은 나무의 성장을 느리게 한다.

상식적으로 생각해 볼 때 (a)는 타당한 결론이 아닙니다. 두 나무 모두 실험을 시작하기 전에 똑같은 나이와 크기를 가진 똑같이 건강한 나무라고 서술되어 있기 때문이죠. 게다가 나무 B는 평균 생장률과 비슷하게 자랐다고 되어 있기 때문에 (c)도 타당한 결론이 아닙니다. 물론 이와 같은 제거 과정을 거치지 않더라도 상식과 두 실험의 결과로부터 (b)가 타당한 결론이라는 것을 쉽게 알 수 있습니다.

물론 다른 품종의 나무도 포함해서 이 실험을 여러 번 더 해 똑같은 결과를 얻는다면 이 결론은 훨씬 강해질 것입니다. 더 많은 구체적인 증거가 일반화된 결론을 더 잘 뒷받침할 수 있는 것이지요. 이처럼 귀납적 추리에서는 증거가 많으면 많을수록 보다 확실한 결론을 내릴 수 있습니다.

## 15.2. 간단하지, 왓슨

과학자들과 마찬가지로 탐정들도 귀납적 추리를 널리 사용합니다. "간단하지, 왓슨"(Elementary, my dear Watson)이라는 캐치프레이즈로 유명한 셜록 홈즈의 예를 하나 알아봅시다. 다음은 아서 코난 도일의 단편 소설인 라이게이트의 대지주의 모험(The Adventure of the Reigate Squire)의 한 부분으로 셜록 홈즈는 귀납적 추리를 사용해 까다로운 사건을 해결합니다. 그는 찢어진 문서 조각을 보고 이 문서는 두 사람에 의해 작성되었으며, 이 둘 중에 누가 주모

자인지를 알아냅니다. 셜록 홈즈가 어떻게 사건을 해결하는지 한번 읽어보세요.

"경위님께서 저희에게 주신 종이 조각을 곰곰이 살펴보았습니다. 딱 보니 이 종이 조각은 매우 놀랄 만한 문서의 일부였습니다. 여기 있습니다. 이제 뭔가 이상한 점이 보이지 않으십니까?" [홈즈가 말했다.]

"뭔가 가지런하지 않아 보이는군," 대령이 말했다.

"친애하는 대령님," 홈즈가 외쳤다, "두 명이 단어를 번갈아 가며 이 문서를 작성했다는 것을 단 한 치도 의심할 수 없습니다. 제가 'at'과 'to'의 가로획이 큼지막한 t와, 'quarter'와 'twelve'의 가로획이 거의 보이지 않는 t로 여러분의 주의를 끈다면, 이 사실을 즉시 알아차리실 수 있을 것입니다. 이 네 단어를 조금만 분석해 보아도 'learn'과 'maybe'는 강한 필체로 쓰여져 있고 'what'은 보다 약한 필체로 쓰여졌다는 것을 완벽한 확신을 가지고 말할 수 있습니다."

"세상에, 이제 보니까 그렇군!" 대령이 외쳤다. "대체 왜 두 사람이 이런 방식으로 편지를 썼을까?"

"이 둘은 나쁜 짓을 꾸미고 있었고, 다른 한 사람을 믿지 못한 사람은 필히 두 사람 모두 똑같이 발을 담궈야 한다고 생각했던 것이죠. 그리고 이 두 사람 중에서 'at'과 'to'를 쓴 사람이 주동자임이 분명합니다.

"왜 그렇게 생각하지?"

"두 필체의 성향만 보고도 추정할 수 있겠지만, 더 확실한 이유가 있습니다. 이 조각을 잘 살펴보면 더 강한 필체를 쓰는 사람이 다른 사람이 채워 넣을 빈칸을 남기며 자신의 단어를 먼저 썼다는 결론을 내릴 수 있습니다. 빈칸이 충분하지 않은 경우도 있어서 두 번째 사람이 'quarter'를 이미 쓰여진 'at'과 'to' 사이에 겨우 비집어 넣은 것이죠. 자신의 단어를 먼저 쓴 사람이 의심할 여지 없이 이 사건을 계획한 사람입니다."

셜록 홈즈가 사건의 중요한 단서인 편지의 조각을 가지고 논리적인 귀납적 추리를 하여 어떻게 사건과 관련된 두 사람에 대해 알아내는지 보셨나요? 알파벳 t가 두 가지의 다른 필체로 쓰여 있기 때문에 두 명의 사람이 이 편지를 썼다는 것을 나타내며, 단어 사이에 일정하지 않은 간격이 (그래서 글이 가지런하지 않아 보임) 누가 먼저 이 편지를 썼는지 나타냅니다. 이것을 근거로 먼저 글을 쓴 사람이 주동자라고 생각하는 것이지요.

**생각해 보기**

귀납적 추리 능력을 발달시키는 데 추리 소설을 읽는 것이 도움이 될 수 있습니다. 아서 코난 도일의 셜록 홈즈 추리 소설을 읽어보고 사건의 단서가 될 만한 부분에 밑줄을 쳐 보세요. 여러분이 셜록 홈즈보다 먼저 해답을 추리할 수 있나요?

## 연습 문제

주어진 전제를 잘 읽어보고 이로부터 도출할 수 있는 가장 논리적인 결론이 무엇인지 맞춰보세요.

**1.** 매년 봄, 민들레가 피면 당신은 재채기를 하고 눈이 가려워집니다. 오늘 아침, 당신은 창 밖에 민들레가 핀 것을 보았습니다. 그러므로 당신은 다음 중 무엇과 같이 논리적으로 결론지을 수 있을까요?

(a) 이제 봄이 왔다.

(b) 마트에 가서 미리 휴지를 좀 사 놓는 편이 좋겠다.

(c) 내가 사는 지역에는 다른 꽃보다 유난히 민들레가 많다.

**2.** 매번 집 근처 백화점에 갈 때마다 당신은 예상보다 많은 물건을 사옵니다. 살 물건을 적어가고 5만 원만 써야지 하고 생각하지만 보통 그것보다 두 배 더 많은 돈을 씁니다. 그러므로 당신은 다음 중 무엇과 같이 논리적으로 결론지을 수 있을까요?

(a) 백화점은 물건 값을 너무 높이 받는다.
(b) 나는 원래 생각한 것보다 더 많은 것이 필요하다.
(c) 나는 즉시 만족을 느끼고자 하는 성격의 특성을 가지고 있다.

**3.** 지난 6개월 동안 당신은 마사지를 받고 있습니다. 마사지사는 마사지를 받은 후 물을 한 컵 가득 마시라고 조언하지만 당신은 한번도 그런 적이 없습니다. 그리고 매번 마사지를 받은 후 잠시 두통에 시달립니다. 그러므로 당신은 다음 중 무엇과 같이 논리적으로 결론지을 수 있을까요?

(a) 마사지는 탈수를 일으킨다.
(b) 물을 충분히 마시지 않는 것은 건강을 크게 위협한다.
(c) 마사지가 나에게 두통을 일으키는 것 같다.

**4.** 당신의 친척이 생일 선물로 커피 기계를 선물했습니다. 하지만 커피를 만들 때마다 커피에서 탄 맛이 납니다. 당신은 여러 종류의 다른 원두 가루도 사용해 보았지만 맛의 차이를 느끼지 못했습니다. 그러므로 당신은 다음 중 무엇과 같이 논리적으로 결론지을 수 있을까요?

(a) 커피 기계에 무언가 문제가 있다.
(b) 나는 더 이상 커피를 마시면 안 된다.
(c) 원두 가루에 따라 커피 맛이 천차만별이다.

**5.** 매년 6월에 당신의 이모는 우편으로 생일 선물을 보내옵니다. 매년 7월에 당신의 삼촌은 늦어서 미안하다는 말과 함께 우편으로 생일 선물을 보내옵니다. 오늘은 6월 16일인데 당신의 앞으로 택배가 하나 배달되었습니다. 그러므로 당신은 다음 중 무엇과 같이 논리적으로 결론지을 수 있을까요?

(a) 이 택배는 삼촌이 보낸 생일 선물이다.
(b) 이 택배는 이모가 보낸 생일 선물이다.
(c) 이 택배는 친구가 보낸 생일 선물이다.

## 해답

**1.** (b). 민들레가 봄에 피긴 하지만 이 예문에는 민들레가 피면 봄이 왔다라고 결론 내릴 만한 정보는 충분하지 않습니다. 또한 당신이 사는 지역에 다른 꽃보다 민들레가 더 많다는 것을 의미하는 정보도 없습니다. 하지만 민들레 꽃가루가 당신을 재채기하게 만들기 때문에 당신은 휴지가 필요할 것이기 때문에 미리 휴지를 사 놓아야겠다는 결론은 논리적입니다.

**2.** (c). 이 예문에는 백화점의 가격이 문제가 있음을 나타내는 정보가 없습니다. 게다가 당신은 백화점에 가기 전 필요한 물건의 리스트를 만들기 때문에 생각한 것보다 더 물건이 필요할 가능성도 낮습니다. 더 그럴싸한 결론은 당신이 백화점에 갔을 때 물건을 보고 그것을 바로 가지고 싶어하는 욕구를 제대로 제어하지 못해 계획에 없었던 물건을 사는 것입니다.

**3.** (c). 마사지사가 당신에게 마사지를 받은 후에 물을 마시라고 하지만, 마사지가 탈수를 일으킨다는 것을 나타내는 충분한 정보는 없습니다. 그리고 잠시 목이 마르거나 탈수되는 것이 건강에 그렇게 큰 위협을 끼치지는 않습니다. 그러므로 마사지 받는 것 자체가 두통을 일으킨다고 결론 내리는 것이 가장 합리적입니다.

**4.** (a). 커피를 끊어야 하는 이유도 없고, 예문에서 이미 원두 가루가 커피 맛에 영향을 주지 않는다고 했습니다. 그러므로 커피 기계 자체에 문제가 있다고 생각하는 것이 가장 논리적입니다.

**5.** (b). 삼촌은 제때 선물을 보낸 적이 없기 때문에 이번에는 삼촌이 제때 선물을 보냈다고 결론지을 증거가 부족합니다. 또한 당신의 친구가 선물을 보냈을 거라고 추측할 이유도 없습니다.

## 15.3. 요 약

**귀납적 추리**란 구체적인 증거에서 일반적인 결론을 이끌어내는 추리 과정을 말합니다. 좋은 **귀납적 논증**은 전제가 결론으로 이어질 가능성이 높은 것을 말합니다. 이 가능성은 상식과 과거의 경험에 의해 결정됩니다.

### 다음 레슨까지 연습해 볼 것

- 여러분이 하루에 얼마나 자주 귀납적 추리를 사용하는지 곰곰이 생각해 보세요. 집에서, 학교나 직장에서, 그리고 어딘가를 여행할 때(가까운 곳이라도 이전에 가보지 않은 곳을 가볼 때) 주변을 보고 어떤 결론을 내리나요?
- 추리 소설이나 드라마, 영화, 혹은 만화를 한번 찾아서 보세요. 수사반장, 명탐정 코난, 영국 드라마 셜록(Sherlock) 같은 추리물에서 주인공이 어떻게 증거를 가지고 사건에 대한 결론을 내리는지 잘 관찰해 보세요.

LESSON

# 16 ▶ 성급하게 내린 결론

"여러분들은 결론의 섬에 와 있어요." 캔비가 말했다. "집처럼 편하게 지내요. 여기서 좀 있을 것 같으니까."

"근데 우리가 어떻게 여길 왔지?" 마일로가 물었다. 그는 아직도 자신이 여기 왔다는 것에 어리둥절해 했다.

"물론 점프해서 왔죠." 캔비가 설명했다. "대부분의 사람들은 다 그렇게 해서 여기에 오죠. 아주 간단한 거에요. 매번 여러분이 좋은 이유 없이 무언가를 결정하면, 좋든 싫든 결론으로 점프하게 되죠. 너무도 하기 쉽고 저도 수백 번 여기 왔었죠."

("To be sure," said Canby; "you're on the Island of Conclusions. Make yourself at home. You're apt to be here for some time."

"But how did we get here?" asked Milo, who was still a bit puzzled by being there at all.

"You jumped, of course," explained Canby. "That's the way most everyone gets here. It's really quite simple: every time you decide something without having a good reason, you jump to Conclusions whether you like it or not. It's such an easy trip to make that I've been here hundreds of times.")

노튼 저스터(Norton Juster)가 쓴 어린이 동화 *The Phantom Tollbooth*

## 레슨 요약

연역적 추리에서 주의해야 할 논리적 오류가 있듯이 귀납적 추리에도 주의해야 할 논리적 오류가 있습니다. 이번 레슨에서는 이런 오류를 알아보고 피하는 방법에 대해 알아보겠습니다.

회의가 끝나고 휴게실에서 회사 동료인 동엽을 마주쳤습니다. "회사 앞에 새로 생긴 샌드위치 가게에서 오늘 아침에 커피 한 잔 했는데," 동엽이 말했습니다, "커피가 완전 별로더라고요. 그 가게 완전 구려요." 이런, 동엽은 막 성급하게 결론을 내렸습니다. 결론으로 '점프'를 해버렸다고 할 수도 있겠죠.

귀납적 추리는 증거로부터 결론을 이끌어내는 것입니다. 하지만 가끔 사람들은 그렇게 논리적인 결론을 이끌어내지 않습니다. 결론을 너무 빨리 내리거나, 혹은 잘못된 종류의 증거로부터 결론을 이끌어내는 것이지요. 이번 레슨에서는 귀납적 추리에서 비논리적인 결론으로 이어지는 세 개의 논리적 오류, 즉 성급한 일반화, 편파적 일반화, 그리고 불합리한 논증에 대해서 알아보겠습니다.

## 16.1. 성급한 일반화

**성급한 일반화**(hasty generalization)은 너무 적은 증거만을 가지고 내린 결론을 말합니다. 동엽이 회사 앞 샌드위치 가게에 대해 내린 결론은 성급한 일반화의 좋은 예입니다. 동엽은 그 가게에 한 번밖에 가보지 않았고, 또 여러 메뉴 중 단 한 개만 먹어봤을 뿐입니다. 그가 샌드위치 가게에 공정한 기회를 주었다고 생각하나요? 이 가게의 커피를 적어도 몇 번은 마셔 보아야 이 가게의 커피가 별로라고 공정하게 알아낼 수 있으며, 이 가게의 다른 음식도 몇 개 먹어 보아야 이 가게 전체에 대한 공정한 판단을 내릴 수 있습니다. 이렇게 충분한 '증거'를 모은 다음에야 논리적인 결론을 뒷받침할 충분한 전제가 생기는 것이지요.

성급한 일반화의 또 다른 예에 대해 알아봅시다. 오늘 당신은 회사에서 영자라는 여직원을 새로 알게 되었는데, 영자는 거의 당신을 본체만체했습니다. 그래서 당신은 영자가 차갑고 오만한 사람이라고 결론지었습니다. 이 결론은 공평한가요? 영자가 다른 일에 정신이 팔려 있었는지도 모르죠. 몸이 안 좋았을지도 모릅니다. 오후에 중요한 미팅이 있어서 긴장하고 있었을지도 모르는 일입니다. 당신은 영자를 한 번밖에 본 적이 없기 때문에 너무 적은 증거를 가지고 결론을 내린 것입니다.

몇 주 뒤에 당신은 다시 영자를 보게 되었습니다. 하지만 이번에는 매우 친절하게 굴며 즐겁게 대화를 나눴습니다. 영자는 몇 주 전에 당신과 인사한 것도 기억하고 있었습니다. 그래서 당신은 영자에 대한 결론을 바꿨습니다. 이제는 그녀가 친절한 사람이라고 생각하죠. 하지만 며칠 뒤 세 번째로 그녀를 봤을 때는 또 별로 당신을 아는 체하지 않습니다. 그럼 또 결론을 바꾸어야 할까요? 아니면 영자를 충분히 여러 번 만나보기 전까진 결론 내리는 것을 유보하는 게 현명한 것일까요? 이 질문에 대한 대답은 우리 모두가 잘 알고 있을 것입니다.

성급한 일반화는 고정관념과 비슷합니다. 고정관념은 어떤 집단의 일부만 보고 그 집단 전체에 대해 결론을 내리는 것이죠. 성급한 일반화 역시 커피 한 잔, 혹은 한두 번의 만남같이 너무 적은 표본만 가지고 결론을 내리는 것입니다.

여기 성급한 일반화의 예가 몇 개 더 있습니다.

영표는 운동부이고 공부에 관심이 없다. 운동부 학생들은 모두 공부에 관심이 없다.

운재는 키가 매우 큰데 좀 싱겁다. 키가 큰 사람들은 다 좀 싱거운 모양이다.

아푸는 인도 사람인데 요리를 정말 잘한다. 인도 사람들은 다 요리를 잘 하는 것 같다.

여러분은 운동부 학생들, 키가 매우 큰 사람들, 그리고 인도 사람들 여럿을 더 만나 봐야 이런 결론을 정당화시키실 수 있을 것입니다.

**생각해 보기**

우리는 일상에서 성급한 일반화를 자주 하며 살고 있습니다. '아침에 머리를 제대로 말리지 않고 나왔는데 아파트 경비 아저씨가 날 보고 웃는 걸 보니 내 꼴이 좀 우습나 봅니다.' '어제 교수님에게 보낸 메일에 아직까지 답장이 없는 걸 보면 교수님이 날 별로 좋아하지 않으시나 봅니다.' '길가의 한 식당에 손님이 가득 찬 걸 보니 저 집은 맛집인가 봅니다.' 이와 같이 충분한 증거 없이 판단을 하고 결정을 내리는 경우, 크든 작든 실수로 이어질 가능성이 높습니다.

### 연습 문제

다음 예문이 성급한 일반화를 하고 있는지 맞춰보세요.

1. 새로 온 선발투수가 첫 게임에서 삼진은 하나도 뽑아내지 못하고 10실점이나 하였다. 올해도 우리 팀은 하위권을 면하지 못하겠구나.

2. 지난 일주일 동안 현호와 효성이가 떨어져 있는 걸 본 적이 없다. 둘이 곧 사귈 것 같다.

3. 방금 별똥별이 하나 떨어지는 것을 보았다. 곧 유성우가 나타나려는 모양이다.

### 해답

1. 성급한 일반화를 하고 있습니다. 새로 온 선발투수는 단 한 경기밖에 하지 않았잖아요? 새 팀에 좀 더 적응할 때까지 조금 더 두고 보세요.
2. 성급한 일반화라고 하기 어렵습니다. 일주일 동안 매번 붙어 다니는 것을 보았다면 둘이 곧 연인 관계로 발전할 가능성이 높겠지요.
3. 성급한 일반화를 하고 있습니다. 별똥별 하나만 보고 유성우가 나타난다고 결론 짓기는 어렵습니다. 계속 하늘을 보며 별똥별이 몇 개 더 떨어지는지 보아야지요.

## 16.2. 편파적인 일반화

최근 당신이 살고 있는 한 지역 신문의 설문 조사에서 지역 주민의 80%가 골프장 유치에 찬성한다고 나타났습니다. 당신은 이 사안에 대해 별다른 의견이 없었지만, 저렇게나 많은 지역 주민이 찬성한다면 뭔가 이유가 있지 않을까 하고 찬성에 대해 긍정적으로 검토해 보려고 합니다. 하지만 지역 신문이 제대로 알리지 않은 부분은 바로 설문 조사가 지역 시장의 상인들을 위주로 하여 진행되었으며, 이 신문사도 골프장 건설을 추진하는 업체로부터 많은 지면 광고를 약속받은 상태라는 것입니다.

레슨 18에서 더 자세히 알아볼 것이지만, 이와 같은 설문 조사의 문제점은 바로 설문 대상자가 편파적이라는 것입니다. 지역 주민 중 농민들은 골프장을 환경 파괴 등을 이유로 반대할 가능성이 높지만 상인들은 골프장 방문객이라는 새로운 손님이 생기기 때문에 찬성할 가능성이 높을 것입니다. 그렇기 때문에 상인들의 의견은 편파적일 수밖에 없으며, 이는 설문 조사의 결과 역시 편파적임을 뜻합니다. 이와 같은 설문 조사는 지역 주민들의 의견을 공정하게 반영한다고 볼 수 없는 것이지요.

편파적인 일반화는 설문 조사 없이도 할 수 있습니다. 편파적인 사람의 의견이나 증언을 바탕으로 전체에 대해 내린 결론은 **편파적인 일반화**(biased generalization)입니다. 예를 들어, 당신은 다음 학기에 젠킨스 교수의 수업을 듣는다고 친구에게 말하고 있습니다. 그러자 친구가 이렇게 말합니다.

> 젠킨스 교수님 수업? 그분 완전 최악이야. 나 저번 학기에 그 수업에서 F 받았어.

친구의 반응을 보고 당신은 젠킨스 교수의 수업을 듣는 것에 대해 다시 생각해 보아야 할까요? 아마도 그럴 필요는 없을 것입니다. 당신의 추리 능력은 친구가 젠킨스 교수에 대해 편파적인 결론을 내렸을지도 모른다고 말하고 있을 것입니다. 친구가 그 수업에서 F를 받았다면 교수에 대해 좋은 의견을 가지기 어려울 테니까요.

또 다른 예를 봅시다. 아래의 귀납적 논증을 읽어보세요.

> 내 친구들 전부 대학교 동아리는 시간 낭비라고 얘기하던데? 너도 시간 낭비하고 싶지 않으면 동아리 들지 마.

이 논증이 편파적인 일반화를 하고 있다고 가정해 보고, 어떤 상황이 이 논증을 편파적인 일반화의 오류를 저지르는 것으로 만들 수 있는지 생각해 보세요. 그리고 아래에 여러분의 생각을 적어보세요.

이 결론이 편파적인 출처로부터 온 증거에 기초한 것이라면 결론은 편파적일 수밖에 없습니다. 예를 들어, 이 친구의 친구들이 특정 동아리에 가입하고 싶었으나, 가입이 되지 않아 동아리에 대해 좋지 않은 감정을 가지고 있었다면, 이 결론은 편파적일 수 있습니다.

반면에, 이 귀납적 논증이 편파적이지 않고 신뢰할 수 있다고 가정해 보고, 어떤 상황이 이 논증을 신뢰할 만한 것으로 만들 수 있는지 생각해 보세요. 그리고 아래에 당신의 생각을 적어보세요.

만약 당신 친구의 친구들이 모두 이미 동아리 활동을 하고 있다면 이 결론은 믿을 만할 것입니다. 만약 이 친구들이 모두 다른 동아리에서 활동을 하고 있다면 훨씬 넓은 범위의 경험에 의거하기 때문에 훨씬 더 믿을 만하겠죠.

편파적이 되는 것을 피하기 위해서는 해당 집단을 진정으로 대표할 수 있는 표본에서 나온 정보(증거)로부터 결론을 내려야 합니다. 예를 들어, 학생들의 교내 활동에 대해 귀납적 논증을 할 때는 학생회 활동을 하는 학생들의 경험만이 아니라 교내 모든 학생의 경험을 토대로 논증을 해야 타당한 결론을 도출할 수 있습니다.

## 연습 문제

다음 예문이 편파적인 일반화를 하고 있는지 판단해 보세요.

4. 열명의 교사와 회의 중인 교사: "현 정권은 교육 개혁에 전혀 관심이 없어요. 교육 개혁이 우리 나라에서 현재 가장 시급한 사안인데도 말이죠."
5. 정리 해고 당한 직장인: "이 회사는 정말 직원들 생각은 눈곱만큼도 하지 않아. 날 정리 해고하기까지 했지."
6. 계속해서 시합에 뛰지 못하는 신인 운동 선수: "선배들 모두가 강 감독님은 신인한테 엄하게 대한다고 하셨지. 하지만 계속 열심히 연습한다면 분명 내년에 활약할 기회가 많을 거야."
7. 남편이 아내에게: "시장이 시내 곳곳을 자전거 길로 연결하기로 했어. 우리 시의 환경 친화적인 이미지를 유지하는 데 관심이 많은 것 같아."

## 해답

4. 이 교사의 '현 정권이 교육 개혁에 관심이 없다'라는 일반화는 편파적일 가능성이 높습니다. 이 사람은 스스로가 교사이기 때문에 다른 보통 국민들과는 교육 개혁을 보는 눈이 다를 가능성이 크기 때문입니다.
5. 이 직장인의 일반화는 편파적일 가능성이 높습니다. 그는 정리 해고 당한 자신의 경험 하나로 결론을 내리고 있으며, 회사에 대해 좋지 않은 감정을 지니고 있을 가능성이 큽니다.
6. 이 선수는 계속해서 시합에 출전하지 못하고 있지만, 다른 선수들에게 들은 얘기에 의하면 감독이 신인에게는 특히 엄격하다고 하기 때문에, 그의 결론은 공정할 가능성이 높습니다.
7. 남편의 일반화는 편파적이지 않습니다. 단지 조금 성급할 수는 있지요.

## 16.3. 불합리한 논증

**불합리한 논증**(non sequitur)은 전제로부터 논리적으로 이어지지 않는 결론을 내리는 논증을 말합니다. 라틴어로 non sequitur는 '뒤따르지 않는다'라는 뜻입니다. 이 논리적 오류의 문제점은 전제와 결론이 연결되어 있지 않다는 것입니다. 아래의 예를 한번 보세요.

정결이는 가정적이고 좋은 아버지이다. 그러므로 그는 뛰어난 정치인이 될 것이다.

정결이 가정적이고 좋은 아버지인 것이 좋은 특성이긴 하나, 그의 가족에 대한 헌신이 그가 뛰어난 정치인이 되는 것과는 직접적인 관련이 없습니다. 이 논증은 누군가를 가정적이고 좋은 아버지로 만드는 특성이 그 사람을 뛰어난 정치인으로 만들어 준다고 추정하고 있지만, 실제로 그런 연관이 있는지는 알 수 없습니다. 좋은 아버지이면서 정치에 실패한 사람도 많고, 그 반대로 뛰어난 정치인이지만 가정에 신경을 쓰지 않는 사람도 많습니다. 이 논증은 전혀 논리적이지 않은 것이지요. 정결이 충분히 뛰어난 정치인이 될 수도 있겠지만, 주어진 전제만을 보고는 그런 결론을 내릴 수는 없습니다.

여기 또 하나의 불합리한 논증이 있습니다.

수지는 왼손잡이이기 때문에 뛰어난 예술가가 될 것이다.

이 논증은 왼손잡이가 오른손잡이보다 더 예술적이라고 추정하고 있습니다. 그것이 가끔 진실일 수는 있겠지만 항상 그런 것은 아니지요. 그리고 수지가 실제로 예술적 재능이 있다고 하더라도 뛰어난 예술가가 되기 위해서는 엄청난 노력과 인내가 필요한데, 수지가 그런 자질이 있다는 증거는 이 논증에 포함되지 않았습니다. 그렇기 때문에 우리는 수지가 뛰어난 예술가가 될 것이라고 논리적으로 결론지을 수 없습니다.

또 하나의 예를 보세요.

너도 고양이를 좋아하고, 케시도 고양이를 좋아해. 너네 둘이 잘 지낼 수 있을 거야.

이 논증의 문제점이 무엇일까요? 논증을 하는 사람은 당신과 케시가 모두 고양이를 좋아하기 때문에 둘이 잘 지낼 수 있다고 추정하고 있습니다. 하지만 두 사람이 모두 고양이를 좋아한다고 해서 두 사람이 서로 좋아하게 될 이유는 없습니다. 이는 불합리한 논증입니다. 물론 공통점이 많다는 것이 사람을 사귀는 데 도움이 될 수는 있지만, 고양이를 좋아한다는 사실 하나만 가지고 두 사람이 잘 지낼 수 있을 것이라고 예측하는 것은 무리입니다.

불합리한 논증은 전제와 결론을 오인해 뒤바꾸기도 합니다. 다음 논증을 한번 보세요.

성공하는 사람들은 항상 분명한 목표가 있다. 무성이는 분명한 목표가 있기 때문에 성공할 것이다.

이 논증을 이해하기 쉽도록 나누어 보면 다음과 같습니다.

**전제 1:** 성공하는 사람들은 언제나 분명한 목표가 있다.
**전제 2:** 무성은 분명한 목표가 있다.
**결론:** 무성은 성공할 것이다.

얼핏 보면 이 논증에는 문제가 없어 보이지만, 사실 이 논증은 논리적이지 않습니다. 그 이유는 바로 전제 2와 결론이 전제 1의 주장을 뒤집었기 때문이죠. 전제 1이 올바르다고 가정할 때, 위의 논증이 타당한 논증이 되려면 전제 2와 결론은 다음과 같아야 합니다.

**전제 1:** 성공하는 사람들은 언제나 분명한 목표가 있다.
전제 2: 무성은 성공한 사람이다.
결론: 무성은 분명한 목표가 있다.

이제 위의 논증에서 전제 2와 결론이 전제 1의 인과 관계를 뒤집었다는 것이 분명히 보이나요? 이처럼 주장의 인과 관계를 뒤집어버리면 논증은 논리적이지 않게 됩니다. 예를 들어, 천재들은 학교에서 문제를 일으키는 경우가 많다라고 하여서 학교에서 문제를 일으키는 사람이 다 천재가 아닌 것과 같습니다.

### 연습 문제

각 예문이 불합리한 논증을 하고 있는지 판단해 보세요.

**8.** 승희는 수학과 과학 과목에 항상 수를 받는다. 승희는 커서 뛰어난 의사가 될 수 있을 것이다.

**9.** 이 차는 수동 기어 차다. 대부분의 수동 기어 차는 자동 기어 차보다 연비가 더 좋다. 만약 네가 수동 기어 차를 몬다면 아마 더 나은 연비를 달성할 수 있을 것이다.

**10.** 우리 아버지께서는 성공한 회계사이신데, 학교 다니실 때 수학을 싫어하셨다고 한다. 나도 수학을 싫어하니 커서 성공한 회계사가 될 수 있을 것이다.

**11.** 이 영화의 특수 효과는 정말 최고였다. 이 영화에 사상 최대의 제작비가 들어갔다고 한다. 이 영화는 분명히 아카데미상을 받을 것이다.

### 해답

**8.** 불합리한 논증.

**9.** 타당한 결론.

**10.** 불합리한 논증.

**11.** 불합리한 논증.

### 연습 문제

위의 8번과 10번 문제에서 불합리한 논증을 할 때 논자가 추정한 바가 무엇일지 아래에 적어보세요.

**8.**

**10.**

### 해답

**8.** 이 논증은 학교에서 수학과 과학을 잘 하는 학생이 뛰어난 의사가 될 수 있을 것이라고 추정합니다. 하지만 뛰어난 의사가 되는 것은 학교에서 좋은 성적을 받는 것으로 충분하지 않습니다. 수년간의 실습뿐만이 아니라 응급 상황에서 침착할 수 있고 환자와 좋은 관계를 유지할 수 있는 능력 등도 필요합니다.

**10.** 이 논증은 전제 2와 결론이 전제 1의 주장의 인과 관계를 뒤집었기 때문에 논리적이지 않습니다.

## 16.4. 요 약

귀납적 논증을 할 때는 충분하지 않은 증거로 결론을 내리는 **성급한 일반화**와 편파적인 증거로 결론을 내리는 **편파적인 일반화**를 하는 것, 그리고 논리적이지 않은 절차로 **불합리한 논증**을 하는 것을 주의해야 합니다.

## 다음 레슨까지 연습해 볼 것

- 다음에 새로운 사람을 만날 때 여러분이 그 사람의 첫인상을 보고 성급히 결론을 내리는지, 아니면 그 사람을 몇 번 더 볼 때까지 결론을 유보하는지 한번 곰곰이 생각해 보세요.
- 우리는 자주 첫인상을 가지고 사람을 판단하거나(성급한 일반화), 자신의 주장을 좀 더 밀어붙이기 위해 왜곡된 자료를 이용한다거나(편파적인 일반화), 혹은 인과 관계를 왜곡하는 논리를(불합리한 논증) 펼치고는 합니다. 마치 비논리적인 행동과 사고가 논리적인 것보다 더 쉽고 자연적인 것처럼 말이죠. 왜 우리에게 이치에 맞는 일은 어렵게 느껴지는 것일까요?

LESSON

# 17 귀납적 추리 2

"철은 사용하지 않으면 녹이 슬며, 흐르지 않는 물은 탁해지고 추운 날씨에는 얼어 버린다. 아무것도 하지 않는 것도 마음의 활력을 뽑아간다."
("Iron rusts from disuse; stagnant water loses its purity and in cold weather becomes frozen; even so does inaction sap the vigor of the mind.")

레오나르도 다빈치(Leonardo da Vinci), 1452~1519
이탈리아의 미술가, 과학자, 발명가

**레슨 요약**

이번 레슨에서는 원인이 무엇인지 알아보는 귀납적 추리 방식에 대해 공부할 것입니다. 또한 인과 관계에 대해 판단할 때 사람들이 흔히 저지르는 실수에 대해서도 알아보겠습니다.

레슨 14에서 우리는 설명이 논증과 어떻게 다른지에 대해 알아보았습니다. 이번 레슨에서는 설명과 비슷해 보이지만 논증의 한 종류인 **인과적 논증**(causal argument)에 대해 알아볼 것입니다. 설명과 인과적 논증의 차이점은 논증이 배열된 방식에 있습니다. 연역적 추리에서처럼, 설명에서는 결론을("늦게 도착했습니다") 보고 전제의("자동차가 고장 나서") 타당성을 검토합니다. 하지만 인과적 논증에서는 귀납적 추리에서처럼 전제를 검토한 후 원인에 대해서 논리적으로 결론을 내립니다.

설명이 타당한지를 검토할 때 기준이 있는 것처럼 원인을 평가할 때도 전략이 있습니다. 또한 설명에 잘못된 추리가 사용될 수 있듯이 인과적 논증에서 일어나는 논리적 오류도 존재합니다. 이번 레슨에서는 원인을 판단하는 데 쓰이는 두 전략에 대해 먼저 알아보고, 그 다음에 이 전략에 자주 수반되는 논리적 오류에 대해 알아보겠습니다.

## 17.1. 원인을 찾아내기

결과를 보고 원인이 무엇인지 알아내려고 할 때, 일반적으로 두 가지 전략을 사용할 수 있습니다. 첫 번째는 무엇이 달라졌는지 찾아보는 것이고, 두 번째는 무엇이 그대로인지를 찾아보는 것입니다.

### 17.1.1. 차이점을 찾아보기

수요일에 당신의 차는 소음이 심해지고 출력이 떨어졌습니다. 당신은 평소 때 항상 집 앞의 주유소에서 기름을 넣지만, 화요일에는 출장을 가게 되어 처음 가 보는 주유소에서 주유를 하였습니다. 목요일에는 평소와 같이 집 앞의 주유소에서 기름을 넣었습니다. 금요일에는 다시 차가 잘 굴러가더군요. 당신은 그 이외에 차를 만진 적도 없고, 차의 다른 부분이 문제가 있는 것 같지도 않습니다. 무엇 때문에 차에 문제가 생겼던 것일까요?

만약 당신이 처음 가 보는 주유소에서 이상한 휘발유를 파는 것 같다라고 생각했다면, 아마 그 추측이 맞을 것입니다. 물론 자동차가 잘 굴러가지 않는 이유는 수도 없이 많으며 전문가가 꼼꼼히 진단한 후에야 정확한 원인을 알 수 있겠지만, 지금까지의 증거는 처음 가는 주유소의 휘발유가 문제의 원인이라고 지목하고 있습니다. 그 이유는 바로 새로운 주유소의 휘발유가 '핵심적인 차이점'이기 때문입니다. 자동차는 원래 문제가 없었고, 새로운 주유소의 휘발유를 넣은 후에 문제가 발생했으며, 다시 예전 주유소의 휘발유를 넣으니 문제가 사라졌습니다. 문제 발생의 전후로 달라진 것은 새로운 휘발유밖에 없습니다. 그렇기 때문에 새로운 휘발유가 문제의 원인이라고 결론짓는 것이 논리적입니다.

이 예문에서는 핵심적인 차이점이 휘발유라는 것을 매우 쉽게 알 수 있지만, 항상 결과의 원인을 찾는 것이 이렇게 쉽지는 않습니다. 다음 논증을 한번 읽어보세요.

지난 세 달간 매일 아침 당신은 회사 맞은편 '노터데임 커피하우스'에서 커피를 사와 회사에서 마셨습니다. 하지만 어제는 노터데임 커피하우스가 임시 휴업을 해서 옆집인 '아이리쉬 커피숍'에서 커피를 사와 마셨습니다. 그리고 한 시간 후 당신은 배탈이 나서 계속 화장실만 들락날락거리는 고생을 했습니다. 오늘은 노터데임 커피하우스가 다시 문을 열어 평소처럼 여기서 커피를 사 마셨으며 하루 종일 별 문제가 없었습니다. 그래서 당신은 아이리쉬 커피숍의 커피가 배탈을 나게 했다고 결론지었습니다.

증거를 놓고 보았을 때 이 결론은 논리적으로 보입니다. 어제가 달랐던 점은 아이리쉬 커피숍에서 사 마신 커피밖에 없으니까요. 어떻게 생각하시나요? 물론 아이리쉬 커피숍의 커피가 배탈을 나게 했을 수도 있습니다. 하지만 이 결론을 의구심 없이 받아들여서는 안 됩니다. 다음의 중요한 질문을 던져보기 전까지는 말이죠.

배탈의 원인이 될 만한 다른 관련 있는 차이점은 없었는가?

이 말인즉, 당신이 배탈이 났을 만한 다른 이유는 없느냐는 것입니다. 예를 들어, 그 전날 밤에 매운 음식과 술을 마셨다거나, 아침 식사를 제대로 하지 않았다거나, 어제 중요한 일 때문에 긴장했다거나 등의 이유지요. 이런 이유 모두 배탈의 원인일 수 있습니다.

이와 같은 다른 이유가 많을수록 아이리쉬 커피숍의 커피가 배탈의 원인일 가능성은 낮아집니다. 하지만 커피 이외에 어제가 특별히 달랐던 점이 없다면, 아이리쉬 커피숍의 커피가 배탈의 원인일 가능성이 높아지지요. 만약 당신이 아이리쉬 커피숍에서 한 번 더 커피를 사 마시고 또 배탈이 난다면 이 가게의 커피가 배탈의 원인이라고 아마 확신할 수 있을 것입니다. 중요한 점은 무엇이 원인이라고 확신하기 전에 원인이 될 수도 있는 다른 관련 있는 차이점이 없는지 고려해 봐야 한다는 것입니다.

## 연습 문제

다음 질문에 답해 보세요.

1. 다음 예문은 논리적인 인과적 논증인가요? 해답에 대한 이유도 적어보세요.

'탈곡기 밴드'가 매주 토요일 밤마다 고정적으로 공연을 했던 '물레방아 재즈바'는 토요일 이른 저녁 시간만 되어도 앉을 자리 하나 없을 정도로 붐볐습니다. 하지만 탈곡기 밴드가 사정상 더 이상 토요일 공연을 못하게 되자 새로운 밴드가 그 자리를 메우게 되었습니다. 그러자 토요일 저녁 시간에도 술집이 한가해졌습니다. 사람들이 새로 온 밴드를 별로 좋아하지 않는 모양입니다.

이유:

2. 당신은 작은 강아지를 한 마리 키우고 있습니다. 월요일 아침에 당신은 강아지를 데리고 근처 공원으로 처음 산책을 나가 보았습니다. 월요일 저녁에는 새로 강아지를 입양한 친구가 자신의 강아지를 데리고 당신의 집으로 놀러 왔습니다. 화요일 아침에 당신은 샤워를 하던 중 당신 발목에 벼룩이 문 자국이 있는 것을 발견했습니다. 그렇다면 당신은 어떻게 결론 내려야 할까요?
   (a) 산책 중 강아지가 벼룩을 옮았다.
   (b) 강아지가 친구의 강아지로부터 벼룩을 옮았다.
   (c) (a)나 (b) 중 하나.
   (d) (a)나 (b) 둘 다.

## 해답

1. 이 예문은 논리적인 인과적 논증입니다. 새로 온 밴드가 인지도가 없든지, 아니면 이 밴드의 음악을 사람들이 별로 좋아하지 않든지 간에 밴드가 바뀐 것이 토요일 밤의 손님 수에 영향을 끼쳤을 가능성이 매우 높습니다. 물론 손님의 수 감소에 영향을 끼쳤을지도 모르는 다른 원인, 예를 들어 음식의 맛과 질이 변했다거나, 혹은 주변에 다른 공연 장소가 생겼다거나 하는 점은 없는지 검토해 보아야 합니다.
2. 물론 (a)~(d) 모두 가능한 상황이지만 가장 나은 답은 (d)입니다. 당신의 강아지는 산책 중 벼룩을 옮았을 수도 있고 친구가 새로 입양한 강아지에게서 벼룩을 옮았을 수도 있습니다. 같은 날 이 두 상황 모두에 노출되었기 때문에 두 경우 모두에서 벼룩을 옮았다고 결론 내리는 것이 가장 안전합니다.

### 17.1.2. 공통점을 찾아보기

가끔은 차이점이 아닌 공통점을 찾아봄으로써 원인을 알아낼 수 있습니다. 다시 말해 여러 상황에서 같았던 점이 무엇이냐를 보고 결과의 원인을 알아내는 것이지요. 다음 시나리오를 한번 읽어보세요.

영희는 한 주에도 며칠씩 잠이 드는 데 어려움을 겪습니다. 영희가 잠이 들지 못하는 밤마다 영희는 윗집에서 의자 끄는 소리와 쿵쿵거리는 발 소리가 난다는 것을 알아챘습니다. 그래서 영희는 윗집의 소음이 잠이 드는 것을 방해한다고 결론지었습니다.

영희는 논리적인 방법으로 불면증의 원인을 밝혀냈습니다. 잠에 들지 못하는 밤마다 일정하게 반복되는 것, 즉, 패턴이 무엇인지 찾아본 것이지요. 잠에 들지 못할 때마다 윗집에서 소음을 들었으므로, 윗집의 소음이 영희가 잠드는 것을 방해하는 것입니다. 즉, 윗집의 소음이 잠에 들지 못하는 밤들의 '공통분모'인 것이지요.

원인을 알아낼 때 다른 핵심적인 차이점이 무엇인지도 꼭 검토해 보아야 하는 것처럼, 다른 공통분모가 무엇인지도 알아보아야 합니다. 윗집의 소음이 불면증의 원인이라고 결론내기 전에 다른 패턴은 없는지도 알아보아야 하는 것이지요. 그래서 영희는 잠에 들지 못하는 날들을 회상해 보았습니다.

영희는 한 주에도 며칠씩 잠이 드는 데 어려움을 겪습니다. 영희가 잠이 들지 못하는 밤마다 영희는 윗집에서 의자 끄는 소리와 쿵쿵거리는 발 소리가 난다는 것을 알아챘습니다. 또한 영희는 이런 날마다 일이 많아서 저녁을 먹고 커피 한 잔을 마시고 밤 늦게까지 일을 하며, 이 때문에 남자 친구와 통화도 하지 못했다는 것을 깨달았습니다. 영희가 잠이 들지 못하는 원인은 무엇일까요?

(a) 윗집의 소음
(b) 과다한 사무
(c) 저녁 식사 후 마신 커피
(d) 남자 친구와 통화하지 못함
(e) 이 외의 다른 이유

이번에는 아마 불면증의 원인이 무엇인지 확신 있게 답변하시기 어려울 것입니다. 각각의 이유가 불면증의 원인일 수 있기 때문이죠. 실생활에서는 이처럼 여러 가지 일이 복잡하게 엮여 있는 경우가 많기 때문에 공통분모를 알아내기 위해서는 주의를 기울여야 합니다.

만약에 영희가 윗집에서 소음이 매일같이 난다는 것을 알고 있었다면(불면증이 없는 날에도) 소음이 불면증의 원인일 가능성은 낮아집니다. 비슷한 이유로 남자 친구와 통화하지 못한 다른 날에는 (영희는 바쁘지 않은데 남자 친구가 바빠서) 잠이 드는 게 어렵지 않았다면, 이 또한 가능한 원인에서 배제시킬 수 있겠죠. 하지만 이처럼 추가적인 정보를 고려해 보기 전까지는 어느 것이 원인이라고 결론지어서는 안 됩니다.

### 연습 문제

다음 예문을 읽고 문제에 답해 보세요.

가을이 되자 수진이는 목이 자주 아픕니다. 수진이는 바람이 많이 불던 날에 목이 가장 아픈 것을 알아챘습니다.

**3.** 수진은 바람이 목을 아프게 하는 원인이라고 확신 있게 말할 수 있을까요?

**4.** 수진의 상황에 다른 공통분모는 뭐가 있을까요?

### 해답

**3.** 수진은 다른 공통분모가 무엇인지 주의 깊게 살펴본 후, 다른 관련 있는 원인이 꾸준히 반복되지 않는다면 바람이 목을 아프게 하는 원인이라고 결론지을 수 있습니다.
**4.** 알레르기나 심한 일교차, 습도 등이 확인해 보아야 할 가능성 있는 공통분모입니다.

## 17.2. 거짓 원인의 오류

평소 치장하는 데 별로 관심이 없던 수현이는 어느 날 갑자기 패션에 관심을 가지고 쇼핑몰에 가서 옷장을 가득 채울 만큼 많은 예쁜 새 옷을 사 왔습니다. 2주 뒤에 수현이는 다니던 직장에서 승진을 하였습니다. 그녀는 그날 밤 친구들을 만나 한턱 쏘며 이렇게 말했습니다.

와, 내가 입고 다니는 옷이 이렇게 큰 효과가 있었는지 몰랐어. 좀 신경 써서 옷을 입으니까 그동안 계속 기다려 왔던 승진이 바로 되는 것 봐!

수현은 축하 받아 마땅하겠지만, 적어도 그녀의 추리는 축하해 줄 것이 못 됩니다. 수현의 논리에서 무엇이 문제일까요?

수현은 거짓 원인의 오류, 즉, "이 후에, 따라서 이 때문에"(post hoc, ergo propter hoc)의 오류를 범한 것입니다. 거짓 원인의 오류는 이름 그대로 결과의 원인을 잘못된 원인으로 오판하는 오류인데, "이 후에" 오류는 인과 관계가 없는 두 사건이 순차적으로 일어났다고 해서 인과 관계가 있다고 오판하는 것입니다. 수현이 입는 옷에 신경 쓴 '후에' 승진했기 때문에 입는 옷 '때문에' 승진했다고 추정한 것이죠. 물론 외모와 패션 감각이 승진에 조금 영향을 주었을지도 모르는 일이지만, 그보다 더 중요한 다른 이유가 충분했을 가능성이 더 높습니다. 예를 들어, 수현이 오랜 기간 동안 열심히 일해왔거나 혹은 승진한 자리가 이제 막 비어서 같은 이유이죠.

물론 인과 관계에서 시간적으로 원인이 항상 결과 전에 오지만, 그렇다고 이전에 온 것이 원인이라고, 혹은 꼭 연관성이 있을 거라고 생각해서는 안 됩니다. 또 다른 예를 한번 보세요.

> 새로운 경찰 관련 법안이 통과된 이후 이 지역의 범죄율이 올라갔다. 범죄를 줄이려고 만들어진 법안이 오히려 범죄율을 높이다니!

이 논증은 새로운 경찰 관련 법안 통과가 범죄율의 상승 이전에 발생했기 때문에 전자가 후자를 초래했다고 추정하고 있습니다. 하지만 이 두 사건 사이에 관계가 있다라는 것을 증명하는 것은 생각보다 매우 어렵습니다. 특히나 범죄율과 같이 수 많은 요인들의 영향을 받는 복잡한 사회 현상의 경우는 더더욱 그렇죠. 범죄율을 높이는 다른 원인이 무엇이 있을까요? 아래에 한번 적어보세요.

범죄율을 높이는 다른 원인:

범죄율을 높이는 원인은 아주 많겠지만 대표적인 원인은 다음과 같습니다.

- 실업률의 증가
- 경기 침체
- 지역의 인구 변화
- 경찰 인력 감소

사실 인간 사회는 매우 복잡하기 때문에 대부분의 사회적 이슈는 여러 가지 원인이 있습니다. 범죄율의 상승도 위에 열거된 원인뿐만이 아니라 다른 원인들이 복합적으로 작용하여 발생하였을 가능성이 높습니다. 하지만 경찰 관련 법안이 구체적으로 경찰 인력을 감소시키거나 하지 않은 이상 이것이 범죄율 상승의 원인이라고 보기 어렵습니다. 먼저 발생하였지만 원인은 아닌 것이죠.

**생각해 보기**

인과 관계는 학창 시절 과학 수업에서 해본 실험에서 잘 나타납니다. 특정 물질을 섞으면 어떤 반응이 일어나던가요? 각 물질과 이를 섞는 것이 원인이고, 그렇다면 그 효과(결과)는 무엇이던가요?

## 연습 문제

다음의 인과적 논증 중 "이 후에"의 오류를 저지르는 것이 무엇인지 맞춰보세요.

**5.** 이전에는 하루에 네다섯 잔씩 커피를 마셨고 두통도 자주 있었다. 하지만 지금은 커피를 끊었는데, 그러자 두통도 사라졌다.

**6.** 새로 진공 청소기를 산 이후로 전기 요금이 급격하게 증가했다. 이 진공 청소기가 엄청 전기를 먹는 모양이다.

**7.** 숙희는 자신의 두 살배기 아기에게 제일 비싸

다는 이유식을 먹이기 시작했다. 그 결과 아기가 지난 두 달 동안 5cm나 자랐다.

**8.** 지난 2년간 출퇴근할 때 자전거를 이용했는데, 매일 밤 다리가 쑤셨다. 요즘은 버스를 타고 출퇴근하는데, 그러자 다리 쑤신 게 사라졌다.

### 해답

**5.** 합리적인 논증으로 보입니다. 커피에 들어 있는 카페인이 어떤 사람에게는 두통을 줄 수도 있다는 상식에 의거해 보았을 때 말이죠.

**6.** "이 후에" 오류를 저지르고 있습니다. 굉장히 오랜 시간 진공 청소기를 쓰지 않는다면 진공 청소기가 전기 요금에 큰 영향을 끼치지는 않습니다. 오히려 날씨가 더워져서 에어컨을 사용하는 시간이 많아졌다거나, 혹은 전기 요금 체계가 바뀌었다거나 할 가능성이 더 높지요.

**7.** "이 후에" 오류를 저지르고 있습니다. 아기들은 갑자기 확 자랄 때가 있으며, 값비싼 이유식이 어느 정도 도움을 줬을 수도 있지만, 이를 원인으로 지목하기엔 다른 가능성이 너무나도 많습니다.

**8.** 합리적인 논증으로 보입니다. 자전거를 타는 것이 다리를 쑤시게 할 수도 있다는 상식에 의거해 보았을 때 말이죠.

## 17.3. 닭이 먼저냐, 달걀이 먼저냐?

"요즘 사람들이 왜 이렇게 진득이 한가지 일을 하지 못하고 냄비 같은지 알아?" 당신의 친구가 말했습니다. "그 이유는 바로 우리가 정신 없이 빨리 돌아가는 사회에서 살고 있기 때문이지."

어떻게 생각하시나요? 뭐 그럴지도 모르죠. 하지만 그렇지 않을 수도 있습니다. 예를 들어, 이 친구가 자신의 주장을 뒤집어서 폈을 때를 생각해 보세요.

"우리가 정신 없이 빨리 돌아가는 사회에 살고 있는 이유는 바로 요즘 사람들이 이렇게 진득이 한가지 일을 하지 못하고 냄비 같아서이다."

어떤 논증이 옳다고 생각하시나요? 사람들이 진득이 한가지 일을 못하기 때문에 사회가 정신 없이 빨리 돌아간다고 생각하시나요, 아니면 사회가 정신 없이 빨리 돌아가기 때문에 사람들이 진득이 한가지 일을 하지 못한다고 생각하시나요?

물론 이 두 논증 모두 매우 복잡한 주제를 너무 단순화시키려 하고 있습니다. 닭이 먼저냐, 달걀이 먼저냐 하는 것처럼 이 둘 중 어느 것이 원인이라는 것을 쉽게 판단할 수 없습니다. 결론을 내리기 전에 이 두 가지 현상의 관계에 대해서 주의 깊게 살펴보아야 합니다. 어느 하나가 다른 하나의 원인이고 결과이기보다, 이 둘 모두 공통된 제 3 의 원인으로 인한 현상일 수도 있고, 이 둘이 유기적으로 복잡하게 엉켜 있어 인과 관계를 따질 수 없다는 가능성도 생각해 보아야겠지요.

여기 또 다른 예가 하나 있습니다.

현동은 지난 두 면접을 성공적으로 치렀기 때문에 자신감이 있다.

물론 면접을 잘 하게 되면 자신감이 붙을 수 있습니다. 하지만 자신감이 있는 사람이 면접을 잘 본다는 것도 사실입니다. 자신감 있게 대답하고 자신의 생각을 말하는 사람은 쭈뼛쭈뼛한 사람보다 훨씬 적극적이고 믿을 만하게 보일 테니까요. 그렇기 때문에 이 상황 역시 인과 관계가 어느 쪽인지 분명하지 않습니다. 현동이 면접을 잘 치러서 자신감이 붙은 건지, 그가 자신감이 있는 사람이기 때문에 면접을 잘 치렀는지는 주어진 정보만을 가지고는 쉽게 판단할 수 없습니다. 그렇기 때문에 추가 정보가 제공될 때까지 인과 관계에 대한 논증을 유보하는 것이 현명합니다.

### 연습 문제

다음 예문을 잘 읽어보시고 인과 관계가 반대일 수도 있는 논증이 무엇인지 맞춰보세요.

**9.** 요즘 사람들은 가족 가치관이 부족하다. 그 이유는 너무 많은 사람들이 이혼을 하기 때문이다.

**10.** 희주는 운동을 시작한 이후로 자신감이 생겼다.

**11.** 컴퓨터 제조사가 많은 이유는 컴퓨터 제조 비용이 낮기 때문이다.

**12.** 준호는 전자 기기에 대한 수업을 들었기 때문에 스스로 전자 제품을 고친다.

### 해답

**9.** "너무 많은 사람이 이혼을 하는 것은 사람들이 가족 가치관이 부족해서이다"라고 말할 수도 있습니다. 사회적 · 심리적 현상은 요인들이 매우 복잡하게 엮여 있고 인과 관계를 따지기 쉽지 않습니다.

**10.** 자신감이 생겨서 운동을 시작하였다라고 말할 수도 있겠지만, 상식적으로 생각해 볼 때 운동을 시작한 것이 자신감을 생기게 했다는 것이 더 가능성이 높습니다.

**11.** 이 반대인 "컴퓨터 제조 비용이 낮기 때문에 컴퓨터 제조사가 많다"라고 말할 수도 있습니다. 제조 비용이 낮아 업계에 진입하는 문턱이 낮기 때문에 제조사가 많아졌을 수도 있지요. 특별한 기술이나 큰 자본이 필요하지 않는 식당을 개업하는 것이 더 쉬운 것과 비슷하죠.

**12.** 위의 10번과 마찬가지로 스스로 전자 제품을 고치고 이를 더 배우고 싶어서 전자 기기에 대한 수업을 들었다는 것도 가능하지만, 수업을 들었기 때문에 스스로 전자 제품을 고치는 것이 좀 더 상식적입니다.

## 17.4. 요 약

귀납적 추리에서 원인이 무엇인지 알아내는 방법은 두 가지가 있습니다. 바로 차이점과 공통점이 무엇인지 찾아보는 것이지요. 그리고 이와 더불어 간과한 점이 없는지, 특히 간과한 공통점은 없는지 신중히 확인해 보아야 합니다. 인과적 논증에서는 "이 후에, 따라서 이 때문에"의 오류에서처럼 먼저 일어난 사건이 후에 일어난 사건의 원인이라고 오판하는 것에 주의해야 하며, "닭이 먼저냐 달걀이 먼저냐" 하는 것처럼 어떤 것이 원인이고 어떤 것이 결과인지 섣불리 판단하지 말아야 합니다.

### 다음 레슨까지 연습해 볼 것

- 어떤 결과의 원인이 무엇인지 추리할 때 사람들이 어떻게 오류를 저지르는지 한번 관찰해 보세요. 사람들은 흔히 다른 가능성에 대해 깊이 생각해 보지 않고 처음 떠오르는 생각이나 남의 말을 듣고 원인을 추리해 결론을 내립니다. 사람들이 간과하는 것이 무엇인지, 또 좀 더 깊이 생각을 해 보았을 때 진짜 원인은 무엇인지 곰곰이 생각해 보세요.
- 역사책이나 역사와 관련된 다큐멘터리를 한번 찾아서 보세요. 역사학자들은 특정 사건과 관련 있는 모든 사건과 상황을 꼼꼼히 검토하고 인간 사회와 인간 심리가 작동하는 원리를 고려해 역사적 사건의 원인과 결과에 대한 이론을 세웁니다. 특히 역사적으로 논란이 되는 사건이나 인물, 그리고 이의 영향에 대한 양 쪽의 주장을 꼼꼼히 검토해 보시고 여러분만의 결론을 내려보세요. 정치적 성향 때문에 편파적일 수 있는 언론보다는 학술적으로 인정 받는 백과사전에 나온 항목, 특히 "논란"과 같은 소제목 아래의 서술을 잘 검토해 보세요.

LESSON 18

# 숫자는 거짓말하지 않는다

"그는 통계를 마치 술 취한 사람이 가로등을 사용하는 것처럼 사용한다. 밝히려고 사용하는 게 아니라 지지하려고 사용하지."
("He uses statistics as a drunken man uses lampposts—for support rather than for illumination.")

앤드루 랭(Andrew Lang), 1844~1912
스코틀랜드의 시인이자 문학가

**레슨 요약**

통계는 논증을 강화하기 위해 자주 쓰이지만, 항상 믿을 만하진 않습니다. 이번 레슨에서는 통계치의 타당성을 판단하는 방법과 인용된 통계치가 신뢰할 만한지를 확인하는 방법에 대해 알아보겠습니다.

논증을 할 때 숫자의 위력은 꽤 강력합니다. 의견보다 더 믿을 만해 보입니다. 그 이유는 숫자는 객관적이고 구체적으로 보이기 때문입니다. 하지만 항상 숫자를 믿어서는 안 됩니다. 말과 단어와 마찬가지로 조작될 수 있기 때문이죠. 비판적인 사고를 하는 여러분은 숫자가 조작될 수 있는 방법을 알고 설문 조사 결과나 통계치, 혹은 다른 수치를 제시된 그대로 받아들이기 전에 이들의 타당성을 평가해 보는 습관을 들여야 합니다.

## 18.1. 출처를 확인하세요

통계치나 수치를 볼 때 가장 먼저 해야 할 일은 바로 출처를 확인하는 일입니다. 이 정보가 오는 곳은 어디일까요? 먼저 정보의 출처를 알아야 정보의 신뢰성을 판단할 수 있습니다.

수치는 흔히 출처를 밝히지 않고 사용되는 경우가 많습니다. 하지만 이런 경우는 자동으로 주의하는 것이 좋습니다. 출처를 명시하지 않으면 해당 수치가 어디서 왔는지는 가늠할 수가 없지요. 한 예를 봅시다.

한국인의 80%는 TV에 선정적인 내용이 난무한다고 생각한다.

이 주장을 보면 아마 속으로 '80%나 되다니, 대단히 높은 수치인걸!'이라는 생각이 들 겁니다. 하지만 이 수치는 출처를 밝히고 있지 않기 때문에, 이 수치를 있는 그대로 받아들이려고 했다면 다시 생각해 보는 것이 좋습니다. 이 수치의 타당성을 고려하기 위해선 누가 이런 설문 조사를 했는지를 먼저 알아내야 합니다. 신뢰할 만한 출처가 없는 수치는 별다른 가치가 없고 받아들일 때도 확신을 가져서는 안 됩니다. 특히 논증하는 이가 자신의 주장이 통계적인 자료로 뒷받침되는 모양새를 갖추기 위해 수치를 만들어 냈을 수도 있음을 생각해 보아야 합니다.

출처가 제시되었다면 그 다음에 해야 하는 일은 이 출처의 신뢰성을 따져 보는 것입니다. 지난 레슨에서 알아본 바와 같이 신뢰성을 따져볼 때는 편파성과 전문성을 고려해야 합니다.

다음의 예문을 한번 보세요.

1. "우리 아이들을 위한 TV 프로그램 부모회"에 따르면 한국인의 80%는 TV에 선정적인 내용이 난무한다고 생각한다.
2. 최근 서강대학교 연구진의 설문 조사에 의하면 한국인의 80%는 TV에 선정적인 내용이 난무한다고 생각한다.

예문 1의 출처에서 제시된 통계치를 받아들이시겠습니까? 아니면 예문 2의 출처는 어떤가요?

두 출처 모두 나름대로의 전문성이 있겠지만, 아마도 대학교 연구진의 전문성이 더 뛰어날 것입니다. 하지만 그보다 더 중요한 것은 바로 예문 1의 출처는 편파적일 수도 있다는 것입니다. 아이들을 위한 TV 프로그램을 원하는 부모 집단이 TV의 선정성에 대해 공평하기는 어려울 것입니다.

이런 종류의 집단은 설문 조사를 해석함에 있어서 편파적일 가능성이 크며, 자신들의 가치에 부합하는 특정한 결과가 나오도록 설문 내용과 결과를 직간접적으로 조작했을 가능성도 배제할 수 없습니다. 지난 레슨에서 알아본 편파적인 질문을 사용해 공정한 답변을 어렵게 하는 것은 물론, 문항에서 선택할 수 있는 항목이 제한적일 수도 있습니다. 특정 집단만을 직간접적으로 골라 설문할 수도 있죠. 예를 들어, 위와 같은 결과를 얻기 위해 가정 주부들이 집에 있을 만한 시간에 휴대전화가 아닌 집전화로 설문 조사를 하며, 설문 초기에 TV의 선정성에 대한 유도 질문이나 사례 제시 등을 통해 해당 주제가 문제라는 인식을 심어준 뒤, "TV에서 선정적인 내용이 많다고 생각하십니까"라고 물어보고, '예/아니오'로만 답하게 하면 80%라는 수치를 얻을 수도 있습니다. 또한 이 항목에 대한 해석을 "선정적인 내용이 난무한다고 생각한다"라고 해서 발표를 해버릴 수도 있는 것이지요. 이처럼 이해관계나 가치관에 연관이 있는 기관의 편파성은 항상 주의해야 합니다.

그에 반해 대학 연구진의 설문 조사는 학계의 기준에 맞추어 보다 전문적으로 이루어졌을 가능성이 높습니다. 대부분의 명성 있는 대학의 연구는 학계의 다른 연구자들이 면밀히 검토한 후에 발표되기 때문에 편파성이나 통계적 실수가 포함되어 있을 가능성이 낮습니다. 물론 연구진이 직접 발표한 내용이 아닌, 연구 결과를 신문 기자 등 비전문가가 나름대로 인용하고 해석한 경우에는 인용한 사람의 편파성과 전문성을 따져 보아야 합니다.

### 연습 문제

다음 예문의 통계치가 신뢰할 만한지 판단해 보고, 그 이유도 생각해 보세요.

1. "아기사랑 식품"의 설문 조사에 의하면 이유식을 먹는 아기는 모유를 먹는 아이보다 30% 정도 덜 까다로운 것으로 나타났다.
   이유:

2. "한국교사연합회"는 학원 교사의 70%가 학생들에게 주요 개념을 제대로 설명하지 못하는 것으로 나타났다고 발표했다.
   이유:

3. 내셔널 지오그래픽은 고산지대의 알려진 동물 중 5%가 멸종 위기에 처해 있다고 밝혔다.
   이유:

**해답**

1. 이유식을 만들어 파는 식품 업체는 아기들이 어떤 음식을(모유 아니면 이유식) 먹느냐에 직접적인 이해 관계가 있기 때문에 이런 통계는 편파적일 수 있습니다.
2. 교사들의 모임인 기관은 교육에 대한 전문성은 인정되지만, 학교를 주축으로 하는 공교육을 하는 사람들로서 학원을 주축으로 하는 사교육에 우호적이지 않을 수 있습니다. 그렇기 때문에 이런 통계 역시 편파적일 수 있으므로 주의해야 합니다.
3. 내셔널 지오그래픽은 동물과 환경 등의 분야에서의 전문성이 잘 알려진 기관이기 때문에 멸종 위기의 동물을 보호하는 데 관심이 있겠지만 편파적이라고 보기는 어렵습니다. 그러므로 이런 통계는 신뢰할 수 있을 것입니다.

## 18.2. 표본 크기의 중요성

가장 이상적인 조사는 관련 집단의 모든 사람에 대해서 조사하는 것입니다. 하지만 **집단**(population)의 모든 사람을 조사하는 것은 현실적으로 불가능한 경우가 대부분이기 때문에 조사를 하는 사람들은 집단의 **표본**(sample)을 선택해서 조사합니다. 하지만 이럴 경우 집단 전체의 실태나 의견을 오롯이 반영하지 못하는 결과가 나올 수도 있습니다.

물론 표본의 크기가 크면 클수록 그 조사는 집단 전체를 잘 대변할 것입니다. 예를 들어, 서울 시민들의 길거리 노점상에 대한 생각을 조사하는 경우, 10명의 시민을 조사하는 것보다 100명, 그리고 1,000명을 조사하는 것이 시민 전체의 의견을 좀 더 잘 반영할 것입니다.

하지만 많은 사람을 조사하는 것은 시간과 비용이 너무나 듭니다. 그래서 통계학적으로 신뢰할 만한 결과를 얻기 위해서 필요한 표본의 크기를 계산해 낼 수는 있지만, 우리가 매번 통계치를 들어볼 때마다 이런 계산을 할 수는 없습니다. 사회 현안과 관련된 설문 조사의 이상적인 표본 크기와 최소 표본 크기는 아래와 같습니다.

| 집단의 크기 | 이상적 표본 크기 | 최소 표본 크기 |
|---|---|---|
| 수십 명 이하 | 집단의 모두, 혹은 대부분 | 집단의 모두, 혹은 대부분 |
| 수백 명 이하 | 집단의 대부분에서 절반 이상 | 집단의 대부분에서 30% 이상 |
| 수천 명 이하 | 집단의 절반 이상에서 최대 약 1,000명 | 집단의 30% 이상에서 최대 약 400명 |
| 수만 명 이상 | 약 1,500명 | 약 400명 |

이를 보면 집단의 크기가 작은 경우 대부분을 조사해야 되지만, 집단의 크기가 커질수록 조사해야 되는 사람의 비율이 줄어들며, 집단의 크기가 수만 명이 넘어가면 필요한 표본의 크기가 일정 수준에서 멈추는 것을 알 수 있습니다. 예를 들어, 이상적인 표본 크기를 목표한다면 50명 정도의 어린이들이 다니고 있는 작은 유치원에서 부모님(약 100명)의 생각에 대해 조사를 할 때는 거의 모든 부모님을 조사해야 합니다. 하지만 500명 정도의 학생들이 다니고 있

는 고등학교에서 학생들의 의견을 묻는다면, 절반이 넘는 300~400명 정도의 학생을 조사해도 통계적으로 매우 정확한 결과를 얻을 수 있습니다. 하지만 인구가 6만 명 이상이 넘는 거창군, 155만 명인 대전광역시, 1,000만 명이 넘는 서울특별시, 그리고 심지어 각각 3억, 13억 명이 넘는 미국과 중국을 설문 조사할 때도 약 1,500명 정도의 표본만 있으면 통계적으로 비교적 정확한 결과를 얻을 수 있습니다.

실제로 신문이나 뉴스를 꼼꼼히 보시면 한국갤럽 같이 신뢰할 만한 조사 기관이 특정 지역의 여론이나 (수만~수백만 명) 전 국민의 생각에 대한 조사 결과를(5,000만 명) 발표할 때, 보통 최소 500명 정도에서 최대 2,000명 정도의 표본 크기를 가지고 있다는 것을 보실 수 있을 겁니다. 만약 최소 표본 크기에도 미치지 못하는 설문 조사의 표본 크기를 본다면, 그 설문 조사의 결과에 의심을 가져보아야 합니다.

### 연습 문제

**4.** 다음 예문을 읽고 질문에 답해 보세요.

여러분이 다니고 있는 대학에서 졸업 준비생의 취업에 대한 생각을 조사하려고 합니다. 학교 교무처에 의하면 다음 학기에 졸업 예정자인 학생은 5,000명 정도라고 합니다. 여러분은 몇 명의 학생을 조사해야 모든 졸업 준비생의 생각을 정확하게 반영할 수 있을까요?

(a) 50명
(b) 100명
(c) 500명
(d) 1,000명

### 해답

**4.** 1,000명까지 조사할 수 있으면 이상적이겠지만 이는 현실적으로 어려울 수 있습니다. 500명을 목표로 조사를 한다면 충분할 것입니다. 하지만 50명, 100명만 조사한다면 조사 결과를 신뢰하기 어렵습니다.

## 18.3. 대표 표본, 무작위 표본, 편차 표본

대학에서 테니스 팀에 속해 있는 당신은 어떤 수업의 과제로 학비와 운동부 지원에 대한 학생들의 생각을 조사해 보려고 합니다. 하지만 당신은 다양한 학생을 조사할 시간적·금전적 여유가 없습니다. 그래서 운동부 담당 교무실로 가서 약 300명에 달하는 운동부 학생 모두에게 이메일을 보내 조사를 하려고 합니다. 이 조사에 충분히 많은 학생들이 참여한다면, 이 조사 결과는 교내 전체 학생들의 생각을 정확하게 반영할 수 있을까요?

아마 그렇게 되기 어려울 것입니다. 그 이유는 당신이 선택한 운동부 300명이라는 표본이 당신이 조사하려고 하는 전체 학생을 오롯이 **대표**하지 못하기 때문입니다. 당신의 표본이 전체 학생을 대표하려면 운동부뿐만이 아니라 학교 내 여러 그룹의 모든 학생들을 대변할 수 있어야 합니다. 학생회, 음악 동아리, 컴퓨터 동아리 같은 다양한 그룹에 속해 있는 학생들뿐만이 아니라 아무 그룹에 속해져 있지 않은 보통 학생들도 표본에 포함되어야 한다는 것이지요. 게다가 이런 다양한 학생들을 비율에 맞게 포함해야 합니다. 예를 들어, 학생의 절반이 남자, 절반이 여자라면 여러분이 선택한 표본도 이와 같은 비율을 가져야 합니다. 그 이외로 전공, 동아리 활동, 연령 등의 다양한 부분을 비율에 맞게 잘 반영해야 대표성이 생기는 것이죠.

그렇다면 어떻게 이런 다양한 그룹을 잘 대표할 수 있게끔 표본을 선택할 수 있을까요? 바로 **무작위**로 표본을 선택하면 됩니다. 대표하고자 하는 집단에 속해 있는 사람 모두 중 일부를 무작위로 선택하게 되면, 집단의 모든 사람은 표본으로 뽑힐 가능성이 똑같아지기 때문에 집단을 가장 잘 대표할 수 있는 표본이 선택될 가능성이 높아지는 것입니다. 그리고 이렇게 무작위로 대표 표본을 선택하지 못한다면

**편차** 표본이 됩니다. 아래의 예문을 한번 보세요.

> 6,000명의 표본을 조사한 설문에서 78%의 사람들은 A 정당 출신인 시장이 일을 잘 한다고 생각한다고 나타났다.

이 주장은 무려 6,000명이나 되는 표본을 조사했다고 나옵니다. 6,000명이라면 절대 다수의 설문 조사의 표본 수를 뛰어넘는 엄청난 수이고, 숫자만 봤을 때 매우 정확하게 집단의 생각을 반영할 것 같아 보입니다. 하지만 이 조사에선 어떻게 이 6,000명이 표본으로 선택되었는지 말해주지 않습니다. 시민들이 사는 지역과 경제·사회적 수준, 원래 가지고 있던 정치적 성향이 설문 조사 결과에 큰 영향을 끼칠 수 있기 때문에 아무리 표본이 많다 하더라도 이 표본이 어떻게 선택되었는지를 알아야 합니다.

예를 들어, 6,000명 모두가 A 정당의 당원이라면 일을 잘 한다고 생각하는 사람의 수가 압도적으로 높을 수밖에 없을 것입니다. 하지만 이 결과는 반대 당의 당원은 물론 어느 당의 당원도 아닌 대다수의 사람들의 생각을 잘 반영한다고 말할 수는 없을 것입니다. 마찬가지로 6,000명 모두가 A 정당이 득세를 하는 지역이거나, 혹은 A 정당 또는 이 시장의 공약으로 인해 수혜를 입은 지역의 사람들이라면 이 역시 문제일 것입니다.

그렇다면 어떻게 해야 설문 조사가 편차 표본이 아닌 대표 표본을 조사했다는 것을 알 수 있을까요? 신뢰할 만한 기관에서 공정하고 전문적으로 조사한 설문은 항상 표본의 크기와 표본이 선택된 방법을 명시합니다. 예를 들어 다음과 같습니다.

> 최근 한 설문 조사는 명동을 방문하는 해외 여행객을 무작위로 500명을 선택해 명동의 먹거리에 대해 물어보았다.

> 서울 시내에 거주하는 60세에서 65세 사이의 퇴직자를 무작위로 200명 선택해 설문 조사한 결과, 현 65세인 서울 지하철의 노인 무임 승차 혜택을 60세로 내려야 한다는 것에 70%가 찬성했다.

이와 같은 주장은 정확하게 어떤 집단과 표본이 조사되었는지를 밝히기 때문에 그만큼 더 신뢰할 수 있습니다.

### 생각해 보기

많은 설문 조사가 전화를 통해 이루어지는데, 사실 전화를 받고도 설문에 참여하지 않는 사람이 참여하는 사람보다 훨씬 많은 게 일반적입니다. 설문 조사의 특성상 표본으로 선택된 사람에게 응답을 강요할 수는 없습니다. 그렇다면 응답을 하는 사람과 하지 않는 사람도 차이가 있을까요? 대부분의 경우 그렇다고 생각할 수 있습니다. 비응답 편향(non-response bias)이라고 불리는 현상은 응답자와 비응답자의 반응이 다름을 나타냅니다. 자신의 시간을 들여 설문 조사에 참여하는 사람과 시간이 없거나 혹은 어떤 이유에서든지 시간을 들이고 싶어 하지 않는 사람의 생각이 다를 수도 있음은 쉽게 추측해 볼 수 있습니다. 예를 들어, 특정 사안에 대해 무관심하거나 혹은 오히려 환멸을 느껴 설문 조사에 응답조차 하고 싶어하지 않을 수도 있습니다. 하지만 비응답 편향을 추측해 볼 수는 있어도 확인하기는 쉽지 않습니다. 조사에 응하지 않아 답변을 얻지 못했기 때문에 그 사람이 어떤 생각을 가지고 있는지는 알 수 없기 때문이죠. 하지만 이는 어쩔 수 없는 부분이기 때문에 절차에 잘 따라서 전문적으로 시행된 설문 조사의 결과를 반박하는 데 사용하기는 어렵습니다. 설문에 참여하지 않은 사람의 의견은 대부분 이럴 것이다라고 말하는 것은 의견일 뿐 객관적인 증거가 없기 때문이죠. 전문적인 설문 조사 기관은 그래서 항상 자신들의 조사치를 공개할 때 응답률도 같이 공시를 합니다. 가장 일반적인 무작위로 휴대전화나 집전화로 전화를 걸어 하는 설문 조사의 평균 응답률은 얼마나 될 것 같나요? 혹시 이런 전화를 받고 그냥 끊거나 바빠서 통화할 시간이 없다고 하신 적이 있으신가요? 다음 번에 신문이나 뉴스에서 신뢰할 만한 조사 기관의 설문 조사 결과를 공개할 때, 응답률이 몇 퍼센트나 되는지 한번 확인해 보세요.

### 연습 문제

다음 주장을 보고 설문 조사의 표본이 대표 표본인지 편차 표본인지 판단해 보세요.

**5.** **주제**: 교내 안전에 더 많은 투자를 해야 하는가?
**집단**: 재학 중인 학생
**표본**: 교내 범죄로 피해를 입은 여학생

**6.** **주제**: 시내의 주차 공간은 충분한가?
**집단**: 시내에 거주하는 사람과 방문자
**표본**: 시내 곳곳의 보행자

**7.** **주제**: 신중초등학교는 수업 시간을 기존보다 1시간 늘려야 하는가?
**집단**: 자녀가 신중초등학교에 다니는 부모
**표본**: 학부모회 회원

**8.** **주제**: 컴퓨터 게임은 너무 폭력적인가?
**집단**: 중학생 이하의 자녀가 있는 부모
**표본**: 주말에 전국 공공도서관을 중학생 이하의 자녀와 함께 방문하는 부모

### 해답

**5.** **편차 표본**. 교내 범죄로 피해를 입은 여학생만 대상으로 조사를 한다면 다른 학생보다 교내 안전에 훨씬 큰 불만을 가지고 있을 가능성이 높습니다. 이 학생들이 피해자이긴 하지만 교내 안전에 대한 투자는 학비를 내고 다니는 재학 중인 모든 학생의 이해와 직접적인 관련이 있기 때문에 전체 학생의 의견을 올바르게 반영하는 것이 중요합니다. 또한 이 학교가 여대가 아닌 이상에야 여학생만 조사하는 것도 결과를 편파적으로 만들 수 있습니다.

**6.** **대표 표본**. 시내 곳곳을 걸어 다니는 사람들은 시내에 거주하는 사람과 시내를 방문 중인 사람을 잘 대표할 것입니다.

**7.** **편차 표본**. 맞벌이를 하는 등의 이유로 학부모회에 참가하지 못하는 부모가 많을 텐데, 이런 사람들은 학교가 수업 시간을 늘리는 것을 더 찬성할 수도 있습니다.

**8.** **대표 표본**. 자녀와 함께 주말에 공공도서관을 방문하는 부모는 다양한 직업과 사회·경제적 위치, 가치관 등을 지녔을 가능성이 높습니다. 그렇기 때문에 이 사람들은 중학생 이하의 자녀가 있는 모든 부모를 잘 대표한다고 볼 수 있습니다.

## 18.4. 사과와 오렌지를 비교하기

영어에는 사과와 오렌지를 비교한다는 표현이 있습니다. 비교될 수 없는 전혀 다른 두 가지를 비교한다는 말인데, 이는 논증을 할 때, 특히 수치를 비교할 때도 자주 볼 수 있는 실수 중 하나입니다. 다음 예문을 한번 읽어보세요.

> 1972년 미국에서 허쉬 초코렛바는 5센트밖에 하지 않았다. 하지만 요즘은 같은 물건을 적어도 50센트는 줘야 한다. 이는 1,000% 이상 가격이 오른 것이다.

1,000% 이상이나 가격이 오르다니, 너무 오른 것 같지 않나요? 하지만 실제로 이렇게까지 물건 값이 올랐을까요?

이러한 주장의 문제점은 실제로 허쉬 초코렛바의 판매 가격이 10배 이상이나 올랐다고 하더라도 공정한 비교가 아니라는 점입니다. 왜냐하면 1972년의 5센트는 지금의 5센트보다 더 가치가 있었으니까요. 이런 경우 표면적인 수치를 비교하는 것은 올바르지 못합니다. 대신 돈의 가치가 하락하여 물건의 가격이 올라가는 인플레이션을 고려해서 가격을 비교해야 합니다. 미국 기준으로 1972년에서 2014년 사이의 총 인플레이션은 약 500%(5배)이므로, 실제로 이 물건의 가격은 2배 남짓 오른 것이라고 볼 수 있습니다.

수치를 비교할 때는 항상 그 비교가 공평한지를

따져보아야 합니다. 이미 알아본 바와 같이 금전적인 비교는 인플레이션 등을 고려해야 하지요. 또 다른 주의해야 할 점은 무엇이 있을까요? 아래 예문을 한 번 보세요.

> 1990년에 우리 군의 실업자는 500명밖에 되지 않았다. 하지만 2010년에는 실업자가 1,000명이나 되었다. 이는 지난 20년간 2배나 오른 수치이다. 실업이 우리 지역에 큰 문제가 되고 있다.

이 주장의 문제는 무엇일까요? 지난 20년간 실업자의 수가 2배나 늘었으니 군의 경제에 심각한 문제가 있는 것일까요? 하지만 만약에 지난 20년간 군의 인구가 5만 명에서 15만 명으로 급격하게 증가한 것이라면 이 수치를 어떻게 받아들여야 할까요?

실업자의 수가 아닌 실업률, 즉 총 인구에서 실업자의 비율을 따져보면 1990년에는 실업률이 1%였지만 2010년에는 실업률이 0.67%로 오히려 감소한 것이 됩니다. 2010년에는 1990년보다 실업이 더 큰 문제가 아니라는 것이죠. 이렇게 단순한 수치와 비율이 우리에게 시사하는 바가 다른 경우는 실생활에서도 흔히 찾아볼 수 있습니다. 누군가가 여러분에게 단순한 수치를 제시하며 논증을 할 때에, 그 수치를 비율로 바꾸었을 때도 같은 이야기를 하는지 확인해 보아야 합니다.

혹은 다음과 같은 불공평한 비교도 생각해 보세요.

> A 병원의 의사들은 B 병원 의사들보다 최소 침습 수술인 관절경 수술을 더 많이 한다. B 병원의 의사들은 더 큰 절개를 해야 하는 기술을 사용한다. (역자주: 관절경 수술은 무릎 수술 등에 쓰이며 절개를 최소화함.)

만약 여러분이 무릎 수술을 해야 한다면, A 병원으로 가야 할까요? 아마 그러기 전에 다른 것을 고려해 보아야 할 것입니다. 만약 B 병원의 의사들은 관절경 수술로 해결하기 어려운 희귀하거나 복잡한 수술을 전문으로 한다면, 관절경 수술 건수 하나로 두 병원을 비교하는 것은 무리가 있습니다.

### 연습 문제

다음의 수치가 공정한 비교를 하고 있는지 맞춰 보세요.

**9.** 나는 이 아파트를 70년대에 3천만 원을 주고 샀는데, 지금의 시세는 2억이 넘는다. 나는 엄청난 이득을 보았다.

**10.** 저 셔츠는 5만 원인데, 나는 똑같이 생긴 셔츠를 2만 원에 샀다. 나는 물건을 싸게 잘 샀다.

**11.** 태국 방콕시에 거주하는 사람들의 평균 소득은 인플레이션을 감안해도 지난 20년간 50%나 올랐다.

### 해답

**9.** 공정하지 않습니다. 인플레이션을 고려해야 실제로 이득이 생겼는지 알 수 있습니다.

**10.** 만약 셔츠의 품질도 똑같다면 공정한 비교일 것입니다. 만약 생긴 것만 똑같고 품질의 차이가 있다면 싸게 잘 샀다고 말하기 어렵겠지요.

**11.** 공정한 비교입니다.

## 18.5. 요 약

통계치나 수치도 거짓말을 할 때가 있습니다. 통계치나 수치를 볼 때는 이의 출처가 신뢰할 만한 곳인지 따져봐야 합니다. 또한 통계치의 표본 크기는 충분한지, 표본이 올바른 방법으로 선정되어 표본이 집단을 잘 대표하는지의 여부도 생각해 보아야 합니다. 마지막으로 수치를 비교할 때 그 비교가 공정한지도 꼼꼼히 검토해야 합니다.

## 다음 레슨까지 연습해 볼 것

- 발행 부수가 많은 우리 나라의 대표적인 신문에서 설문 조사 결과를 한번 찾아보세요. 그리고 설문 조사 결과 말미에 어떤 정보가 표시되어 있는지 잘 찾아보세요. 대상 집단, 표본 크기, 표본 선택 방법 등이 자세히 기술되어 있나요? 설문 조사 기관은 신뢰할 만한 곳이던가요?
- 여러분이 평소 궁금했던 점을 설문 조사한다고 생각해 보고 계획을 짜 보세요. 대상 집단은 무엇인가요? 어떻게 대표 표본을 선택할 건가요? 표본 크기는 얼마가 적당할까요? 이전 레슨에서 배운 지식과 융합하여 어떻게 질문을 해야 공평한지도 생각해 보세요.

LESSON 19

# 문제 해결 다시 보기

"여러분의 생각을 바꾸세요. 그러면 여러분이 세상을 바꾸게 됩니다."
("Change your thoughts, and you change the world.")

노먼 빈센트 필(Norman Vincent Peale), 1898~1993
목사, 작가. *The Power of Positive Thinking*의 저자

### 레슨 요약

심심풀이로 논리 문제나 퍼즐을 풀어보는 것은 재미있지만, 간혹 이들이 여러분의 미래를 결정하기도 합니다. 이번 레슨에서는 여러분의 논리와 추리 능력을 테스트하는 시험에서 대처하는 방법에 대해 알아보겠습니다

비판적 사고와 추리 능력은 실생활에서 여러분이 문제를 풀고 결정을 내리는 데 큰 도움을 줍니다. 하지만 이런 능력은 시험에서도 큰 효과를 발휘합니다. 대학교, 대학원에 진학한다거나, 취직과 관련된 시험을 본다거나, 진급 시험을 본다거나 하는 경우에 말이죠. 이런 종류의 시험에서는 크게 다음과 같은 세 종류를 시험하는 논리 및 추리 관련 문제를 볼 수 있습니다.

- 상식
- 타당한 증거와 그렇지 않은 증거를 구분할 수 있는 능력
- 증거에서 논리적인 결론을 이끌어낼 수 있는 능력

여러분은 지난 18개의 레슨에서 비판적인 사고와 연역적 · 귀납적 추리에 대해 널리 공부해 보았기 때문

에 이미 이런 문제를 잘 풀 수 있는 능력을 가지고 있습니다. 이번 레슨에서는 이런 문제의 유형을 알아보고 연습해서 올바른 답변을 빨리 찾아내는 방법에 대해 알아볼 것입니다.

## 19.1. 상 식

여러분의 상식을 시험하는 문제는 주로 결정을 내려야 하는 시나리오를 중심으로 이루어져 있습니다. 문제에 제시된 상황이 익숙한 상황이 아니고 문제 자체도 복잡해 보이는 경우가 많지만, 문제를 부분으로 나누어 보고 상황을 논리적으로 검토해 본다면 충분히 올바른 답을 고를 수 있습니다.

### 예시 문제

다음 예문을 읽고 문제에 답하세요.

경찰관이 두 자동차가 충돌한 사고 현장에 도착했다. 사고는 경미해 보이지 않는다. 경찰관은 다음과 같은 일을 어떤 순서로 해야 하는가?

(1) 증인의 목격담을 기록한다.
(2) 응급 처방이 필요한 사람이 있는지 확인한다.
(3) 자동차를 길 가장자리로 옮긴다.
(4) 운전자들의 증언을 기록한다.

(a) 2, 4, 3, 1
(b) 2, 4, 1, 3
(c) 2, 3, 1, 4
(d) 4, 2, 3, 1

정답은 (b)입니다. 상식적으로 생각해 보시면 누구나 가장 먼저 해야 할 일은 응급 처치가 필요한 사람이 있는지 판단하고 이를 해결하는 것입니다. 그렇기 때문에 2가 가장 먼저 와야지요. 그 후엔 무엇을 해야 할까요? 증인의 목격담도 중요하긴 하지만, 사고 당사자의 증언이 더 중요할 것입니다. 그렇다면 당사자의 증언을 먼저 들어봐야 할까요, 아니면 자동차를 길 가장자리로 옮겨야 할까요? 물론 뒤 차가 앞 차의 범퍼를 정면에서 살짝 박은 사고와 같이 책임 소재가 분명하고 자동차에 남은 상처가 유일한 증거라면 (도로에 파편 등이 남아있지 않음) 차를 옮겨도 후에 상황을 올바르게 이해하는 데 큰 지장이 없을 것입니다. 하지만 사고가 경미해 보이지 않는다고 했기 때문에 사고 현장을 충분히 검토하기 전에 자동차를 움직여서는 안 될 것입니다. 그렇기 때문에 4, 운전자의 증언을 듣고 1, 다른 증인의 목격담을 들은 뒤 3, 자동차를 가장자리로 옮기는 것이 가장 적절한 대응이라고 할 수 있습니다.

### 연습 문제

1. 예시 문제에서 본 상황에서, 경찰관이 사고 운전자들이 모두 응급 상황에 처해 있는 걸 보았다고 가정해 보고, 그 다음에 경찰관이 해야 할 일을 순서대로 세 가지 적어보세요.

   (1)

   (2)

   (3)

### 해답

1. 사람들의 안전이 우선이기 때문에 경찰관이 가장 먼저 해야 할 일은 "구급차를 부르는 것"입니다. 경찰관이 응급 처치 등에 어느 정도 의학적 지식이 있을 수는 있지만, 구급요원에 비할 바는 못 될 것입니다. 그 다음에는 무엇을 해야 할까요? 운전자들이 응급 상황에 처해 있는 경우라면 자동차가 입은 충격도 상당할 것이고, 이는 추가적인 위험 요소가 될 수 있습니다. 그렇기 때문에 경찰관이 두 번째로 해야 할 일은 "재빨리 추가적인 위험 요소를 판단하는 것"입니다. 자동차에 불이 난다거

나 폭발이 발생한다면 사고 운전자뿐만 아니라 자신에게도 위험이 될 수 있기 때문에 위험 요소를 판단하고 사고 운전자를 대피시키는 등의 행동을 해야 합니다. 그리고 교통 상황이 자신이나 운전자의 안전에 위협이 된다고 판단된다면 교통 통제를 하거나 대피해야 할 것입니다. 마지막으로, 세 번째로 할 일은 "사고 운전자들에게 응급 처치를 할 수 있는지 판단하는 것"입니다. 대부분의 경찰관은 간단한 응급 처치를 할 수 있도록 교육받기 때문에 자신이 운전자를 응급 처치할 수 있는지를 먼저 판단한 뒤, 그렇다고 생각되면 응급 처치를 해야 합니다.

### 연습 문제

**2.** 하늘이는 뒤뜰에 정원을 꾸미려고 합니다. 다음과 같은 일을 어떤 순서로 해야 할까요?

(1) 이 지역에서 잘 자라는 식물이 무엇인지 알아낸다.
(2) 조심스럽게 씨앗을 심는다.
(3) 주기적으로 물을 주고 거름도 준다.
(4) 뒤뜰의 잡초를 뽑고 땅을 간다.

(a) 3, 2, 1, 4
(b) 1, 4, 2, 3
(c) 4, 1, 3, 2
(d) 2, 3, 4, 1

### 해답

**2.** 정답은 (b)입니다. 가장 먼저 하늘이 살고 있는 지역에서 잘 자라는 식물이 무엇인지 알아야 정원에 심을 식물의 청사진을 그릴 수 있을 것입니다. 그 뒤에는 잡초를 뽑고 땅을 갈아 씨앗을 심을 준비를 한 뒤, 씨앗을 심고 주기적으로 물을 주면 됩니다.

## 19.2. 증거를 평가하기

논리력을 시험하는 문제들은 연역적 추리와 귀납적 추리 능력 모두를 시험합니다. 그렇기 때문에 증거를 평가할 수 있는 능력은 필수적입니다. 연역적 논증에서 효과적인 증거는 신뢰할 수 있고 합리적이어야 합니다.

### 예시 문제

다음 예문을 읽고 문제를 풀어보세요.

대학 강사인 슬기는 교무처장을 찾아가 영문학부보다 수학부가 더 많은 사무용 기기를 가지고 있다고 항의하려 합니다. 다음 중 슬기의 주장을 가장 효과적으로 뒷받침해 줄 주장은 무엇일까요?

(a) 영문학부 사람들 모두 슬기와 동의한다.
(b) 30명이 있는 영문학부는 프린터와 팩스 기계가 하나씩밖에 없지만, 35명이 있는 수학부는 프린터가 세 대, 팩스가 두 대, 스캐너가 한 대 있다.
(c) 영문학부 수업을 수강하는 학생수가 수학부 수업을 수강하는 학생보다 8% 더 많다.
(d) 영문학부는 수학부보다 프린터를 더 많이 사용한다.

정답은 (b)입니다. 왜냐하면 (b)가 주장과 관련 있는 증거를 구체적으로 제시하기 때문이죠. (a)도 여러 사람이 동의한다는 것을 보여주기 때문에 어느 정도 효과가 있겠지만 교무처와 같이 전체 부서를 관장하는 사무적인 곳에서는 구체적인 수치보다는 효과가 떨어집니다. (c)는 주장과 직접적인 관련성이 떨어지며 8%는 큰 수치가 아니기 때문에 효과가 많이 떨어집니다. (d) 역시 (a)와 마찬가지로 슬기의 주장을 뒷받침해 주긴 하지만 구체적이지 않아 (b)만큼 효과적이지는 않습니다.

### 연습 문제

다음 예문을 읽고 질문에 답하세요.

우리 지역의 도서관장인 동환은 시의회와의 회의에서 보유 중인 오디오 북의 숫자를 늘린다면 공공 도서관의 이용률이 오를 것이라고 말했다.

**3.** 다음 중 동환의 논증을 가장 잘 뒷받침해 줄 통계치는 무엇인가?
(a) 매년 출판되는 오디오 북의 비율
(b) 작년에 오디오 북을 요청한 도서관 이용자의 수
(c) 오디오 북으로 전환되는 베스트셀러의 수가 늘고 있다는 통계
(d) 시각적 장애가 있는 사람의 수에 대한 통계

**4.** 다음 중 동환의 논증을 가장 잘 반박할 수 있는 것은 무엇인가?
(a) 공공 도서관에 더 이상 투자하지 말라는 시민들의 진술
(b) 분실되거나 연체된 도서관 물건에 대한 통계
(c) 오디오 북이 공공 도서관에서 대출된 적이 거의 없다는 통계
(d) 매년 도서관을 사용하는 사람의 수

### 해답

**3.** (b). 이 통계치가 오디오 북이 더 많이 있다면 도서관을 사용하는 사람의 숫자가 늘 것이라는 동환의 주장을 가장 잘 뒷받침합니다. (a)와 (c)는 동환의 주장과 직접적인 연관이 없으며, (d) 역시 직접적이지 않고 시각적 장애인만 오디오 북을 사용하는 것이 아니기 때문에 주장을 강하게 뒷받침해 주지 못합니다.

**4.** (c). (a)도 도서관장의 주장을 반박할 수 있으나 많고 다양한 시민들의 진술일 때만 가능합니다. (b)와 (d)는 논증과 직접적인 관련이 없습니다. 그에 비해 (c)는 도서관장의 주장을 정면으로 반박합니다. 다만, 도서관장은 도서관 이용자들이 어떤 오디오 북을 요청하는지를 제시하며 현재 보유 중인 오디오 북의 숫자가 너무 적기 때문에 대출된 적이 거의 없다라는 반론을 펼 수 있을 것입니다.

## 19.3. 증거에서 결론을 도출하기

여러분의 추리 능력을 시험하는 또 다른 흔한 문제 유형은 증거로부터 결론을 도출하는 문제들입니다. 우리는 이미 귀납적 논증에 대해 공부해 보았기 때문에 지금까지 배운 내용을 곰곰이 떠올려 본다면 익숙하지 않은 문제 유형도 충분히 감당할 수 있을 것입니다. 또한 다른 선다형 문제들과 마찬가지로 이런 종류의 문제에서도 몇몇 보기는 쉽게 제거할 수 있습니다. 정답이 무엇인지 헷갈린다면 우선 틀린 답을 먼저 제거하고 고민해 보세요.

### 예시 문제

다음 예문을 읽고 지문에 답하세요.

자동차가 도로를 이탈해 나무를 들이박았습니다. 도로에는 죽은 고라니까지 이어지는 바퀴 자국이 남아 있습니다. 그리고 이 바퀴 자국은 도로를 이탈해 자동차가 나무를 박고 멈춘 지점까지 이어집니다. 자동차는 나무를 정면으로 들이박았지만 충격은 그리 크지 않았습니다. 이 증거로 미루어 볼 때 무슨 일이 일어났을까요?

(a) 운전자는 고라니를 치려고 했으며 자동차의 중심을 잃었다.
(b) 운전자는 졸음 운전을 하다가 고라니를 치고 깜짝 놀라서 일어났다.
(c) 운전자는 고라니를 피하려고 했으며 자동차의 중심을 잃었다.

(d) 운전자는 음주 운전을 하고 있었으며 자동차의 중심을 잃었다.

도로에 바퀴 자국이 있다라는 증거는 (a)와 (b)와 부합되지 않습니다. 운전자가 고의적으로 고라니를 치려고 했거나 졸음 운전을 하고 있었다면 급하게 브레이크를 밟아 바퀴 자국을 남기지는 않았을 것입니다. 또한 나무를 박은 충격이 크지 않다는 것은 운전자가 도로를 이탈하기 전에 속도를 줄였음을 의미합니다. 운전자가 음주 운전을 했다는 (d)는 증거와의 상관 관계가 다소 부족하며, 증거를 직접적으로 설명해 주지도 못합니다. 그에 비해 (c)는 운전자가 도로 위에서 고라니를 발견해 급하게 제동을 해서 도로에 바퀴 자국을 남겼으나, 결국 고라니를 피하지 못하고 친 뒤 차체의 중심을 잃어 도로를 이탈해 나무와 충돌하였다는 시나리오로 모든 증거와 부합되며, 상식적으로 이 증거를 가능한 사건으로 연결시켜 줍니다.

## 연습 문제

**5.** 용균, 용현, 용욱, 용우는 네 형제입니다. 용우는 용현보다 2살이 많습니다. 용현은 용욱보다 1살이 어립니다. 용균은 34살이고 용욱보다 2살이 어립니다. 네 형제 중 가장 나이가 많은 사람은 누구일까요?

(a) 용균
(b) 용현
(c) 용욱
(d) 용우

**6.** 옛날 옛적에 서로 전쟁이 끊이지 않던 6개의 나라가 있었다. 이 중 한 나라의 이름 있는 외교관이었던 기문은 여섯 나라가 더 이상 싸우지 않도록 합의를 하는 자리를 어렵게 마련하였다. 여섯 나라가 모두 국경을 맞대고 있는 바다의 배 위의 원탁에서 합의가 이루어질 예정인데, 각 나라의 왕들은 앙심을 품고 있는 왕 옆에는 앉으려 하지 않는다. 다음의 제한 사항을 가장 잘 만족시키는 원탁 배치는 무엇일까?

- 왕 1은 왕 2 옆에 앉을 수 없다.
- 왕 3과 4는 붙어서 앉아야 하나, 왕 4는 왕 1 옆에 앉을 수 없다.
- 왕 5는 아무 옆에나 앉아도 되지만 왕 3 옆에는 앉을 수 없다.
- 왕 6은 왕 3이나 4 옆에 앉을 수 없으며 왕 5 옆에 앉고 싶어한다.

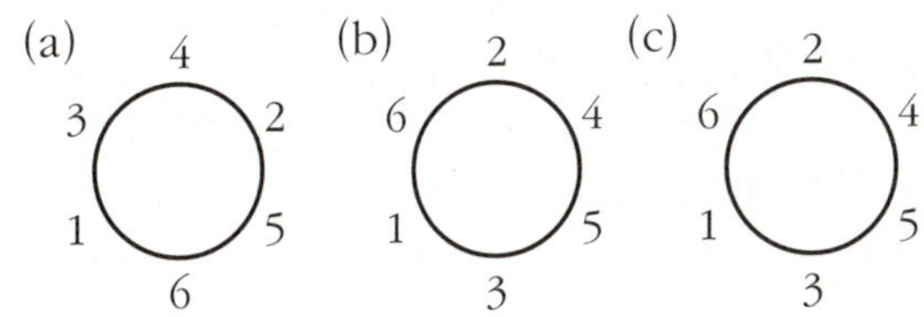


## 해답

**5.** (d). 이런 종류의 문제는 기준점을 중심으로 각 인물의 나이를 계산해 나가면 됩니다. 용균의 나이가 34라고 밝혀져 있기 때문에, 이를 기준으로 용균보다 2살 더 많은 용욱이 36살, 용욱보다 1살 어린 용현이 35살, 그리고 용현보다 2살 더 많은 용우가 37살로 가장 나이가 많은 것을 알 수 있습니다.

**6.** (a). 이런 종류의 문제는 복잡해 보이지만 조건에 부합하지 않는 답변을 제거하면 의외로 쉽게 정답을 구할 수 있습니다. 가장 첫 번째 조건인 “왕 1은 왕 2 옆에 앉을 수 없다”는 모든 보기가 충족을 시킵니다. 하지만 두 번째 조건인 “왕 3과 4는 붙어 앉아야 한다”를 충족시키는 답변은 (a)밖에 없습니다. (a)의 자리 배치를 다른 조건과 비교해 보면 모든 조건에 부합한다는 것을 알 수 있기 때문에 (a)가 정답임을 쉽게 알 수 있습니다.

## 19.4. 요 약

여러분의 비판적 사고와 추리 능력을 시험하려는 문제들은 주로 세 가지를 시험합니다. 여러분이 얼마나 상식에 의거해 생각할 수 있는지, 타당한 증거와 그렇지 않는 증거를 구분할 수 있는지, 그리고 증거에서 논리적인 결론을 도출해 낼 수 있는지가 바로 그것입니다. 문제가 복잡해 보이고 예문이 길어 보여도 문제의 핵심이 무엇이고 문제를 부분으로 나눌 수 있다면 풀지 못할 정도로 어려운 문제는 거의 없습니다. 또한 선다형 문제에서는 확실한 오답을 먼저 제거함으로써 문제 푸는 속도를 높일 수 있습니다.

### 다음 레슨까지 연습해 볼 것

- 서점에 가서 논리 문제나 퍼즐을 한번 살펴보세요. 아니면 인터넷으로도 재미있는 문제들을 찾아볼 수 있습니다. 처음에는 다소 어렵거나 난해하다고 느껴질 수도 있지만, 논리력은 타고나기보다 길러지는 성격이 강하기 때문에 연습을 하다 보면 시험 문제에서뿐만이 아니라 일상 생활에서도 유용한 논리적 문제 해결 능력을 키우게 될 것입니다.
- 여러분만의 논리 문제를 한번 만들어보세요. 농부가 여우와 거위, 그리고 콩 자루를 한 번에 하나씩만 가지고 강을 건너야 하는 강 건너기 퍼즐 같은 것을 여러분만의 방식으로 바꾸어 보아도 됩니다. 그리고 이 문제를 가족과 친구에게 시험해 보세요. 여러분이 누구나 이해할 수 있게끔 정답에 대한 설명을 미리 꼼꼼히 준비하세요.

LESSON 20

# 지금까지 배운 내용 종합해 보기

"홉스야, 내가 생각하고 있었는데"
"주말에?"
"뭐, 딱히 생각하려고 그랬던 건 아닌데..."
("I've been thinking Hobbes—"
"On a weekend?"
"Well, it wasn't on purpose...")

캘빈과 홉스(Calvin and Hobbes)
빌 와터슨(Bill Watterson, 1985~1995)의 만화 캐릭터

**레슨 요약**

이번 레슨에서는 레슨 11에서 19까지 공부해 보았던 내용을 복습해 보고 융합하여 연습해 볼 것입니다.

지난 9개의 레슨에서 배운 내용을 융합해 보기 전에 어떤 내용을 배웠는지 복습해 봅시다. 레슨 11 전의 내용을 복습해 보고 싶으시면 레슨 10을 다시 읽어보세요.

## 레슨 11. 논리적 오류: 감정에 호소

레슨 11에서는 사람들이 여러분을 설득시키기 위해 이성보다 감정에 호소하여 자신들의 주장을 받아들이게 끔 한다는 것에 대해 알아보았습니다. 사람들은 공포감 조성, 아부/아첨, 동료 압력, 그리고 동정심 유발과 같

이 우리의 본능적인 욕구를 자극하여 자신들이 원하는 바를 관철시킵니다.

## 레슨 12. 논리적 오류: 논리 사칭

레슨 12에서는 논리적으로 보이나 실은 논리적이지 않은 오류에 대해 알아보았습니다. 잘못된 딜레마 혹은 흑백 논리의 오류는 두 개의 선택권밖에 없는 것처럼 주장을 하나 실은 더 많은 선택권이 있는 경우입니다. 미끄러운 경사면의 오류에서는 X가 발생하면 Y가 따라서 발생한다고 주장하나, 실은 X의 발생이 자동적으로 Y의 발생을 의미하지 않습니다. 순환 추리는 결론과 전제가 꼬리를 물어 다시 결론으로 돌아오는 추리로서, 실제로 결론을 뒷받침하는 증거는 존재하지 않으며 결론을 뒷받침하기 위해 조금 다른 표현을 전제로 사용하는 논증도 여기에 포함됩니다. 피장파장의 오류는 자신의 잘못을 덮거나 정당화 시키기 위해 다른 사람의 잘못을 들추어 내거나 일어나지 않은 일의 가능성을 들먹이는 것을 말합니다.

## 레슨 13. 논리적 오류: 주의 분산과 본질 왜곡

레슨 13에서는 주의를 돌리고 본질을 왜곡시키는 논리적 오류에 대해 알아보았습니다. 인신 공격, 혹은 대인 논증의 오류는 논증이 아닌 논증하는 사람을 공격하는 것입니다. 주의 전환의 오류는 관련이 없는 사안을 불러와 주의를 전환시키는 것이며, 허수아비 논법은 반대편의 주장을 약점이 많은 것처럼 포장하거나 바꿔치기해서 공격하는 것을 말합니다.

## 레슨 14. 설명의 타당성

레슨 14에서는 설명의 타당성을 평가해 보는 방법을 알아보았습니다. 먼저 설명은 관련이 있고 검증이 가능해야 합니다. 또한 설명은 순환적이면 아무런 효과가 없습니다. 마지막으로 설명이 자신이 가지고 있는 기존 지식과 얼마나 잘 조화되는지도 고려해 보아야 합니다.

## 레슨 15. 귀납적 추리 1

레슨 15에서는 귀납적 추리란 증거로부터 논리적인 결론을 도출하는 것이라고 알아보았습니다. 우리는 전제가 결론으로 이어질 가능성이 매우 높은 경우를 좋은 귀납적 추리라고 합니다.

## 레슨 16. 성급하게 내린 결론

레슨 16에서는 귀납적 추리의 오류인 성급한 일반화, 편파적인 일반화, 그리고 불합리한 논증에 대해 알아보았습니다. 성급한 일반화는 불충분한 증거에서 섣불리 결론을 내리는 것을 말하며, 편파적인 일반화는 편파적인 증거로부터 결론을 내리는 것을 말합니다. 그리고 불합리한 논증은 전제로부터 논리적으로 이어지지 않는 결론을 내리는 것을 말합니다.

## 레슨 17. 귀납적 추리 2

레슨 17에서는 원인이 무엇인지 판단하는 두 가지 방법에 대해 알아보았습니다. 첫 번째는 차이점이 무엇인지 알아보는 것이고 두 번째는 공통점이 무엇인지 알아보는 것입니다. 또한 인과 관계를 오판하는 오류 중 하나인 "이 후에, 따라서 이 때문에"의 오류도 알아보았습니다. 이 오류는 X가 Y보다 앞서 일어났기 때문에 X가 Y의 원인이라고 생각하는 것입니다. 또한 "닭이 먼저냐, 달걀이 먼저냐" 같이 복잡한 사회·심리적 현상에서 원인과 결과를 쉽게 구별하지 못한다는 것도 알아보았습니다.

## 레슨 18. 숫자는 거짓말하지 않는다

레슨 18에서는 통계치나 수치를 볼 때 주의해야 할 점에 대해 알아보았습니다. 통계치나 수치를 볼 때, 이들의 출처가 신뢰할 만한 곳인지, 표본 크기는 적당한지, 그리고 표본이 대상 집단을 잘 대표하는지에 대해 잘 확인해 보아야 합니다. 또한 사과와 오렌지를 비교하는 것처럼 비교할 수 없는 수치를 비교하는 경우를 주의해서 살펴보아야 한다고 배웠습니다.

## 레슨 19. 문제 해결 다시 보기

레슨 19에서는 각종 진학, 취직, 혹은 진급 시험에서 흔히 볼 수 있는 비판적 사고와 추리 능력을 시험하는 문제에 대해 알아보았습니다. 이러한 문제들은 주로 여러분의 상식과 올바른 증거를 알아보는 능력, 그리고 증거에서 결론을 논리적으로 도출할 수 있는 능력을 시험합니다.

### 생각해 보기

만약 방금 복습하신 부분 중에 조금 낯선 부분이 있다면 꼭 해당 레슨으로 돌아가서 복습해 보기 바랍니다. 특히 어떤 단어가 정확하게 무얼 뜻하는지 모르겠다면 필히 해당 레슨으로 돌아가서 그 단어를 찾아봐야 합니다. 단 한 단어라도 제대로 이해가 가지 않을 때는, 그 단어가 포함된 문장은 물론 해당 문단과 해당 레슨에 대한 이해도가 크게 떨어질 수 있습니다. 제대로 이해하지 못한 하나의 단어가 그 문장의 이해도를 낮추고, 그 문장이 앞 뒤 문장과 해당 문단의 이해를 낮추는 등, 효과는 계속 퍼질 수 있기 때문입니다.

### 연습 문제

이제 이 책의 첫 열 개의 레슨에서 배운 내용과 방금 복습해본 내용을 합쳐서 아래의 문제를 풀어봅시다.

다음 예문을 읽고 질문에 답하세요.

열대 우림 파괴를 중단하라! 이제는 열대 우림 파괴에 종지부를 찍을 시간입니다. 우리가 지금 당장 행동하지 않으면 수천 개의 회사가 지구의 가장 아름다운 정원을 파괴할 것이며 엄청난 양의 이산화탄소를 대기 중에 배출할 것입니다. 여러분은 우리 다음 세대가 오존 층에 구멍을 뚫고 끔찍한 지구 온난화를 초래하는 이 죽음의 가스에 노출되길 바랍니까? 여러분은 열대 우림에서 살고 있는 원주민들의 거주지를 파괴하고 그들의 문화를 말살하는 세대의 일부가 되고 싶으신가요? 최근 한 연구 결과에 의하면 한국인의 75%가 열대 우림 파괴를 반대하고 있습니다.

**1.** 이 예문에서 쓰인 귀납적 추리의 오류는 무엇인가요?
(a) 순환 추리
(b) 완곡어법
(c) 미끄러운 경사면의 오류
(d) 허수아비 논법

**2.** "죽음의 가스"라는 표현은
(a) 완곡 어구이다.
(b) 위악 어구이다.
(c) 대인 논증이다.
(d) 성급한 일반화이다.

**3.** "여러분은 열대 우림에서 살고 있는 원주민들의 거주지를 파괴하고 그들의 문화를 말살하는 세대의 일부가 되고 싶으신가요?"라는 질문은
(a) 완곡 어구이다.
(b) 동정심 유발이다.
(c) 불합리한 논증이다.
(d) 편파적인 질문이다.

**4.** "최근 한 연구 결과에 의하면 한국인의 75%가 열대 우림 파괴를 반대하고 있습니다"라는 질

문은 어떤 문제가 있는가요?

(a) 이 연구를 한 주체가 누군지 말해주지 않는다.

(b) 표본 크기가 명시되어 있지 않다.

(c) 선택된 표본이 누구인지 명시되어 있지 않다.

(d) 위의 답 모두

**5.** 이 논증은 신뢰할 만한 사실을 제공하고 있나요? 그렇다면 그것이 무엇인지 아래에 적어보세요. 만약 그렇지 않다면 잠정적 진실이라고 받아들일 수 있는 주장은 있나요?

### 생각해 보기

지금까지 배운 내용을 융합시켜 보려고 하는 것이 조금 복잡하고 어렵다고 느끼실 수도 있습니다. 하지만 자전거 타기나 자동차 운전을 배울 때처럼, 처음에는 기억하고 생각할 게 너무나 많게 느껴지지만, 조금만 연습하면 이 모든 게 자연스러워집니다. 가끔 책에서 배운 내용이 헷갈릴 때마다 복습해 보면 어느새 추리 능력이 크게 발전된 것을 느낄 수 있을 것입니다.

6번에서 10번까지는 추리나 비판적 사고 과정을 나타내는 예문입니다. 이 중 몇 예문에서는 말하는 이의 추리에 문제가 있습니다. 예문을 읽고 말하는 이가 한 추리의 문제점을 가장 잘 나타내는 답을 고르세요. 추리에 문제가 없거나 말하는 이가 중립을 지킨다면 (d)를 고르세요.

**6.** "부모님께서 내 음악 세계를 인정해 주시든지, 아니면 난 집을 나와버릴 거야. 이 방법밖엔 없어."

(a) 말하는 이는 순환 추리를 사용하고 있다.

(b) 말하는 이는 미끄러운 경사면의 오류를 범하고 있다.

(c) 말하는 이는 흑백 논리를 구사하고 있다.

(d) 말하는 이의 추리에는 문제가 없다.

**7.** "이 회사 볼펜 좀 가져가야겠다. 다른 사람들도 다 가져가던데, 뭘."

(a) 말하는 이는 편파적인 일반화를 하고 있다.

(b) 말하는 이는 공포감을 조성하고 있다.

(c) 말하는 이는 피장파장의 오류를 범하고 있다.

(d) 말하는 이의 추리에는 문제가 없다.

**8.** "내가 그 여자 한번 만나봤는데, 시큰둥해 하고 별로 말도 없더라. 그 여자는 무례하고 불친절한 사람이야."

(a) 말하는 이는 허수아비 논법을 하고 있다.

(b) 말하는 이는 성급한 일반화를 하고 있다.

(c) 말하는 이의 증거는 기존 지식과 부합되지 않는다.

(d) 말하는 이의 추리에는 문제가 없다.

**9.** "아이가 하루 종일 아무 것도 먹지 않아서 배고파 한다."

(a) 말하는 이는 순환 추리를 사용하고 있다.

(b) 말하는 이의 증거는 신뢰할 수 없다.

(c) 말하는 이의 증거는 잠정적 진실이다.

(d) 말하는 이의 추리에는 문제가 없다.

**10.** "나는 중국어를 배우고 싶다. 중국어는 취직하는 데 도움이 되기 때문이다."

(a) 말하는 이는 대인 논증을 하고 있다.

(b) 말하는 이의 원인과 결과가 뒤바뀔 수도 있다.

(c) 말하는 이는 "이 후에, 따라서 이 때문에"의 오류를 저지르고 있다.

(d) 말하는 이의 추리에는 문제가 없다.

다음 예문을 읽고 질문에 답하세요.

다민이네 집에 도둑이 들었다. 다민이가 집안 깊숙이 숨겨 둔 귀금속만 쏙 사라졌다. 다민이는 귀금속의 위치를 알고 있는 사람은 자신의 어머니와 약

혼자인 초록이뿐이라고 주장한다. 다민이는 최근에 직장을 잃었다. 초록은 도둑이 들었을 시간에 회사에 있었고 귀금속의 위치를 다른 사람에게 말한 적이 없다고 하였다. 초록의 상사와 동료들은 초록이 그 시간에 회사에서 일하고 있었다고 증언했다. 하지만 초록의 상사는 초록과 계속 있었던 것은 아니며 중간에 외출을 했다고 한다. 초록의 상사는 몇 년 전 보험 사기에 연루되어 처벌 받은 적이 있다. 다민은 예전부터 귀금속에 수천만 원에 달하는 보험을 들어 놓았으며 최근에 귀금속을 재감정하여 보험 금액을 조정하였다.

**11.** 다음 중 증거에 의거해 가장 논리적인 결론은 무엇인가?

(a) 다민은 보험금을 타 내기 위해서 이 사건을 꾸몄다.

(b) 초록이 귀금속을 훔치고 상사에게 돈을 줘 거짓 증언을 부탁했다.

(c) 다민, 초록, 그리고 상사가 보험금을 타내기 위해 사건을 꾸몄다.

(d) 다민은 초록과 그의 상사가 꾸민 일의 피해자이다. 초록과 그의 상사는 귀금속을 훔치고 장물을 팔아 돈을 나누었으며 초록은 다민의 보험금을 같이 쓸 것이다.

**12.** 초록의 상사의 증언은 믿을 수 있는가? 그 이유는 무엇인가?

## 해답

**1.** (c). 이 예문에 쓰인 귀납적 논증의 오류는 미끄러운 경사면의 오류입니다. 왜냐하면 우리가 지금 행동하지 않으면 수천 개의 회사가 몰려와 열대 우림을 파괴하고 여러 나쁜 일이 일어날 것이라고 주장하지만, 필히 그렇게 된다는 근거는 충분치 않습니다.

**2.** (b). "죽음의 가스"는 "이산화탄소"를 매우 부정적으로 표현한 것이기 때문에 위악어법이 사용되었습니다.

**3.** (d). 이 질문은 "예"라고 대답하기 어렵게 만들기 때문에 편파적인 질문입니다.

**4.** (d). 이 통계치의 출처는 어디이며 표본 크기가 몇 명이고 표본이 어떻게 선택되었는지가 포함되지 않았습니다.

**5.** 예문에서 객관적인 사실처럼 제공되는 증거는 한국인의 75%가 열대 우림 파괴를 반대한다는 통계치밖에 없습니다. 하지만 이 통계치의 출처가 제시되지 않았기 때문에 사실이라고 받아들일 수는 없습니다. 다만 이 통계치를 잠정적 진실이라고 받아들일 수는 있습니다.

**6.** (c). 예체능을 하고 싶어 하는 청소년과 자식이 안정된 생활을 하길 바라는 부모님 사이에서 심심치 않게 볼 수 있는 갈등입니다. 서로 한발씩 양보하며 점진적으로 상황을 해결해 나가는 해결 방법은 무수히 많겠죠.

**7.** (c). 말하는 이는 남들도 다 회사 물건을 훔치기 때문에 자신의 행동도 정당화된다고 주장하며 피장파장의 오류를 범하고 있습니다.

**8.** (b). 어떤 사람을 단 한번만 만나 보고 그 사람에 대해 판단을 내리는 것은 성급한 일반화의 오류를 저지르는 것입니다.

**9.** (d).

**10.** (d).

**11.** (c). 주어진 증거를 모두 조합해 보면 다민, 초록, 그리고 초록의 상사 세 명이 이 자작극을 꾸몄다고 결론 내리는 것이 가장 타당합니다. 다민은 최근에 직장을 잃었기 때문에 돈이 필요할 것이고, 또 최근에 자신의 귀금속을 재감정한 것도 다민이 이 사건에 연루되었을 가능성을 크게 높입니다. 초록의 상사는 예전에도 보험 사기에 연루된 적이 있기 때문에 그가 이 사건에도 연루되어 있을 가능성이 높습니다. 게다가 초록은 범죄가 발생했을 때 회사에 있

었고, 그래서 다른 동료들이 자신의 알리바이가 되어주지만, 초록의 상사는 이 순간에 회사에 없었기 때문에 그가 실제로 보석을 훔치는 행동을 했을 가능성이 높습니다.

**12.** 이번 사건도 보험 사기인 정황이 있고, 초록의 상사는 이미 보험 사기로 처벌을 받은 적이 있기 때문에 그의 증언의 신뢰성은 의심해볼 만합니다.

다음은 각 문제와 관련이 깊은 레슨입니다. 만약 정답을 고르시는 데 애를 먹으셨거나 문제를 틀리셨다면 각 레슨을 다시 복습해 보세요.

|  |  |
|---|---|
| 문제 1 | 레슨 12 |
| 문제 2 | 레슨 6 |
| 문제 3 | 레슨 6 |
| 문제 4 | 레슨 18 |
| 문제 5 | 레슨 3 |
| 문제 6 | 레슨 12 |
| 문제 7 | 레슨 12 |
| 문제 8 | 레슨 16 |
| 문제 9 | 레슨 17 |
| 문제 10 | 레슨 13 |
| 문제 11 | 레슨 15, 19 |
| 문제 12 | 레슨 5, 19 |

# 사후 검사

이제 지난 스무 레슨 동안 여러분의 비판적 사고와 추리 능력이 얼마나 나아졌느냐를 시험해 보기 위해 사후 검사를 해 보세요. 여기에 나오는 문제들은 사전 검사의 문제들과 다르지만 같은 지식과 기술을 시험합니다. 차이점이 있다면 사후 검사에서는 우리가 지난 스무 레슨 동안 배워 온 단어와 개념들을 사용한다는 것이죠.

사후 검사를 마치신 뒤 채점을 해 보세요. 만약에 점수가 크게 오르셨다면 여러분은 이 책을 통해서 비판적 사고와 추리 능력을 크게 향상시킨 것입니다. 이는 축하할 만할 일입니다. 여러분의 보다 날카로워진 사고와 추리 능력은 여러분의 일상에 도움이 될 뿐만 아니라 여러분의 가족과 우리 모두가 살고 있는 사회를 보다 공정하고 효율적인, 요즘 쓰이는 말로 "착한" 사회가 되는 데 기여할 것입니다.

다음 면에는 사전 검사를 위한 답안지가 준비되어 있습니다. 물론 문제지에 직접 답을 표시하셔도 됩니다. 만약 이 책이 공용으로 쓰인다면 작은 메모지나 노트에 1부터 35까지 숫자를 적으시고 거기에 답을 표시하시면 됩니다. 이 시험에는 시간 제한이 없기 때문에 시간을 들여 문제를 푸셔도 됩니다. 문제를 다 푸신 다음에 사후 검사 마지막에 있는 해답지와 비교해 보십시오. 각 해답에는 그 문제에 사용된 추리 능력을 소개하는 레슨이 표시되어 있습니다.

## 사후 검사 답안지

| | | | | |
|---|---|---|---|---|
| 1. | ⓐ | ⓑ | ⓒ | ⓓ |
| 2. | ⓐ | ⓑ | ⓒ | ⓓ |
| 3. | ⓐ | ⓑ | ⓒ | ⓓ |
| 4. | ⓐ | ⓑ | ⓒ | ⓓ |
| 5. | ⓐ | ⓑ | ⓒ | ⓓ |
| 6. | ⓐ | ⓑ | ⓒ | ⓓ |
| 7. | ⓐ | ⓑ | ⓒ | ⓓ |
| 8. | ⓐ | ⓑ | ⓒ | ⓓ |
| 9. | ⓐ | ⓑ | ⓒ | ⓓ |
| 10. | ⓐ | ⓑ | ⓒ | ⓓ |
| 11. | ⓐ | ⓑ | ⓒ | ⓓ |
| 12. | ⓐ | ⓑ | ⓒ | ⓓ |
| 13. | ⓐ | ⓑ | ⓒ | ⓓ |
| 14. | ⓐ | ⓑ | ⓒ | ⓓ |
| 15. | ⓐ | ⓑ | ⓒ | ⓓ |
| 16. | ⓐ | ⓑ | ⓒ | ⓓ |
| 17. | ⓐ | ⓑ | ⓒ | ⓓ |
| 18. | ⓐ | ⓑ | ⓒ | ⓓ |
| 19. | ⓐ | ⓑ | ⓒ | ⓓ |
| 20. | ⓐ | ⓑ | ⓒ | ⓓ |
| 21. | ⓐ | ⓑ | ⓒ | ⓓ |
| 22. | ⓐ | ⓑ | ⓒ | ⓓ |
| 23. | ⓐ | ⓑ | ⓒ | ⓓ |
| 24. | ⓐ | ⓑ | ⓒ | ⓓ |
| 25. | ⓐ | ⓑ | ⓒ | ⓓ |
| 26. | ⓐ | ⓑ | ⓒ | ⓓ |
| 27. | ⓐ | ⓑ | ⓒ | ⓓ |
| 28. | ⓐ | ⓑ | ⓒ | ⓓ |
| 29. | ⓐ | ⓑ | ⓒ | ⓓ |
| 30. | ⓐ | ⓑ | ⓒ | ⓓ |
| 31. | ⓐ | ⓑ | ⓒ | ⓓ |
| 32. | ⓐ | ⓑ | ⓒ | ⓓ |
| 33. | ⓐ | ⓑ | ⓒ | ⓓ |
| 34. | ⓐ | ⓑ | ⓒ | ⓓ |
| 35. | ⓐ | ⓑ | ⓒ | ⓓ |

## 사후 검사

(문제 1~2) 다음 예문을 읽고 질문에 답하세요.

대연이의 10년 된 스테레오 시스템이 망가졌다. 대연이는 스테레오 시스템을 하나 새로 사고 싶어하지만, 어떤 걸 사야 할지 고민 중에 있다. 그는 예산이 얼마 안 되긴 하지만 그래도 품질이 좋아서 오랫동안 쓸 수 있는 제품을 원한다. 그는 예전부터 음악 테이프를 모아 와 수집한 양이 꽤 되지만, CD의 음질이 훨씬 나은 것 같아 최근 들어 테이프에 들은 음악을 CD로 옮기고 있었다.

**1.** 다음 중 대연이 고려해야 할 사안을 우선 순위대로 나열한 것은 무엇인가요?
(a) 가격, 품질, 제조사
(b) 품질, 가격, 기능
(c) 기능, 품질, 제품 보증 기간
(d) 현재 가지고 있는 물건의 중고 가격, 새 물건의 기능

**2.** 다음 중 대연에게 가장 나은 선택은 무엇일까요?
(a) 중간 품질의 스테레오 시스템, CD는 재생 가능하나 테이프는 불가, 평상시 가격.
(b) 높은 품질의 스테레오 시스템, 테이프는 재생 가능하나 CD는 불가, 평상시 가격.
(c) 높은 품질의 스테레오 시스템, CD는 재생 가능하나 테이프는 불가, 30% 세일 중.
(d) 낮은 품질의 스테레오 시스템, CD와 테이프 모두 재생 가능, 30% 세일 중.

(문제 3~4) 다음 문제에서 가장 알맞은 답을 고르세요.

**3.** "코알라는 호주에서 가장 귀여운 동물이다!"는
(a) 사실이다.
(b) 의견이다.
(c) 잠정적 진실이다.
(d) 답 없음.

**4.** "경주 불국사는 우리 나라에서 가장 유명한 관광지 중 하나이다"는
(a) 사실이다.
(b) 의견이다.
(c) 잠정적 진실이다.
(d) 답 없음.

5번에서 20번까지는 추리나 비판적 사고 과정을 나타내는 예문입니다. 이 중 몇 예문에서는 말하는 이의 추리에 문제가 있습니다. 예문을 읽고 말하는 이의 추리의 문제를 가장 잘 나타내는 답을 고르세요. 추리에 문제가 없거나 말하는 이가 중립을 지킨다면 (d)를 고르세요.

**5.** "시는 친환경 매립지의 추가 건설을 고려하고 있습니다."
(a) "친환경 매립지"는 완곡 어구이다.
(b) "친환경 매립지"는 위악 어구이다.
(c) "친환경 매립지"는 불분명한 단어이다.
(d) 말하는 이의 추리에는 문제가 없다.

**6.** "여러분은 공립 학교의 학비를 올려 가정 환경이 어려운 사람들이 교육 받는 것을 더욱 어렵게 하는 것에 찬성하십니까?"
(a) 이 질문은 순환 추리를 사용하고 있다.
(b) 이 질문은 "이 후에, 따라서 이 때문에"의 오류를 저지르고 있다.
(c) 이 질문은 편파적이다.
(d) 말하는 이는 중립을 지키고 있다.

7. "이 사람 한번만 써 보세요. 이 사람 참 좋은 사람인데, 부모님께서 돌아가신 후에 참 힘들어했어요. 사무실에서 일해본 적이 없어서 좀 서툴 수는 있지만, 한번만 기회를 줘 본다면 이 사람한테 참 좋은 일 하는 거예요."
   (a) 말하는 이는 동료 압력을 사용하고 있다.
   (b) 말하는 이는 듣는 이의 동정심에 호소하고 있다.
   (c) 말하는 이는 주의를 전환하려 하고 있다.
   (d) 말하는 이는 중립을 지키고 있다.

8. "그 사람 말 듣지 마요. 이북 출신이잖아."
   (a) 말하는 이는 허수아비 논법을 하고 있다.
   (b) 말하는 이는 주의를 전환하려 하고 있다.
   (c) 말하는 이는 대인 논증을 하고 있다.
   (d) 말하는 이의 추리에는 문제가 없다.

9. "한경숙 스팀 청소기는 초미세먼지에 더욱 강력합니다!"
   (a) 이 광고는 불완전한 주장을 하고 있다.
   (b) 이 광고는 우리의 자만심을 자극하고 있다.
   (c) 이 광고의 주장은 검증이 불가능하다.
   (d) 이 광고에는 아무 문제가 없다.

10. "우리 모두 너무 엄격한 잣대를 적용하는 아파트 시설물 이용 규칙에 항의하러 가는 길이에요. 같이 오실 거죠?"
   (a) 말하는 이는 흑백 논리를 펴고 있다.
   (b) 말하는 이는 순환 추리를 하고 있다.
   (c) 말하는 이는 동료 압력을 행사하고 있다.
   (d) 말하는 이는 중립을 지키고 있다.

11. "선생님, 전 주관식 문제를 모두 틀려서 이 시험에서 낙제했어요."
   (a) 말하는 이는 자만심을 자극하고 있다.
   (b) 말하는 이는 순환 추리를 하고 있다.
   (c) 말하는 이는 원인과 결과를 뒤바꾸어 말하고 있다.
   (d) 말하는 이의 추리에는 문제가 없다.

12. "우리 회사의 보통 직원은 일주일에 45시간밖에 일하지 않고 연봉은 5,000만 원에 달합니다. 굉장하지 않나요?"
   (a) 말하는 이는 성급한 일반화를 하고 있다.
   (b) 말하는 이는 불합리한 논증을 하고 있다.
   (c) 말하는 이가 사용한 보통이란 단어는 오해의 소지가 있다.
   (d) 말하는 이의 추리에는 문제가 없다.

13. "스트레스를 받으신다면 명상을 해 보세요. 저도 스트레스 때문에 속쓰림까지 있었는데 명상을 시작한 이후로 밤에 잠도 잘 자고 일상이 더 즐거워졌어요. 게다가 명상은 한푼도 들지 않아요."
   (a) 말하는 이는 동료 압력을 행사하고 있다.
   (b) 말하는 이는 순환적인 설명을 하고 있다.
   (c) 말하는 이는 성급한 일반화를 하고 있다.
   (d) 말하는 이의 추리에는 문제가 없다.

14. "그래서 결국 우리 회사는 직원을 자르든지, 아니면 망하든지 할 수밖에 없습니다."
   (a) 말하는 이는 흑백 논리를 구사하고 있다.
   (b) 말하는 이는 허수아비 논법을 하고 있다.
   (c) 말하는 이는 미끄러운 경사면의 오류를 저지르고 있다.
   (d) 말하는 이의 추리에는 문제가 없다.

15. "축구의 기본은 발재간이지. 난 발재간이 좋으니까 훌륭한 축구 선수가 될꺼야."
(a) 말하는 이는 불합리한 논증을 하고 있다.
(b) 말하는 이는 대인 논증을 하고 있다.
(c) 말하는 이는 편파적인 일반화를 하고 있다.
(d) 말하는 이의 추리에는 문제가 없다.

16. "우리 나라 교도소가 가득 찬 이유는 판사들이 범죄자들을 교도소에 집어 넣는 데만 신경을 쓰기 때문이다."
(a) 말하는 이는 허수아비 논법을 하고 있다.
(b) 말하는 이는 상식에 의거한 수치를 제시하고 있다.
(c) 말하는 이는 미끄러운 경사면의 오류를 범하고 있다.
(d) 말하는 이의 추리에는 문제가 없다.

17. "내가 성공한 것은 나의 운명이 나를 성공하게끔 이끌었기 때문이다."
(a) 말하는 이는 순환적인 설명을 하고 있다.
(b) 말하는 이는 검증 불가능한 설명을 하고 있다.
(c) 말하는 이는 원인과 결과를 뒤바꾸어 말하고 있다.
(d) 말하는 이의 추리에는 문제가 없다.

18. "헬스장에 가는 것을 멈추면 몸에 해로운 음식을 먹기 시작할 것이고 어느새 심장 질환이 생길 것이다."
(a) 말하는 이는 듣는 이의 동정심에 호소하고 있다.
(b) 말하는 이는 아첨을 떨고 있다.
(c) 말하는 이는 미끄러운 경사면의 오류를 범하고 있다.
(d) 말하는 이의 추리에는 문제가 없다.

19. "엄마, 나도 내가 그 중요한 서류를 잃어버려서 엄마가 나한테 몹시 화가 나 있다는 거 잘 알고 있어요. 하지만 저번 주에 지원이가 엄마가 교재 사라고 준 돈으로 뭘 했는지는 알아요?"
(a) 말하는 이는 주의 전환을 하고 있다.
(b) 말하는 이는 대인 논증을 하고 있다.
(c) 말하는 이는 동료 압력을 행사하고 있다.
(d) 말하는 이의 추리에는 문제가 없다.

20. "새로 생긴 마트에 가 봤어요? 생닭 한 마리에 3,000원밖에 안 하는 걸 보면 아마 우리 동네에서 가격이 제일 싼 가게일 거에요."
(a) 말하는 이의 논증은 검증될 수 없다.
(b) 말하는 이는 성급한 일반화를 하고 있다.
(c) 말하는 이는 완곡어법을 사용하고 있다.
(d) 말하는 이의 추리에는 문제가 없다.

(문제 21~22) 다음 상황에서 가장 신뢰할 수 있는 출처는 무엇일까요?

21. 여러분은 한 지인의 자동차를 사려고 하는데, 이 자동차의 상태가 궁금합니다.
(a) 자동차 주인
(b) 중고차 경매를 하는 친구
(c) 중고차 판매원
(d) 자동차 정비공

22. 여러분은 전당포에서 판매하는 다이아몬드의 품질이 궁금합니다.
(a) 이 전당포에서 물건을 자주 사는 친구
(b) 전당포 주인
(c) 보석 감별사
(d) 골동품 수집인

(문제 23~35) 다음 예문을 읽고 질문에 답하세요.

(1) 학교는 긴 방학 없이 1년 내내 열려 있어야 한다. (2) 특히 12월에서 3월까지 연초에 쉰다는 것은 지난해에 배웠던 내용을 복습한다는 뜻밖에 되지 않는다. (3) 이는 소중한 시간을 낭비하는 것이다. (4) 아이들이 일년에 3~4개월 정도 더 새로운 내용을 배우는 시간이 있다면, 아이들이 얼마나 더 많은 것을 배울 수 있는지 생각해 보라. (5) 또한 맞벌이 부부 가정이나 편부모 가정의 수가 얼마나 많은지 생각해 보면 긴 방학 동안 아이들을 돌보는 것은 금전적으로 가정에 큰 무리가 온다. (6) 방학 기간 동안 아이들을 돌볼 경제적 여유가 없는 가정은 아이들을 그냥 집에 내버려 둘 수밖에 없다.

**23.** 이 논증의 결론은 무엇인가요?
(a) 문장 (1)
(b) 문장 (2)
(c) 문장 (3)
(d) 문장 (4)
(e) 문장 (5)

**24.** 위의 결론은
(a) 사실이다.
(b) 의견이다.
(c) 잠정적 진실이다.

**25.** 결론을 뒷받침하는 주요 전제는 몇 개인가요?
(a) 하나
(b) 둘
(c) 셋
(d) 넷

**26.** 다음 중 이 논증을 가장 효과적으로 강화시키는 것은 무엇일까요?
(a) "전국의 교사들이 동의한다."
(b) "MBC 설문 조사에 의하면 방학 동안 아이를 돌보는 비용은 1주일에 평균 15만 원이다."
(c) "적어도 공립 방학 캠프의 수를 늘리고 가격을 낮추며 캠프 내용을 더 교육적으로 만들어야 한다."
(d) "연구 결과에 의하면 방학 동안 계속 독서를 하는 아이들은 이듬해 학교 성적이 더 좋은 것으로 나타났다."

**27.** 문장 (6)은 다음의 논리적 오류 중 무엇을 저지르나요?
(a) 주의 전환
(b) 허수아비 논법
(c) 흑백 논리
(d) 불합리한 논증

지난 한 달여간 짱구는 평소보다 한 시간 정도 일찍 잠에 들었다. 그때부터 짱구는 더 푹 잤다는 느낌을 받았다. 그는 더 건강하게 식사하기 시작했으며 외식하는 숫자도 줄었다. 그리고 남는 생활비를 적금에 넣기 시작했다. 편두통과 속쓰림도 예전보다 나아졌다.

**28.** 다음 중 짱구의 수면 시간 상승의 결과로서 가능성이 높은 것은 무엇일까요?
(a) 더 푹 잤다는 느낌을 받는 것
(b) 외식하는 숫자가 줄은 것
(c) 적금에 돈을 넣기 시작한 것
(d) (a)와 (c)

**29.** 만약 짱구가 잠을 더 잠으로써 적금에 돈을 넣기 시작했다고 주장한다면, 다음 중 무엇이 진실일까요?

(a) 짱구는 성급한 일반화의 오류를 저지르고 있다.

(b) 짱구는 "이 후에, 따라서 이 때문에"의 오류를 저지르고 있다.

(c) 짱구는 원인과 결과를 뒤바꾸어 생각하고 있다.

(d) 짱구는 논리적 오류를 저지르고 있지 않다.

영란은 아들을 위해 생일 케이크를 만들려 하고 있다. 영란은 케이크를 만들기 위해 다음 네 가지를 해야 한다.

1) 재료를 섞어 케이크 틀에 붓는다.
2) 케이크 위와 옆면을 크림 등으로 장식한다.
3) 케이크 조리법을 보고 사야 할 재료가 무엇인지 확인한다.
4) 마트에 가서 재료를 산다.

**30.** 영란이 해야 할 일을 순서대로 나열한 것은 무엇인가요?

(a) 2, 3, 4, 1

(b) 4, 2, 1, 3

(c) 1, 2, 3, 4

(d) 3, 4, 1, 2

훈이가 다니고 있는 회사가 최근 사내 헬스장을 건설하였는데, 훈이는 직원들이 헬스장 건설 후 운동을 시작했는지를 조사하려고 합니다. 훈이는 헬스장 사용증을 발행 받은 직원들의 명단을 헬스장으로부터 넘겨 받았습니다. 전체 직원의 64%가 헬스장 사용증을 발행 받은 것으로 나타났는데, 이를 근거로 훈이는 전체 직원의 64%가 헬스장 건설 때문에 꾸준한 운동을 시작했다고 결론지었습니다.

**31.** 훈이의 결론은 무엇이 잘못 되었나요?

(a) 훈이는 직원들이 어떤 운동을 하는지에 대해 고려하지 않았다.

(b) 훈이는 회사 헬스장이 열기 전에 다른 곳에서 운동을 하는 직원이 얼마나 되는지 고려하지 않았다.

(c) 훈이는 헬스장 사용증을 발급 받는 사람 전부가 헬스장을 이용하지 않을 수도 있다는 점을 고려하지 않았다.

(d) (b)와 (c)

**32.** 헬스장 건설을 전후로 비교해 훈이가 논리적으로 내릴 수 있는 결론은 무엇인가?

(a) 64%의 직원이 헬스장을 사용하려고 했다.

(b) 직원을 위한 헬스장은 업무 효율을 향상시킨다.

(c) 직장에 헬스장이 있으면 건강한 삶에 더 관심을 갖는다.

(d) 헬스장이 다양한 운동 프로그램을 제공한다면 더 많은 직원이 헬스장을 사용할 것이다.

**33.** 만약 훈이가 새 헬스장이 어떻게 직원들의 삶에 영향을 끼쳤는지 조사하려 한다면 어떤 사람들을 조사해야 대표 표본을 얻을 수 있을까?

(a) 헬스장 건설 이전과 이후 모두에 회사에서 일한 사람

(b) 헬스장 건설 이후 회사에서 일하기 시작한 사람

(c) 회사에서 일한 적이 없는 사람

(d) 헬스장 사용권을 발급 받은 사람

아진은 오늘 오후 5시 전까지 해야 할 집안일의 목록을 만들었다. 오전 10시에 12시까지, 그리고 오후 2시에서 4시까지는 아기가 자기 때문에 청소기를 돌릴 수 없다. 설거지도 해야 하지만 오전 9시에서 10시, 그리고 오후 12시에서 1시까지는 식사를 해야 하기 때문에 이 시간에는 할 수 없다. 저녁 준비는 설거지가 끝나기 전에는 할 수 없고 최대한 저녁 시간에 맞춰서 하려고 한다. 책장과 전등 등에 쌓인 먼지는 청소기를 돌리기 전에 털고 싶어 한다.

**34.** 다음 중 아진에게 가장 이상적인 스케줄은 무엇일까요?

| | 10시~12시 | 1시~2시 | 2시~4시 | 4시~5시 |
|---|---|---|---|---|
| (a) | 청소기 돌리기 | 먼지 털기 | 저녁 준비 | 설거지 |
| (b) | 먼지 털기 | 청소기 돌리기 | 설거지 | 저녁 준비 |
| (c) | 먼지 털기 | 설거지 | 청소기 돌리기 | 저녁 준비 |
| (d) | 설거지 | 저녁 준비 | 먼지 털기 | 청소기 돌리기 |

유리는 결혼식장 테이블에 앉을 사람의 배치도를 짜고 있습니다. 테이블에는 은서(E)가 명수(M) 옆에 앉습니다. 명수와 안나(A)는 두 자리 건너 뛰어 앉게 됩니다. 안나는 충환(C) 옆에 앉습니다. 충환은 명수와 한자리 건너 뛰어 앉습니다. 로하(R)는 테이블 끝에 앉게 됩니다.

**35.** 다음 중 하객의 올바른 배치도는 무엇인가요?

(a) R, A, C, E, M

(b) R, C, M, E, A

(c) E, M, A, C, R

(d) M, C, R, A, E

## 모범 답안

각 해답에 표시된 레슨에서 문제와 연관된 정보를 찾으실 수 있습니다.

**1.** (b) 레슨 2
**2.** (c) 레슨 2
**3.** (b) 레슨 3
**4.** (c) 레슨 3
**5.** (a) 레슨 6
**6.** (c) 레슨 6
**7.** (b) 레슨 11
**8.** (c) 레슨 13
**9.** (a) 레슨 5
**10.** (c) 레슨 11
**11.** (b) 레슨 12
**12.** (c) 레슨 5
**13.** (d) 레슨 7~9
**14.** (a) 레슨 12
**15.** (a) 레슨 15, 16
**16.** (a) 레슨 13
**17.** (b) 레슨 14
**18.** (c) 레슨 12
**19.** (a) 레슨 13
**20.** (b) 레슨 15, 16
**21.** (d) 레슨 4
**22.** (c) 레슨 4
**23.** (a) 레슨 7
**24.** (b) 레슨 3
**25.** (b) 레슨 7
**26.** (b) 레슨 7~9
**27.** (c) 레슨 12
**28.** (a) 레슨 15, 17
**29.** (b) 레슨 17
**30.** (d) 레슨 2, 19
**31.** (d) 레슨 15, 18, 19
**32.** (a) 레슨 15, 18, 19
**33.** (a) 레슨 18
**34.** (b) 레슨 15, 19
**35.** (a) 레슨 15, 19

# 부록: 시험 준비하기

시험 볼 생각을 하면 누구나 조금은 떨리고 긴장하기 마련입니다. 특히 우리의 진로와 미래에 큰 영향을 끼칠 수도 있는 각종 진학, 취업, 진급 시험과 토익, 텝스, GRE 같이 널리 쓰이는 표준화 검사 등에는 더더욱 그렇겠지요. 하지만 떨리고 긴장하는 것을 너무 걱정하실 필요는 없습니다. 이는 자연스러운 것이며, 사실 적당할 경우 오히려 시험을 더 잘 볼 수 있게 해줍니다.

이 부록에는 시험을 준비하여 잘 보기 위해서 명심해야 할 몇 가지 조언을 담아 보았습니다. 시험 몇 주 전부터 미리 차근차근 준비하신다면 항상 목표한 결과를 얻을 수 있을 것입니다.

## 시험 두세 달 전

시험 불안을 해소하는 가장 좋은 방법은 바로 **미리 준비**하는 것입니다. 시험에 나올 내용이 무엇인지 알아보고 시험이 요구하는 지식과 기술을 자각하고 연마하면 됩니다.

### 시험 내용 알아보기

시험이 어떤 지식과 기술을 테스트하나요? 어떤 지식을 알고 있어야 하며, 어떤 기술을 시연해야 하나요? 시험의 포맷은 무엇인가요? 선다형인가요, 아니면 서술식인가요? 시험이 몇 부분으로 나누어져 있고 총 얼마나 걸리나요? 가능하시다면 시험을 관장하는 기관에 문의하여 모의 시험을 구해 보세요. 아니면 서점이나 온라인으로 문제집을 구해 풀어보실 수도 있지요. 시험에 무엇이 나올지 **예측**할 수 있으면 시험 문제를 푸실 때 보다 확신을 가지실 수 있을 것입니다.

### 시험이 요구하는 지식과 기술을 자각하고 연마하기

여러분이 지금 이 책을 공부하고 있다는 사실은 이미 여러분이 거의 모든 시험에서 요구되는 논리적 추리 능력을 함양하고 있다는 뜻입니다. 시험을 잘 보기 위한 첫 단추를 잘 끼우신 셈인데, 그렇다면 다음에 해야 할 일은 무엇일까요? 시험이 요구하는 지식과 기술이 무엇인지 알아 보셨으면, 이제 이를 갈고 닦을 차례입니다. 모의 시험을 한번 풀어 보시면 여러분이 아는 것은 무엇이고 모르는 것은 무엇이며, 또 잘 하는 것은 무엇이고 잘 하지 못하는 것은 무엇인지 알아내실 수 있을 것입니다. 단순히 '이 문제는 맞았구나, 이 문제는 틀렸구나' 해서 틀린 문제의 정답이 무엇인지 아는 것은 큰 도움이 되지 않습니다. 중요한 것은 여러분이 왜 이 문제를 맞출 수 있었는지, 그리고 왜 저 문제는 틀렸는지를 곰곰이 생각해 보고 그 이유를 알아내는 것입니다. 그리고 여러분이 특정한 지식과 기술을 요구하는 문제를 계속 틀리지는 않는지를 냉정하고 정확하게 판단하셔야 합니다. 공부를 잘하고 시험을 잘 보는 방법의 핵심은 스스로가 알고 있는 내용과 알지 못하는 내용을 **자각**하고, 알지 못하는 내용을 **집중적으로 공부**하는 것입니다. 이미 알고 있는 내용을 다시 공부하는 것은 이 내용을 잊지 않게끔 기억을 새롭게 하는 것밖에 되지 않습니다. 모르는 내용을 공부할 때 비로소 새로운 내용을 습득하게 되는 것이지요.

시험이 요구하는 지식과 기술을 여러분 스스로가 얼마나 알고 있고, 또 얼마나 모르고 있다는 것을 정확히 자각할수록 계획적으로 꾸준히 시험 공부를 하실 수 있을 것이며, 시험을 보실 때도 큰 마음의 동요 없이 침착하실 수 있게 되실 것입니다.

## 시험 며칠 전

### 벼락치기를 자제하고 복습하세요

시험보기 몇 주 혹은 몇 달 전부터 시험을 꾸준히 준비하고 계셨다면 시험보기 며칠 전에 벼락치기를 하는 것은 새로운 내용을 습득하는 데 큰 도움이 되지 못하고 오히려 지금까지 공부해 온 내용을 헷갈리게 할 수도 있습니다. 꾸준히 새로운 내용을 공부하시는 것은 좋지만, 시험 며칠 전에는 다급한 마음에 자꾸 새 공부를 하는 것보다 마음을 가다듬고 복습을 하는 것이 더 도움이 됩니다. 복습을 하던 도중 모르는 부분이 있으면 그 부분만 새로 공부를 하시고 계속 복습을 하세요. 시험에서 요구하는 모든 지식을 완벽하게 알고 있지 않더라도 **충분히 만족할 만한 결과**를 낼 수 있다는 점을 명심하세요.

### 간단한 운동을 즐기세요

간단한 운동은 몸과 마음의 긴장을 풀어줄 뿐만 아니라 시험에 대한 걱정과 스트레스 해소에도 도움이 됩니다. 또한 운동은 우리의 사고력과 기억력을 향상시키는 데도 도움을 줍니다. 다만 격한 운동은 몸과 마음의 컨디션을 크게 바꿀 수도 있기 때문에 자제하시는 것이 좋습니다. 가벼운 걷기나 조깅 같은 유산소 운동이나 스트레칭, 요가와 같이 몸의 긴장을 풀어주는 운동을 추천합니다. 가능하다면 마음 편히 얘기할 수 있는 가족이나 친구와 함께 가벼운 운동을 하시면 마음을 가다듬는 데 더욱 도움이 될 것입니다.

### 균형 잡힌 식사를 하세요

우리의 마음을 움직이는 것은 우리의 몸(뇌)이고, 우리의 몸이 필요한 것은 영양분입니다. 필수 영양소를 고루 섭취할 수 있는 균형 잡힌 식사는 명료한 사고의 필수 요소입니다. 너무 짜거나 매운 자극적인 음식을 피하시고 신선한 야채와 과일의 섭취를 늘리세요. 필요하시다면 소화가 잘 되는 음식 위주로 조용하고 편안한 분위기에서 식사하세요. 당분이 과다한 탄산음료나 주스, 초콜릿, 과자, 요구르트(요거트) 등 역시 너무 많이 먹지 마세요.

### 적당히 푹 쉬세요

시험 장소에 시간에 맞춰 도착할 수 있도록 일어나려면 언제쯤 일어나야 하는지 예측해 보시고, 시험 며칠 전부터 그 시간에 일어날 수 있도록 잠자리에 드세요. 예를 들어, 시험 시간이 8시인데 준비해서 도착하는 데까지 넉넉잡아 2시간 정도 걸린다면, 시험 며칠 전부터 아침 6시에 일어날 수 있도록 일찍 잠에 드세요. 다만 평소보다 너무 많이 자는 것은 생활의 리듬을 깰 수 있으니 주의하세요.

### 미리 시험 장소에 가 보세요

시험 장소가 익숙한 곳이 아니라면 꼭 미리 한번 답사해 보세요. 안 그래도 시험 때문에 마음이 초조한데, 낯선 장소에서 길을 찾으려 신경을 쏟는 것은 필요 이상으로 사람을 긴장하게 할 수 있습니다. 시험 장소에 십분 정도 일찍 도착해 주변 환경에 익숙해지면 보다 마음이 편해질 수 있기 때문에, 미리 시험 장소에 가 보아 이동 예상 시간과 교통편을 확실히 알아두세요.

### 추가로 동기를 부여하세요

좋은 시험 결과 자체가 큰 동기가 되겠지만, 보다 즐거운 마음으로 시험에 임할 수 있도록 추가적으로 동기를 부여해 보세요. 시험이 끝난 후 가족이나 친구들과의 외식이나 조촐한 파티를 할 수 있도록 미리 계획을 짜 보세요. 물론 이런 추가적인 계획에 과하게 신경이 팔리면 안 되겠지만, 시험이 끝나면 즐거움이 기다리고 있다고 생각하면 보다 긍정적인 마음으로 시험을 치를 수 있을 것입니다.

## 시험 당일

드디어 시험날입니다! 긴장 때문에 쉽사리 잠에 들지 못할 수도 있으니, 전 날에 조금 일찍 잠자리에 드시고, 아침에는 여유가 있도록 알람을 맞춰두세요. 아침 식사는 거르지 마시고 평소처럼 드시되, 평소에 아침 식사를 잘 하시지 않는다면 속이 불편하지 않는 범위 내에서 간단한 식사가 도움이 됩니다. 지난 며칠 동안과 마찬가지로 너무 당분이 많이 함유된 가공 식품은 지양하고 꾸준히 에너지를 낼 수 있는 복합 탄수화물이 많이 함유된 음식을 드세요. 시험장에 가는 길이나 혹은 도착해서 간식을 먹을 수 있다면 복합 탄수화물과 단백질이 많이 함유된 간식을 준비해 가세요. 적당히 익은 바나나도 매우 훌륭한 간식입니다.

시험 장소에 미리 도착할 수 있도록 충분히 일찍 출발하시고 혹시 모를 교통 체증에도 대비하세요. 시험 장소에 미리 도착해서 주변을 잘 둘러 보시고 주변 환경에 익숙해지세요. 자리에 앉기 전 미리 화장실을 다녀오거나 간단한 스트레칭을 하는 것도 긴장 완화에 큰 도움이 됩니다.

시험에 대한 걱정보다는 시험을 잘 볼 거라는 긍정적인 마음을 갖고 시험이 끝난 후에 얼마나 마음이 홀가분해질지를 떠올려보세요. 열심히 시험에 임하시다 보면 시험이 끝나는 것은 한순간입니다.

## 시험 불안 극복하기

시험을 볼 때 누구나 불안감을 느낍니다. 불안감이란 우리가 무언가를 예측하지 못할 때 생기는데, 시험과 같이 결과에 많은 것이 걸려 있는 경우, 그 미래에 대한 불안이 겹쳐 더욱 우리를 떨리게 만듭니다. 하지만 여러분은 이미 시험에 대해 충분히 알아 보았고 많이 공부했습니다. 여러분이 시험지에 어떤 내용이 나올지를 완벽히 예측할 수는 없지만, 적어도 어떤 종류의 문제가 나올지는 충분히 예상할 수 있습니다. 또한 여러 모의 시험을 통해 여러분이 어느 정도의 성적을 거둘지도 예상해 볼 수 있습니다. 즉, 여러분이 이 시험에 나오는 문제와 이 시험의 결과에 대해 얼마나 많이 알고 있고 얼마나 잘 예측할 수 있는지를 잊어서는 안 됩니다. 그렇다면 한층 불안감이 누그러들 것입니다. 다음은 시험 불안을 극복하기 위한 추가적인 조언입니다.

### 한번에 한 문제씩 푸세요

지금 풀고 있는 문제 하나에만 집중하세요. 다른 문제, 특히 이전 문제에 대해 계속 생각하지 마세요. 내가 원하는 것에 집중하는 것만큼 원하지 않는 것에 신경을 끄는 것도 매우 중요합니다. 이번 문제에 모든 생각을 집중해야 가장 빠르고 정확하게 문제를 풀 수 있으며, 이렇게 해야 시험을 효율적으로 공략할 수 있습니다.

### 긍정적인 마음을 유지하세요

여러분이 충분히 준비되어 있다는 사실을 잊지 마세요. 이 시험 결과에 대해 충분이 예측할 수 있고, 별로 불안해 할 이유가 없다는 점을 상기하세요. 계속 마음이 콩닥콩닥 뛰고 불안한 마음, 부정적인 생각이 엄습한다면 속으로 다음같이 외쳐보세요.

- "나는 잘 할 거야!"
- "나는 이 시험에 충분히 준비를 했어."
- "나는 내가 예상한 점수를 받을 거야."
- "나는 내가 뭘 하는지 잘 알고 있어."

### 집중력이 떨어졌을 때

만약 시험 도중에 집중력이 떨어진다고 느끼나요? 걱정하실 필요 없습니다. 시험에서, 특히 여러 시간이 걸리는 시험에서 집중력이 떨어지는 것은 정상입니다. 인간의 뇌는 오랫동안 최고의 성능을 낼 수 없기 때문에 자주 쉬어 줘야 합니다. 집중력이 떨어지는 것은 여러분에게 잠시 쉬라고 뇌가 보내는 신호라고 생각하세요. 그리고 불안해 하실 필요 없이 '아, 내가 집중력이 떨어졌으니 잠시 쉬어야겠다'라고 생각하시고 잠깐 동안 문제 풀이를 멈추시고 쉬어보세요.

길게 쉬실 필요도 없습니다. 단 몇 초 동안만이라도 시험 문제에서 마음을 뗀다면 금세 집중력이 돌아오는 것을 느낄 수 있을 것입니다. 눈을 감고 길게 숨을 쉬어보세요. 숨을 깊숙이 들이 마셨다가 길게 내 뱉어보세요. 그리고 숨 쉬는 과정을 스스로 관찰해 보세요. 아마 잠시 외부에 신경을 쓰고 있었던 마음이 비워지고 내 스스로에게 집중하고 있다는 것을 느끼실 것입니다. 집중력이 돌아오셨다면 다시 시험에 임하시면 됩니다.

시험 시간이 지날수록 집중력이 떨어지는 빈도가 늘어나실 것입니다. 집중력을 되찾게 되면 집중력이 떨어졌을 때보다 문제를 푸는 속도뿐만 아니라 정확도도 올라가기 때문에, 잠시 동안 취하는 휴식 시간을 아까워하지 마세요.

### 막히는 문제가 있을 때

어느 시험에서나 막히는 문제가 있을 수 있습니다. 문제에 대한 해답을 아예 모르기 때문에 막힐 수도 있지만, 문제를 풀어 오면서 다른 부분에 집중을 해 이 문제에 대한 해답이 떠오르지 않아서 그럴 수도 있습니다. 어찌되었건 막히는 문제가 있으면 표시를 해 놓은 뒤 다음 문제로 넘어가세요. 나중에 다시 돌아와 보면 불현듯 답이 떠오를 수도 있습니다. 다만 막히는 문제에 대한 생각이 계속 마음 한구석에 자리잡지 않도록 마음을 깨끗이 비우세요. 중요한 부분에 집중할 수 있는 능력만큼 중요하지 않은 부분에 생각을 꺼버리는 능력도 중요하다라는 것을 잊지 마세요.

만약 시험 초반부터 계속 막힌다면 너무 긴장해서 그런 걸 수도 있습니다. 무리하게 밀고 나가려 하지 마시고 다음과 같은 행동을 해 보세요.

1. 심호흡을 하고 시험에 집중하려 해 보세요.
2. 여러분이 시험에 열심히, 그리고 잘 준비했다라는 사실을 상기하세요.
3. 잠시 동안 시험지를 훑어보세요.
4. 몇 문제를 읽어보세요.
5. 그리고 그 중에서 쉬운 문제부터 시작해 보세요.

## 시간 관리하기

사람들이 시험을 불안해 하는 주요 이유 중 하나는 바로 시간 제한이 있다는 것입니다. 하지만 모든 문제를 효과적으로 풀기 위해서 한 문제당 얼마의 시간을 투자해야 하는지만 명심한다면 시간을 걱정하실 필요는 없습니다. 누구에게나 똑같이 주어지는 게 시간이니까요.

### 예상 시간표를 만드세요

미리 시험에 대해 알아 보셨다면 주어진 시간은 얼마이고 총 풀어야 하는 문제는 몇 개이며 시간이 더 많이 드는 문제, 난이도가 높은 문제가 어디에 나오는지 예측할 수 있습니다. 이를 바탕으로 시험지를 받으시면 한 문제에 얼마만큼 시간을 투자해야 하며 절반 정도의 시간이 지나면 대략 어느 부분까지 와 있어야 하는지를 표시해 보세요. 시간이 조금 더 걸리는 문제에 더 많은 시간을 할당하는 것도 잊지 마세요. 그리고 이 예상 시간표에 맞추어 문제를 푸세요. 하지만 너무 시계를 자주 들여다 볼 필요는 없습니다. 모의 시험을 몇 번 해 보셨다면 어느 정도 문제 푸는 속도에 익숙해져 있을 테니까요.

### 계속 앞으로 나아가세요

실수를 하지 않기 위해 너무 신중히 문제를 풀게 되면 필요 이상으로 시간을 잡아먹을 수도 있습니다. 문제와 보기를 끝까지 읽어보되, 실수하지는 않았나 하고 계속 검토해 볼 필요는 없습니다. 특히 난이도가 높은 문제가 아니고서야 일부러 함정을 파 놓는 경우도 드뭅니다. 신중하게 봤던 문제를 또 본다고 처음 생각했던 답과 다른 경우가 자주 있지는 않을 것입니다. 조금 불확실하다면 표시를 해 놓고 문제를 다 푼 후에 다시 돌아와서 보세요. 문제를 다 풀고 다시 돌아와서 검토해 보는 것이 처음 문제를 풀 때 보지 못했던 실수를 알아차릴 확률이 더 높습니다. 다른 문제를 풀며 관련 있는 정보에 대해 기억할 수도 있으니까요. 시간이 남는다면 다시 돌아와서 검토하면 되기 때문에, 처음부터 굳이 너무 신중하게 문제를 풀 필요는 없습니다.

### 그렇다고 서두르진 마세요

꾸준한 페이스로 문제를 풀며 앞으로 나아가되, 서두르진 마세요. 꾸준히 착착 문제를 푸는 것과 서두르는 것은 겉으로 볼 때는 종이 한 장 차이일 수도 있지만, 우리의 마음 속에서는 큰 차이입니다. 서두르기 시작하면 마음이 조급해져 생각하지도 못했던 부분에서 실수를 할 수도 있습니다. 스스로가 어떤 마음 가짐인지 지속적으로 확인을 하고 '내가 서두르고 있구나' 하는 생각이 들면 잠시 멈추고 예상 시간표와 현재 진행 상황을 비교해 보세요. 시간표를 수정해야 한다면 그렇게 하시고 이에 맞춰 다시 문제 풀이를 시작하세요.

## 실수하지 않기

인간은 누구나 실수를 하지만, 간단한 실수 때문에 충분히 맞출 수 있는 문제를 놓치면 너무나 아깝기 마련입니다. 아래에는 일반적으로 저지르는 실수를 피하는 데 도움이 되는 몇 가지 조언입니다.

## 감정을 조절하세요

불안한 감정이든 조급한 감정이든 감정이 격해지면 시야가 좁아져서 실수할 가능성이 높아집니다. 시험 보는 동안 스스로의 감정을 잘 모니터해 보고 감정이 격해진다 싶으면 잠시 휴식을 취해 보세요. 스스로가 겪고 있는 감정의 동요를 인정하고 ('아, 내가 지금 매우 조급해 하고 있구나') 이를 극복할 수 있도록 스스로에게 긍정의 메시지를 보내보세요. 감정의 동요가 줄어들면 보다 명료한 사고가 가능해집니다.

## 문제와 보기를 꼼꼼히 읽으세요

문제와 보기를 꼼꼼히 읽지 않아서 실수를 저지르는 경우는 굉장히 흔합니다. 특히 마음이 조급해지면 문제를 읽을 시간조차 없다고 느껴 섣불리 답을 정해버리는 경우가 자주 있죠. 하지만 아무리 긴 문제라 하더라도 문제를 끝까지 읽는 데 드는 시간은 단 몇 초도 되지 않습니다. 보기 역시 마찬가지입니다. 항상 문제와 보기를 끝까지 읽고 정답을 표기하세요. 만약 시험 감독관에게 질문을 할 수 있다면, 주저하지 말고 질문하세요.

## 답안지를 확인하세요

매우 뻔한 얘기 같아도 강조할 수밖에 없는 것이 바로 올바른 답안지 표기입니다. 아무리 문제를 잘 풀어도 답안지에 제대로 표기하지 않으면 정답으로 인정받을 수가 없습니다. 답안지에 실수를 할 확률이 높지는 않기 때문에 너무 답안지만 계속 검토해 볼 필요는 없지만, 매 몇 문제마다 답안지에 옳게 표기를 했나 꼭 확인해 보세요.

## 논리력과 판단력에 대한 문제

많은 시험들, 특히 표준화 시험에서는 여러분의 논리력과 판단력, 그리고 상식을 시험하는 문제가 자주 등장합니다. 주로 가상의 상황에서 판단을 요구하는 이런 문제는 지문이 존재하기 때문에 여러분의 독해력도 같이 시험합니다. 그렇기 때문에 지문을 읽을 때, 누가, 무엇을, 어떻게, 왜 했느냐 같이 중요한 정보를 밑줄 등으로 표시하며 읽으면 뒤에 나오는 문제를 풀 때 더욱 도움이 됩니다. 또한 이렇게 표시를 하며 읽는 것은 여러분이 보다 집중하여 지문을 읽는 데에도 도움을 줍니다. 특히 각 문장과 문장, 문단과 문단이 어떻게 연결이 되는지를 잘 관찰해 보세요. 뒤의 문장이 앞의 문장에 대해 추가적인 설명을 해 주는지, 혹은 앞의 문장과 대비되는 내용을 제시하는지 등을 놓치지 마세요.

가끔은 지문보다 문제를 먼저 읽어 보는 것이 도움이 될 때도 있습니다. 특히 지문의 길이가 짧을 때는 지문을 읽지 않고 문제를 푸는 것이 가능할 때도 종종 있지요. 문제를 먼저 읽어 보실 경우 상식에 의거해 문제 풀이를 해 보세요. 가끔 너무 뻔하게 답이 보이는 경우도 있습니다. 하지만 그렇다고 절대 지문을 읽지 않고 넘어 가면 안 됩니다. 문제만 보고 답이 보이더라도 필히 지문을 읽고 그 답이 정답임을 확인해야 합니다. 이런 경우가 아니라 지문의 길이가 긴 경우, 몇 문제를 간단히 훑어 보고 지문에서 찾아보아야 할 내용이 무엇인지 생각해 보세요. 하지만 그렇다고 지문을 읽어 보기도 전에 문제에 대해 너무 곰곰이 생각해 보진 마세요. 지문을 읽어 보지 않고선 제대로 이해를 할 수 없는 문제가 많으니까요. 집중력이 떨어졌을 때, 여러분이 지문에서 눈여겨 보아야 할 정보가 무엇인지를 알아볼 때 유용합니다.

## 오답 제거하고 정답 찾기

가끔은 아무리 지문과 문제를 읽어 보아도 정답이 무엇인지 아리송한 경우가 있습니다. 하지만 이런 경우도 대부분 확실히 오답으로 보이는 보기는 몇 개 있기 마련이지요. 확실히 오답이라고 생각되는 보기가 있다면 이를 제외하고 나머지 보기에 집중하세요. 신경 써야 할 보기의 숫자가 줄어들수록 보다 효율적으로 정답을 찾을 수 있습니다. 하지만 이렇게 하고도 정답이 무엇인지 잘 모르겠으면 문제에 표시를 하고 다음 문제로 넘어가거나, 아니면 가장 정답 같아 보이는 보기를 선택하세요. 그리고 나중에 다시 돌아와서 검토해 보세요.

### 오답에 점수를 깎는 시험의 경우

개중에 오답을 표기할 경우 0점을 주는 게 아니라 오히려 점수를 깎는 시험도 있습니다. 이런 시험 대부분은 보기의 개수에 따라 오답에 점수를 깎습니다. 대신 표기하지 않은 문제에는 점수를 주지도, 깎지도 않죠. 예를 들어, 오지선다형의 문제의 경우, 5문제를 찍을 경우 확률적으로 한 문제를 맞출 수 있는데, 이렇게 찍어서 맞춘 점수를 도로 깎기 위하여 한 문제를 틀릴 때 마다 0.25점을 깎습니다. 이 경우, 다섯 문제를 찍어 네 문제를 틀리고 한 문제를 맞춰도 1 - 0.25 - 0.25 - 0.25 - 0.25 = 0, 즉 0점을 받게 됩니다. 다섯 문제 모두 백지로 남겨 둔 것과 마찬가지의 점수를 받게 되는 것이지요. 하지만 단 한 개의 보기라도 확실히 정답이 아니라고 제외할 수 있다면 백지로 남겨두는 것보다 찍는 게 확률적으로 유리합니다.

### 문제를 다 풀고 시간이 남을 때

문제를 다 풀고 시간이 남는다면 꼭 문제 풀이를 확인해 보시기 바랍니다. 제일 먼저 할 일은 정답 표기를 올바르게 했는지를 확인하는 것입니다. 빼 먹은 항목은 없는지, 여러 답을 표기한 항목은 없는지 꼼꼼히 확인해 보세요. 해답지에 표기는 온전하게 했는지, 표기를 바꾼 항목은 깨끗이 지웠는지도 확인하세요.

그리고는 혼동되거나 찍은 문제를 중심으로 다시 한번 검토해 보세요. 섣불리 답을 바꾸시기보단 시험 전체의 내용을 상기하면서 가장 타당한 답이 무엇인지 생각해 보세요.

## 시험이 끝난 후

시험을 준비하며 오랫동안 노력한 스스로를 칭찬하는 것을 잊지 마세요. 그리고 달콤한 휴식을 즐기세요. 시험을 준비하는 것이 중요한 만큼 시험이 끝나고 자신을 추스르는 것도 매우 중요합니다. 시험을 잘 끝마치신 후 스스로에게 상을 주는 연습을 해 보세요. 아마 다음 번 시험 준비가 더욱 쉬워질 것입니다.